MANESSE BIBLIOTHEK DER WELTLITERATUR

ROBERT NEUMANN

—

MEISTERPARODIEN

Auswahl und Nachwort
von Jens Jessen

MANESSE VERLAG
ZÜRICH

CIP-Titelaufnahme der Deutschen Bibliothek

Neumann, Robert:
Meisterparodien / Robert Neumann
Ausw. u. Nachw. von Jens Jessen
Zürich: Manesse Verlag, 1988
(Manesse Bibliothek der Weltliteratur)
ISBN 3-7175-1750-3 Gewebe
ISBN 3-7175-1751-1 Ldr.

Statt eines Vorwortes

Der apokryphe Dialog «Xymmachos»

Nach Plato

Xymmachos: Zu guter Stunde, o du mein Sokrates, treffe ich dich auf dem Marktplatz. So gestatte mir, wohlan denn, an deiner Seite zwischen den Feilbietenden mich hindurchdrängend gegen den Ilissos zu schlendern!

Sokrates: Es sei! Doch dünkt dich nicht der Umstand, daß dieses Marktgewühl ein kaum zu durchdringendes ist, als gottgewollt? Und sollte es demnach nicht auch gottgewollt sein, daß wir uns hier, angesichts dieser Gruppe Feilschender, für eine Spanne Zeit verweilen und uns unterreden?

Xymmachos: Nur ein Böotier, beim Zeus, könnte dawider Einspruch erheben.

Sokrates: Und welcher Art nun also ist wohl dies Tier, das hier zum Verkaufe steht?

Xymmachos: Es ist ein Esel, o Sokrates.

Sokrates: Wahrlich, ein Trefflicher, o Xymmachos, bist du in bezug auf die Erkenntnis! Und so gehe ich wohl nicht fehl, annehmend, daß du auch all die anderen, diesem ersten ähnlichen Tiere, die hier ringsum feilgeboten werden, als Esel bezeichnen wirst?

Xymmachos: Wie denn nun also sollte ich wohl anders handeln, o Sokrates?

Sokrates: Vortrefflich! Wenn wir nun aber unterstellen wollten, dieser Esel wäre tauglich, unsere Unterredung zu verstehen und seine Zunge zu gebrauchen nach Menschenart: hältst du es für wahrscheinlich oder für unwahrscheinlich, daß er selbst sich schlechtweg als einen schlichten Esel bezeichnen würde?

Xymmachos: Für unwahrscheinlich, o Sokrates.

Sokrates: Und sein Verkäufer – wird er seinen Esel für nicht besser bezeichnen als die anderen Esel, so ringsum feilgeboten werden?

Xymmachos: Wie denn sollte ein Vernünftiger dies erwarten können?

Sokrates: Wenn er nun also aber zwar wohl seinen Esel als einen Löwen bezeichnete?

Xymmachos: Als einen Wahnsinnigen, fürwahr, würde nicht nur ich ihn ansehen, sondern auch all seine Widersacher auf diesem Markte würden wie aus einem Munde gegen ihn zeugen!

Sokrates: Wie aber nun also, wenn unter allen Eseln sowohl wie auch unter allen Eseltreibern eine geheime Absprache bestünde, daß der eine dem andern nicht widersprechen wolle, seinen Esel einen Löwen zu nennen, wenn nur auch der andere dem einen nicht widerspräche? Und wenn demnach *alle* Esel und Eseltreiber sich Löwen und Löwenbändiger nennten?

Xymmachos: Dies, beim Zeus, nun freilich wäre wohl etwas ganz anderes.

Sokrates: Also bist du der Ansicht, daß *das Eselhafte gleich wie das Löwenhafte kein der Sache Innewohnendes ist, sondern statthat und nicht statthat je nach dem vereinbarten Maßstab der Benennung?*

Xymmachos: Wie denn nun also wohl nicht, o Sokrates! – Wenn aber nun also jedoch einmal ein echter Löwe unter die Esel geriete?

Sokrates: Als einen Trefflichen, nochmals fürwahr, bezeichne ich dich in bezug auf die Dialektik, o Xymmachos! Aber glaubst du, daß die als Löwen bezeichneten Esel daraufhin beschließen werden, sich wieder als Esel zu bezeichnen, oder daß sie es vorziehen werden, den Löwennamen zu behalten und vielmehr lieber jenen einzelnen echten Löwen einen Esel zu nennen?

Xymmachos: Nun denn doch wohl letzteres, o Sokrates! Sie werden ihn als Esel bezeichnen und gleichzeitig vor ihm Reißaus nehmen, sowohl um nicht gefressen zu werden, wie auch um keine Möglichkeit des Vergleichs zu bieten.

Sokrates: Und vor dem vergleichenden Beobachter – werden diese Esel vor ihm etwa gar ebenso Reißaus nehmen wie vor dem Löwen?

Xymmachos: Ebenso und aus denselben Gründen.

Sokrates: So nähmen sie also etwa wohl nur vor Eseln nicht Reißaus?

Xymmachos: Du sagst es, wahrlich!

Sokrates: Wie also nun wohl wird der Vergleichende es anzustellen haben, daß sie, nicht Reißaus nehmend, in seine Annäherung sich schikken?

Xymmachos: Wahrlich denn wohl, wären sie Vögel, so sagte ich: er schmücke sich mit ihren Federn! Da sie Esel sind, kleide er sich in eine Eselshaut! Er nahe sich ihnen unter ihrer eigenen Flagge, wie ja mitunter auch im Kriege ein Schiff, das tödlich treffen will, unter falscher Flagge segelt.

Sokrates: Vortrefflich hast du dies herausgefunden, o du mein Xymmachos!

Xymmachos: Wie aber nun, o Sokrates, verhält es

sich in bezug auf die Erkenntnis der Esel mit dem Schönen und Guten? Ist es Sache des Schönen und Guten, mit Eseln überhaupt sich zu beschäftigen? Und geht er ihnen schon nicht aus dem Wege – kann es nun also seine Sache sein, Esel tödlich zu treffen, wie jenes unter falscher Flagge segelnde Schiff Schiffe tödlich treffen mag? Und genügte es nicht etwa, sie ein wenig zu kitzeln?

Sokrates: Wie, könnte denn nun also Esel zu kitzeln Sache des Schönen und Guten sein? Du verneinst es! Liegt aber die Quelle deiner Verneinung beim Kitzeln oder bei den Eseln?

Xymmachos: Ich verstehe dich nicht, o Sokrates.

Sokrates: Nun, nimm an, daß der Schöne und Gute einem echten Löwen begegnete – wird er nun wohl gar also ihn zu kitzeln sich unterfangen, oder wird er nicht vielmehr ihn tödlich zu treffen trachten?

Xymmachos: Denn doch wohl letzteres.

Sokrates: Also lag die Quelle deiner Verneinung beim Kitzeln! Nicht zu kitzeln, sondern tödlich zu treffen, und heiße das Jagdwild wie es wolle, muß die Sache des Schönen und Guten sein. Und darum werde füglich auch jenen verstellten Eseln ein Löwenschicksal. Wie nun aber, fragtest du nicht auch, ob es Sache des Schönen und Guten sei, mit Eseln überhaupt sich zu beschäftigen?

Xymmachos: Ich fragte es, beim Zeus!

Sokrates: Und beschäftigt sich denn nicht der Priester mit noch niedrigerem Getier? Und weissagt er nicht sogar aus dem Kote?

Xymmachos: Dies wahrlich tut er. Aber begegnet er einem andern Priester, so lächelt er, o Sokrates! – Und, o Sokrates, wenn der Priester etwa nun doch wohl also irrt, da er aus dem Kote weissagt?

Sokrates: Er irre getrost, mein Xymmachos. Wenn er nur lächelt.

Man kann auch anders

Eine Novelle in zwei Fassungen

I

Irrwischchens Brautfahrt

Nach Nataly von Eschstruth

Die vornehme, mit allem Komfort der Neuzeit ausgestattete schloßartige Villa des Kommerzienrates Rönau im kleinen Städtchen B. ruht im ersten Morgenlicht. Wer ist schon auf? Wer huscht durch Zier- und Nutzgarten, hier eine duftende Blume brechend, dort die so schädlichen Kohlweißlinge vom Gemüse vertreibend?

Es ist – der Leser wird es schon erraten haben – Marielies, des Kommerzienrates einzige Tochter. Da öffnet sich oben ein Fenster, und die schlanke und doch königliche, in ein enganliegendes dunkelbraunes Samtkleid mit gleichfarbigem Plastron gehüllte Gestalt der Kommerzienrätin erscheint.

«Marie Louise», ruft ihr ebenmäßiges Gesicht, «du ergehst dich im Garten?»

«Ja, Mütterchen», antwortete Marielies und flatterte näher, «denn meine Devise lautet: Morgenstunde hat Gold im Munde!»

«Da hast du wahrlich recht, mein Kind», erwiderte jene. «Auch dein Vater, der wohlhabende Kommerzienrat, dessen – wie du weißt – einzige Tochter du bist, steht stets mit den Hühnern auf, um vor allem in die Kirche und dann an die Arbeit zu eilen. Heute jedoch erhalten wir Besuch! Kurt von Wustrow, der, du erinnerst dich, dein Jugendgespiele war, kommt zu uns! Wozu wohl? Auf also! Du darfst heute dein weißes, mit echten Spitzen besetztes Konfirmationskleid anziehen!»

«Oh, Goldmuttchen, wie danke ich dir hierfür», zwitscherte Marielies, indem sie die mit einem vornehmen Teppich belegte Treppe emporflog, um der Kommerzienrätin um den Hals zu fallen . . .

2
Marlies

Nach Carl Sternheim

Marlies war, wohlhabenden Kommerzienrats einzige Tochter, durch väterliche Berufsorge und Frömmelei frühzeitig auf Gemeinschaft mit der Mutter verwiesen. Kindlichem Spiel mit benachbartem Jugendgefährten ward bald Trennung, da Ratschluß des Vormundes kriegerischer Laufbahn gewidmet ihn auf Offizierschule abrief. Indes sturmvollem Jünglinggeist durch Ballistik, Körperstählung und Strategie mühsam Zügelung widerfuhr, unterdrückte aufblühend Marlies Traumhaftes in ländlicher Arbeit.

Erst da emsigem Kriegfleiß Krönung ward durch Leutnantbeförderung, nahm klopfenden Herzens er Heimaturlaub. Mütterlicher Ankündigung bevorstehender Leutnantankunft zollte Jubel und abbrach Konfirmationskleids sorgfältige Aufbewahrtheit Marlies zu Empfangzweck.

So angebahnter Ehe ward zwölffacher Kindersegen, bis nach dreiundfünfzig Jahren Gemeinschaft sämtliche sie an – akuter Sprachverkürzung zugrunde gingen.

Der Sturz

I
Nach Thomas Mann

Der ergraute Mentor ungezählter Befrager, der Unermüdliche, dem es geglückt war, in zäher Bewußtheit die wenig wirtliche Landschaft sich gefügig zu machen, der erfahrene Zuerkenner und väterlich gerechte Verteiler vorhandener Gelegenheit zu Rast und Erquickung, der Erzeuger endlich (und damit sind die Werke seiner Reifezeit kurz bezeichnet) jener aus Sahne bereiteten Alpenspeise, die unter dem Namen Käse Weltruf gewonnen hat: Peter Haslacher also, der Schutzhauswirt, rief der auf glatt gehobelten Schienen edel gewählten Holzes über die Schneefläche eilends Nähergleitenden eben noch ein warnendes Wort zu, als das Unheil auch schon seinen Lauf nahm. Erzeugt aus einer sanften Blendung des Auges in Verfolg der ungeahnt beschwingten Bewegung, erstanden aus einer leichten Berückung des Hirns, die das glückhafte Bewußtsein schwereloser Befreitheit auf nervlichen Bahnen zum rascher durchbluteten Herzen hinabtrug, aufgestiegen aus einer leichten Ermattung in jener Kehle des Knies, die der Kundige als die schönste des weiblichen Körpers zu bezeichnen sich nicht entbrechen zu sollen vermeinen wird, hatte die Unsicherheit von den Schenkeln der Fahrtbeflissenen unversehens Besitz ergriffen, war höher kletternd in ungebührlich jäher Verbreitung über den unteren Leib bis in die Gegend des Zwerchfells gelangt und hatte den Schwerpunkt hinter die Linie lotrechten Standes zurück, ja die Wankende selbst bis zu schlechtweg unmittelbarer Berührung mit dem kristallisch weißen Elemente niedergedrängt. Sie saß im Schnee.

2

Nach Georg Hermann

Vielleicht wäre alles anders gekommen, wenn damals die schöne Modistin von Oranienstraße das Geld der kranken Rieke gegeben hätte, statt damit nach Partenkirchen zu fahren. Aber so kam es, wie es kommen mußte, und als sie mit einem kleinen Zucken im Herzen auf ihren geborgten Skiern den Abhang hinunterglitt, da hätte auch der Krämer Senneke von Ecke Hallesches Tor, bei dem sie abends die Wurststulle holte, sie nicht mehr erkannt. So schmerzlich bleich verklärt war sie. Und da ahnte keiner, daß es nur der losgegangene Knopf der Reformhose war, der ihr Angst machte. Doch dann geschah es eben, wie es eben geschah, und wer weiß, wie es noch gekommen wäre, wenn ihr nicht der Mann von der Schutzhauskantine mit dem dollen süddeutschen Namen in seiner ulkigen Sprache zugerufen hätte, sie solle sich vorsehen. Aber da war es zu spät, und da war nichts mehr zu ändern. Sie stürzte, und wäre sie nicht gestürzt, so wäre das sehr verwunderlich gewesen. Es wurde Tag und es wurde Nacht und es wurde wieder Tag, die Trambahnen bimmelten, und dann wurde es Sommer und wieder Winter, und nur manchmal an klaren Abenden konnte man Auguste noch begegnen, wie sie zur Station Oranienstraße der Ringbahn hinaufstieg, aufrecht, doch mit der einsamen Bleichheit der Erinnerung auf den Zügen.

Der neue Hamlet

I

Nach Heinrich Mann

Der Prinz trat aus dem Tor und ging die Mauer der Seebastion entlang, den im Dunkel Wartenden entgegen. Sehr aufrecht ging er an den sechs Zinnen vorüber und nickte kurz, wie die beiden Wachen sich neigten, daß die Hellebarden im Sternenlicht schimmerten. Er hatte keine Veranlassung, sie aus ihrem Geschäft zu drängen. So war der Staatskonkurs nicht aufzuhalten.

Horatio verbeugte sich tief. «Welche Freude, daß du kommst, Prinz.» Hierauf atmete er stark aus. Vom Schloß her klirrte noch immer Festlärm durch die Mondwolkennacht.

Einer der Krieger, der erprobteste der dänischen Garde, trat näher, starr. «Das Gespenst ist versäumt, Prinz Hamlet. Mein Speer ging durch Luft.» Er verwirrte sich unter dem Flirrblick aus den Augen des jäh Zugewandten.

Nah seinem Ohr sagte Horatio halblaut: «Es war der Geist deines Vaters.»

«Traurig?»

«Gedankenvoll.»

Der Prinz schloß einen Moment die Lider, überlegend. Er betrachtete tief den wartenden Horatio und zögerte. Sollte er Schwäche zeigen? Untragbar. War dieses jetzige Gespenst dir nicht früher Erzeuger? Erst dem Gereiften ein Spukbild? Zwischen Sein und Nichtsein entschied er mit einer Handbewegung. Er war im Bilde. Nach einer

Pause, mit besonders hochgetragenem Kopf: «Ich werde warten.» Nochmals umgewendet, fast ganz Drohung: «Keiner tritt dazwischen. Ich unterrede mich mit ihm.» Kehrte geändert Horatio sein gesittetes Lächeln zu. Der bückt sich. «Wir werden gehorchen.» Er denkt: gerne gehorchen.

Der Geist kam, schritt weiter, verschwand. Vom Prinzen gefolgt. Aus den hellen Scheiben des Schlosses klirrte weiter Festlärm mit nahem Meerrauschen zusammen. Ein Hahn schrie.

2

Nach Thomas Mann

Der Sproß des kriegerischen Geschlechtes nordischer Fürsten, das schwächlich kraftvolle Kind einer königlich leidenschaftlichen und gewissermaßen durch einen Überschwang schicksalhaften Geschehens jähe auseinandergerissenen Ehe, der prinzliche Scholar und Freund der Komödie, der Urheber auch jener Kriegszüge, Feste, Raufhändel und blutig ernsten Disputationen über Kirche und Gott, die den westlichen Norden Europas durch Jahrzehnte in Atem zu halten vermochten: Hamlet von Dänemark, um es kurz zu sagen, sah sich bemüßigt, in einem Augenblick großer Müdigkeit und innerer Abkehr die festlich erleuchtete Halle des väterlichen Palastes zu verlassen und heimlich, in einer wenig fürstlichen und fast ungebührlichen Hast, einer Gruppe Wartender sich zu gesellen, die ihn halblaut begrüßten, nicht in kameradschaftlicher Aufgeräumtheit, sondern mit jener gedämpften Vertraulichkeit, die bei Leichenzügen und ähnlichen funebren Veranstaltungen im Schwange ist. Nach dem knappen Berichte der Mannschaft – einem Bericht im übrigen, den der Prinz trotz umständlicher Bekräftigung durch seinen Jugendgefährten, jenen Horatio, nicht wahrhaben wollte – und nach einigen Minuten der Überlegung, gewidmet der abenteuerlichen und beklemmenden Nachricht, daß eine absonderliche Gestalt, das offenbar befremdlich wesenhafte Abbild des kürzlich verstorbenen Königs, ein irdisch spukhaftes Wahngebilde demnach, ein Gespenst, um es endlich und mit einem Worte beim Namen zu nennen, den nächtlich verlassenen Strand entlangzuschreiten beliebe, beschloß der auf solche Weise vorgerufene und also verantwortliche Nachfahr des grausig luftigen Gastes, noch schwankend zwischen Lächeln, Kühnheit und Angst, dem Phantom, wenn anders es wieder erschiene, schlechtweg –

3

Nach Ernst Lissauer

Hamlet: Also – berichten mal! Was denn los, hä? Sind ja ganz weiß! Soldat wie Sie –! Dolle Sache das.

Horatio: Wir sahen –

Hamlet: Wer – wir?

Bernardo (Ruck): Leutnant Bernardo vom Drittnartillrierement Helsingfors.

Marcellus (Ruck): Hauptmann Marcellus vom Gardedragorrrt Helsingborg.

Horatio (Ruck): Major Horatio vom Generalstab, abkommandiert auf Kriegsschule Wittenberg.

Hamlet: Also was denn Neues? Schießen mal los!

Horatio: Der Geist Seiner Majestät weiland Ihres hochseligen Herrn Vaters –

Marcellus: Da geht er wieder!

Hamlet: Donnerschockschwere – (Ruck): Abtreten! (Horatio, Marcellus, Bernardo Stechschritt ab.)

Hamlet: Majestät! Ich –

Der Geist des Königs: Wer – ich?

Hamlet (Ruck): Prinz Hamlet, kriegsdienstuntauglich.

Der Geist des Königs: Tjatjatja – Wünschen?

Hamlet: Majestät – Vater! Ich – werde – ich muß – ich werde –

Der Geist des Königs: Mein Sohn – ich in der Hölle sein. Keine ganzen Sätze reden dürfen. Na – Wiedersehn!

Hamlet (Ruck): Rrrechts Frrront!
(Der Geist verschwindet fluchtartig.)

Vorhang

4

Nach Carl Sternheim

Hamlet: Elf Uhr zwoundfunfzich. Demnach acht Minuten verfrüht.

Horatio: Werde Schofföhr zu Verantwortung ziehen. Gespenst kommt von links, wählt vorzugweise Abgang rechts hinten.

Hamlet: Kommt grundsätzlich es Punkt Mitternacht?

Horatio: Geistprogrammgemäß.

Hamlet: Demnach Marcellus mit Blitzlicht und Kurbelkasten hinter jene Kulisse. Filmfritze.

Horatio: In Vormerkung genommen. M. w.

Hamlet: Elf Uhr neunundfunfzich.

Horatio: Filmlich aufzunehmender Geistererscheinung steht sonach unsrerseits nur mehr noch nicht eingesetzter Mitternachtuhrschlag im Wege.

(Uhr tönt zwölf.)

Hamlet: Hiemit eingetreten.

Geist (kommt von links): Sohn! Sohn! Sohn!

Hamlet: Wortwiederholend sentimental antiquierst du.

Geist: Von wannen schlägt mir dies Lautgestammel ins Ohr?

Hamlet: Lyristisch! Berlinisch aufstümmelnd Klangpräzision arriviere ich.

Geist: Weh! Weh! Weh! (Versinkt.)

Hamlet (aufzwirbelt Schnurrbartende): Schnoddrigst.

Exit

Die Wunderstunde

Die Wunderstunde

Nach Stefan George

ich forschte blinden sinnes nach der pforte
der alten parks die sich im zwielicht ziehn
und fand sie nicht doch kreiste drüberhin
von dohlen eine drohende cohorte.

da eingebettet lag in halbverdorrte
waldnacht das tor das sich mir nie verliehn
ich trat hindurch dumpf duftete yasmin
und moder lohte auf besonntem orte.

auf einem plane in gerader zahl
saß streng die ausgewählte schar der gäste
ein page reichte stumm das karge mahl:

dann sprach ich meine schweren anapäste
und jeder schwieg und jeder auf dem feste
war von der bürde der gedanken fahl.

Die Gäste

Nach Rainer Maria Rilke

Gäste sind wie die gebrestlichen
Reste im kahlen Pokal,
wenn auf den ferneren festlichen
Flüssen die weiten westlichen
Wasser wellen zu Tal.
Über dem Harm ihrer Hände
wird dir ein Prächtiges fern.
Kein ersterbender Stern:
Er ist der letzte Trächtige,
hingeneigt in das Nächtige
über die Rechte des Herrn.

Die Weise von Liebe und Tod des Cornet Christoph Rilke

Nach Rainer Maria Rilke

Rast! Einmal wieder ruhen. Träumen von den heimischen Truhen und sich ruhig im Grase dehnen und das Sehnen und Kühlewähnen der verrauschenden Lichtfontänen nicht mehr senden in alle Welt. Schreiten in weiten festlichen Schuhen vor dem aufgeschlagenen Zelt. Und wieder einmal die Hände fassen und wieder lernen, was Spiel und Tanz ist auf der allabendlich atmenden Au. Und daß in blendenden Himmelsfernen nicht so viel sonniger Seidenglanz ist wie in den zarten, silberblassen Zügen einer sanft schreitenden Frau.

*

Brand! Und er klirrt an der Glätte. Über die Kette der Minarette flackt schon Geknatter. Weiße Wände heben die Hand. Aber ein satter Nachtgevatter ist ohne Blende über die niedrigen Nelken geneigt. Schweigt. Lüsterne Flüsse ahnen allen Bestatter. Der von Langenau bricht – und das Licht ist das Tor – vom Gesicht aus der Nacht durch die Wacht in den Chor und sendet flatternder Fahnen Gewicht hell heiß aus den brechenden Brettern hervor. Verwirrt das Gehöft. Durchklirrt die Gefahr und schirrt seine Stute. Und der ganzen staunenden Mädchenschar – ihr girrt noch geblufft über Tag und Jahr der Rilkesche Rhythmus im Blute.

Radschendralalamitra

Nach Rabindranath Tagore

Ich setze mich an meinen Tisch und schreibe dir einen Brief.
Weil heute die Sonne scheint, will ich dir einen Brief schreiben, Geliebter.
Du kannst ihn auch singen, wenn du willst.
Draußen wiegt sich im Winde der Pujabaum,
es kann aber auch eine Lotosblume sein oder ein Reisfeld.
Hauptsache, daß ich zu zittern beginne, wenn ein Yoghi vorübergeht
oder ein Königssohn.
Wirft der seine Blicke nach mir, daß sie klirrend über die Kiesel springen
bis an mein Herz –
dann senke ich meine Lider und denke an dich.
Und wenn der Abend sinkt, dann wird es bald Nacht.
Geliebter! Laß uns im Dunkeln
schmusen, da es zu hell ist!

Halloh, hier Kosmos!

Schleim

Nach Gottfried Benn

Hausse in chaotisch Verschwitzten,
bluffende Mimikry,
großer Run der Gewitzten
auf die Popoesie.
Ruchlos vom Kopf zu den Zehen,
lachhaft und sodomit –
aber bei Lichte besehen
bleibt es das alte Lied.

Denn gonorrhoische Kränke
macht noch kein Weltgericht.
Jeder hält seine Gestänke
gerne für ein Gedicht.
Fraß, Suff, Gifte und Gase –
ihrer Bemühungen Ziel
paßt vor den Ausgang der Blase! –
Aber erectil –?!

Impotente Zersprenger
mittels Gehirnprinzip –
Heimlich bleiben sie Sänger
über die Lerchen lieb.
Sentimental oder witzig,
öffentlich oder geheim,
heiß er Teut oder Itzig –
Schleim bleibt Schleim!

Zweimal Kochsalat

Nach Georg Kaiser

Im Riesenaeroplan der Speiseraum. Nur ein Sessel. Hereinkommt, von Kellner geleitet, Kochsalat.

Kochsalat (setzt sich): Hinter der Glaswand?
Kellner: Führersitz.
Kochsalat: Sichtbar ist?
Kellner: Rücken des Führers.
Kochsalat: Hier Speiseraum? Stört ihn das nicht?
Kellner: Sorge seinerseits.
(Lange Pause.)
Kochsalat: Menü? Vegetarisch.
Kellner: Potage Julienne. Dann Kochsalat. Wie beurteilen Sie das?
Kochsalat: Fundamental doppelsinnig.
Kellner (geht, kommt, serviert): Potage.
Kochsalat (versucht): Erstaunlich schnell kommt es zu blutflüssigen Vorfällen. Ich warne den Gegner!
Kellner: Die Suppe?
Kochsalat: War kalt. Nächster Gang?
Kellner (geht, kommt, serviert): Ersatzweise für Suppenkälte Doppelung des folgenden Gangs. Zweimal Kochsalat!
Kochsalat: Macht Küchenchef Anspielungen?
Kellner: Auf?
Kochsalat: Zwiespalt.
Kellner: Der?
Kochsalat: Seele! Innere Zerrissenheit! Hier fällt Maske -- fliegend zweitausend Meter über

Menschenstätten!! Sitzend auf einem Sessel – – zweimal Kochsalat!!!
(Hat Revolver herausgerissen.)

Kellner: Meschugge?

Kochsalat: Augenblicklich blutflüssige Beleidigungssühne!
(Zielt.)

Kellner: Meinerseits unbeabsichtigt – die Frage erkundigte sich ehrlich.

Kochsalat (steht unschlüssig): Wen also erschieße ich zum Aktschluß?

Kellner: Der Fliegende – – den Fliegenden! – – Der Geflogene – – den Geflogenen!!

Kochsalat: Ihn! Auf Führersitz! Durch Glasscheibe!! Die birst – – in zwei Stücke!!!

Kellner: Wie?

Kochsalat: Meine Seele. Zweimal Glasscheibe! Der Sturz?

Kellner: Beim Aeroplanführer geschieht das ohne Zucken des Mannes.

Kochsalat: Demnach Sturz! In tausend Stücke zerborsten!
(Schießt durch Glas in Führerrücken.) Tausend – – Stücke! Tausendmal – – – – Kochsalat!!
(Explosion. Rampe verbiegt sich. Bühne stürzt ab.)

Vorhang

Masse Mensch!

Nach Ernst Toller

Ernst T.: Drum hört, Genossen: Eure Einheitsfront
Ist die Gironde des Proletariats.
Aus Mitgliedsbeitrags Solidarität
Wächst Licht – wächst Gott uns – wächst Achtstundentag!
Arbeiter und Arbeiterinnen: Achtstundentag!
Achtstundentag! Hört! Hört!
Ernst T. (verzückt): Proletariat ist nicht Gewerkschaft und Arbeiterrisiko wird Mitgliedsbeitrag wenn
Streikbrecher einer Organisation
Dem Bourgeois aus die Gedärme reißen!
Arbeiter und Arbeiterinnen: Hört die Signale!
Ernst T.: Also Streik!
Arbeiter und Arbeiterinnen: Streik, Streik!
Der Namenlose: Nicht Streik! Mensch mordet! Selbst ein Bourgeois
Rufst Streik du uns! In deinen Worten Angst!
Ernst T.: Ich Angst? So niedrig nie! Wer du?
Der Namenlose (reckt sich hoch auf): Ich Masse!
Ernst T.: Masse ist Mensch!
Der Namenlose: Masse ist ewig!
Ernst T.: Mensch ist Gott!
Der Namenlose: Mensch ist Masse!
Ernst T.: Mensch – ist Masse – ist Mitgliedsbeitrag – ist ewig – ist Gott!
Der Namenlose: Greift ihn! Erschießt!
Ernst T.: Gott Bourgeois? Dann Fluch!

Arbeiter und Arbeiterinnen: Du intellektuell!
Der Namenlose: Ergreift! Befehl Befehl.
Ernst T.: Einhaltet, Kampfverstörte!
Befehl Befehl? Gott Gott! Mensch Mensch – nicht Masse.
(Wird fortgeschleppt.)
Der Namenlose (hoch aufgereckt): Genossen! Organisation hört hört
Gewerkschaft Einheitsfront Proletariat
Achtstundentag Gironde Bourgeois
Schulter an Schulter Mensch Streik Masse Gott!
Arbeiter und Arbeiterinnen (dumpf): Mensch Masse
Masse Mensch hört hört hört hört!
Der Namenlose: Ich Gott, Gott Licht, Licht Solidarität!
Gott Gott Streik Streik Akkordlohn Kapital ...
(Man erschießt ihn.)
Arbeiter (singen die Marseillaise).
Arbeiterinnen (singen gleichzeitig die Internationale).
Der Namenlose (verröchelnd): Arbeiterrisiko ...
(Man schießt in diesem Sinne weiter.)

Vorhang

An den Prinzen von Theben

Nach Else Lasker-Schüler

Immer glänzt dein Mondgesicht
in süßerlei Abendfarben.
Oh,
du trägst ein Schwert in der Brust
und heißest wohl Franz von Assisi.
In deinem Nabel
wohnt vielleicht der Brunnen von Hebron.
Sternennachts bade ich in seinem Geplätscher
auf und ab.
Einmal werde ich deine Ohren rauben
und über das spiegelnde Wasser schnellen
wie glatte Kiesel,
wenn türmendem Kardinal der geborstene
  Wehruf
des Fisches geistert.
O du,
ich möchte an deinem Daumen saugen,
all deine Süßigkeit.

Ich widme dies Gedicht Sardanapal Werfel,
dem Epheben, und seiner Großsiegel-
bewahrerin, der Dogaressa
Blanka Fischl in Prag.

Marasmus in Mantua

Nach Arnolt Bronnen

Buuj (dreht sich im Hintergrund)
Krak (kommt durch die Falltür. Sie trägt das Frühstückstablett)
Plese: Auf den Schreibtisch. Sie könnten überhaupt mehr Zucker geben
Krak: Ich habe auch zwei Eier gebracht. Sie dreht sich. Haben Sie ein Verhältnis mit ihr?
Plese: Ich sehe niemand. Man erstickt hier vor Hitze. Wenn Sie den Ofen noch einmal so anheizen, fliegen Sie hinaus
Buuj (dreht sich): Sie fliegt hinaus, aber Sie fliegen hinein
Plese: Ich höre nichts. Jemand beißt Sterne in meine Frau
Krak: Die Eier
Plese: Sie haben hh
Buuj: Er soll sich beruhigen
Er ist gar kein Korbwarenfabrikant
Ich lasse mir das überhaupt nicht gefallen. Ich bin katholisch
Krak: Die Eier
Plese: Sie haben hh, ich fühl ja hh, ich fühl ja wie's kommt Krak
Sie soll mich nicht anschaun hh
Ich habe nie eine Mutter gehabt!!
Krak: Die Eier
Plese: Dann den Bau
Buuj: Aber dem Vogel

Krak: Die Eier

Plese: Also Revolver

Ja hh ich bin kein Korbwarenfabrikant. Meine Wiege stand in Plauen

Dokumente gestohlen hh, Geliebte verführt hh Abgründe vorüber

Buuj (zum Fenster hinaus): Ein Schaltjahr hat dreihundertsechsundachtzig Tage. Jedes fünfte Jahr ist ein Schaltjahr. Die Meridianhöhe

Krak: Die Eier

Plese: Sie haben hh, schaun Sie mich nur so an Sie pkhh, Sie werden prrs, Sie werden noch einmal hinausfliegen

Krak: Die Eier

Plese: Sie haben hh, Sie haben vergessen, mir einen Löffel dazu zu bringen!

Vorhang

Hurrah, Morast!

Nach Bert Brecht

14.

Yeytles Limonadeerzeugung auf der Plattform des Woolworth-Building in Connecticut

(Am 41. April 1989, 6 Uhr 73 nachmittags)
Sternhome hinter dem Ladentisch. Eintritt B.

B.: Ist das die Limonadeerzeugung? Hey.
St.: Guten Tag. Ich grüße.
B.: Tun Sie das zum Vergnügen?
St.: Weil man mich bezahlt.
B.: Wenn ich aber auch bezahle? Hundert Dollar, wenn Sie mich nicht grüßen. Das ist sehr amerikanisch. Yep.
St.: Man bezahlt mich für Limonadeverabreichung. Nicht für Nichtgrüße. Hier.
B.: Ihre Limonade schmeckt fade wie Limonade. Ich kaufe Ihnen Ihren Gruß ab.
St.: Wollen Sie die Limonade mit ihm würzen?
B.: Sie könnten Ihrer Geliebten einen Sealmantel kaufen.
St.: Was geht Sie meine Geliebte an? Ich kenne Sie nicht.
B.: Und verkaufen trotzdem nicht?
St.: Eben deshalb nicht.
B.: Eben deshalb nicht ist so viel wie trotzdem ja. Ich biete zweihundert. Okay?
St.: Limonade. Nicht Nichtgrüße. Amerikaner unter uns. Was wollen Sie eigentlich von mir?
B.: Das wird sich erst am Ende herausstellen. Der

Spannungsreiz des Zwiegesprächs beruht darauf, daß es keinen hat.

St.: Wenn es sich aber – nie herausstellt?

B.: Dann – Erfolg gesichert! Weltanschauung des überdimensionalen Maschinenchaos! Das weiß heute *jeder* Limonadeerzeuger. You bet.

St.: Verstehe nicht ein Wort.

B.: Dann höchste Zeit, diesen prima gigantischen Gedankenzweikampf abzubrechen. See you later!

Vorhang

Sankt Lernet
siegt über die Ungläubigen

Nach Alexander Lernet-Holenia

So stand er mit (in Staunen) aufgesternten
Stieraugen (links) und sprach zum Volke so.
Teils Heiliger (aus dem Barockoko),
teils Troubadour (in Breeches) (und aus
Kärnten).

Der aber Schwangre wie mit einem Schwerte
mit Rilkerhythmen (aufstieß, großer Gott!)
erbrach promethisch sowie polyglott
(wie Traufen triefen) über die Verzerrten:

«Mon Gorgonzola! SAINCT DIEU zum Lohn
pour the Rezept del Bluff τοῦ Juste Milieu –
mich lumpt man nicht: heut klimpr' ich ein
Kanzohn!»

Da bauscht Applaus, da rauscht (es): «Grâce
à Dieu,
(er hat ein Huf: so ist er ein Dämohn!)
Deutschland krönt seinen Dichter! Duliöh!»

Robertus Neumann
complenit anno domini LMIA Kal. Aprilis

Der Parnaß

Das Sternenkind

Nach Theodor Däubler

Der Mensch muß dichten! Berichte sichten, Gesichte
berichten!
Der Fisch hat die Wellen, die Qualle die Quellen,
der Mensch muß dichten!
Der Strand hat die Fratze, die Wand hat die Glatze,
der Mensch muß richten!
Der Wind hat das Flattern, das Kind hat die Blattern,
der Mensch muß beschwichten!
Das Moor hat gegoren, der Tor ist verloren, der
Mensch in Entrückung
Vermacht das Bedachte, entfacht das Gemachte in
Pracht und Zerstückung.
Verlacht er den Busen, dann schmusen die Musen
zu seiner Verzückung!
Der Mensch muß dichten! Er wähle die Seele, dann
klirrt ihm der Glanz.
Bedenk er die Bänke! Wer kriegt dann die Kränke?
Schon flirrt ihm ein Schwanz
Zerspalt'ner Gestalten in alten Gewalten. Dort
girrt eine Gans!
Erblaßt ist ein Schlapper! Ihn faßt das Geklapper
und schirrt ihn zum Tanz.
Zum Tanze gesungen, die Lanze geschwungen,
schmeißt Gicht zu den Gichten!
Begattische Liebung und attische Schiebung quillt
auf zu Gesichten!
Wenn alle zerspringen, ihm muß es doch klingen:
der Mensch muß dichten!

An den Leser!

Nach Franz Werfel

Mein einziger Wunsch ist, dir, o Mensch, zu sagen:
Ich bin dir gut!
Bist du Schiffskoch, Antisemit oder Klavierfabrikant
im Abendschein,
Bist du Staatsanwalt, Neger oder Toilettefrau voll
Ausdauer und Mut,
Treibst du Wasserleiche stromab, gehst ins Versatz-
amt oder Kaffeehaus hinein.

Machtest du dir als Kind auch immer die Hose naß?
Wenn du heimkamst, klopfte dein Mütterchen
dich auf den Popo.
O mein Mensch, wenn ich dir schon sag', ich bin
vor Empfindung ganz blaß,
Dann mach keine Geschichten, wein endlich mit
mir und zier dich nicht so!

Wir haben Knaben um Regenwürmer und Feder-
stiele gestritten,
Wir machten Matura, freuten uns Offiziersanwärter
des Trommelschalls,
Wir saßen Kaffeehausgäste vereint, wir wurden
Kosmopoliten. –
Jetzt aber genug! Und fall mir schon endlich,
o Mensch, um den Hals!

Der von Trawerz

Eine Ballade

Nach Börries von Münchhausen

Sitzt mancher reicher zu Rosse als Baron Horst
Trawerz.
Trägt keiner am rechteren Flecke das deutsche,
pochende Herz.
«Mir nach!» sprengt Herzog Wilhelm voran gegen
Mars la Tour.
Sechshundert Husarenschwadronen brausen auf
seiner Spur.

Sechshundert Schwadronen Säbel mähen die feind-
lichen Reih'n.
Die Fahne? Man hat sie vergessen! Sie schwankt
seitab und allein.
Die Fahne! Die deutsche Fahne! Der Franzmann
erspäht sie und lacht:
«Allons, wir erobern den Fahne! Dann ist gewonnen
der Slacht!»

Zwölftausend Franzosendragoner klirren heran
wie Erz.
Die deutsche Fahne verloren?! Noch atmet Baron
Trawerz!
«Und kann ich die Fahne nicht retten – ihr werdet
sie nicht entweih'n:
In einem deutschen Magen soll sie begraben sein!»

Schon löst er die alte Seide, schon schiebt er sie in
den Mund –
Zwölftausend Franzosen schwingen die Säbel
drohend im Rund.
Schon schluckt er die Fahnenbänder – das letzte
schaut noch hervor –
Zwölftausend Wutschreie gellen ihm in das
brechende Ohr.

Nur die Stange noch! Und er knabbert. Verschlingt
die Hälfte mit Lust –
Zwölftausend Franzosensäbel fahren in seine Brust.
Saß mancher reicher zu Rosse als Baron Horst
Trawerz.
Trug keiner am rechteren Flecke das deutsche,
pochende Herz.

Für Paul Reboux

Unter dem Wasserhahn

Nach Karl Kraus

Wer vor mir ließ von diesem Wasserhahn
das klare Kalt sich leiten an die Lippe?
Lust ohne Leid, so reibt der rauhe Zahn
sich glatt am glatten Rand der Eisenpipe.

Fester gefackelt! Blitzender geblitzt!
Da wird zum Dichter fast schon der Verdichter.
Nicht mehr gewitzelt! Heut steh' ich gewitzt
vorm Sphärenaug' des Herrn als Splitterrichter.

Und blieb die Welt mir wie ein fremdes Thier,
und wiesen Wort und Weib auch nur die Waden –
hier endlich ist noch niemand außer mir,
hier will ich frei von mir mich baden!

Bin ich nicht ich, so bin ich nicht mehr nichtig.
Brenn' ich auch nicht, so bin ich doch gebrannt.
Worth ist nicht Werth. So ward der Wicht zu
So also hat der Wasserhahn Bestand! [wichtig.

Ein Sonett an Ead

Nach Anton Wildgans

Denn ich bin Dichter. Und was ich dir bringe,
Sind nicht die Klänge einer kleinen Kunst.
Und sieht ein anderer im Ackerdunst
Noch Raupen kriechen oder Engerlinge –

Mir hebt der Schmetterling schon seine Schwinge.
(Ich bin ein Dichter, Schönste, mit Vergunst!)
So brech' ich auf in einer breiten Brunst,
Daß ich dich mir einfüge und bezwinge.

Noch kenn' ich deines Leibs nicht die Gesetze.
(Nie sah ich deine lieben Füße nackt.)
Doch wird bei mir so Königin wie Metze

Ganz auf die gleiche Weise angepackt:
Ich hüll' sie in heroisches Geschwätze,
Bis sie sich hingibt in verweg'nem Takt.

Cerebrallerlei

Anfang der Novelle «Der Wald von Tang»

Eine Geschichte aus dem Unterwasserland

Nach Josef Ponten

Hanno von Hechingen, Leutnant in einem adligen Regimente, wurde nach der mühsamen Erledigung einer Affäre mit Spielschulden und Wechseln aus dem Dienste entlassen, nicht ohne den kräftigen Rat, jenseits des Ozeans um den Aufbau eines neuen Lebens sich zu bemühen, wenn er es nicht etwa vorzöge, die ihm belassene Pistole zu eindringlicherer Auseinandersetzung mit sich selbst zu verwenden. Er war ein junger Mann, wenn nicht von Charakterstärke, so doch von Tatkraft; er ermangelte zu seinen neuen Entschließungen auch nicht verwandtschaftlicher Mithilfe. So verkaufte er Reitpferd, Wohnungseinrichtung und gesellschaftliche Kleidung, löste sein ehemals bedenkenlos zur Schau getragenes Verhältnis zu einer Filmschauspielerin zweideutigen Rufes, brach alle Brücken hinter sich ab und reiste zunächst nach Hamburg.

Die Paßschwierigkeiten, die Einreisesperre, die Erhöhung des Preises der Überfahrt und die allgemeine Änderung der wirtschaftlichen Verhältnisse, die seinen ehemaligen Stand zurücktreten und Vorurteile verblassen ließ, hielten Hanno Hechingen, der sich des Zierwortes vor seinem Namen zugleich mit seinem früheren Leben begeben hatte, in der beweglichen Hafenstadt zurück. Er horchte in sein Inneres und vernahm in sich die Berufung zum Turnlehrer. Aber alsbald fehlgeschlagene Versuche und das Mißlingen auch eines anderen Planes, sich zu Aushilfsarbeit in einem Kontor zu verdingen, ließen ihn nach kurzen Wochen des Abstiegs im Werbebüro einer Baugesellschaft landen, die im Auftrag des Hafenamtes umfangreiche Unterwasserarbeiten vorzunehmen hatte und zu diesem Behufe kräftigen und entschlossenen Männern gute Arbeitslöhne zu zahlen bereit war.

So lernte Hanno Hechingen die Eisenpontons kennen, die abenteuerliche Umständlichkeit der Taucheranzüge, die Maschinengespenster unterweltlicher Pumpvorrichtungen, die Schwere des mit Gummieinlagen abgedichteten Stahlpanzerkopfes, das zähe Leuchten elektrischer Riesenaugen, die lastende Übermacht des Tiefwasserdrukkes, die torkelnd beschwingte Behäbigkeit des raumgreifenden und doch fast auf der Stelle verharrenden Ausschreitens auf Meeresgrund. Grüne Gespinste, drei und vier Meter hohe Tangpflanzen, deren er sich nur in verdorrtem oder schleimig erschlafftem Zustande von den Sandküsten ehemals besuchter Badeorte erinnerte, standen hier aufrecht, lebten, schwankten, tasteten, atmeten in der Fluktuation des Tiefwassers, beugten sich, öffneten sich widerstandslos vor dem strebenden Schritt, schlossen sich lautlos hinter dem Vorgedrungenen, erwiesen sich stellenweise durchsetzt von bräunlichen, grünlichen, bläulichen, weißlichen, schwärzlichen, gelblichen, gräulichen Lattichgewächsen, hatten rauhe, glatte, gerippte, gezähnte, runde, ovale, elliptische, rhombische, quadratische, kubische, tetragonale, hexagonale, ikositetraedrische Blätter und waren wogendes Gewebe und zugleich Wall.

Schluß der Novelle «Der Wald von Tang»

Nach Alfred Döblin

Als er sich des Taucheranzugs entledigt hatte und auf prickelnden Beinen heimging, reichte ihm der Messenger an der Straßenecke den Brief, tauchte unter im Gewühl. Er las:

«Herr Hechingen, Ihren Namen weiß ich durch Ausforschung. Ich bin rothaarig und lebe dem Genuß. Das Federn Ihres Ganges läßt mich ungewöhnliche Lastermöglichkeiten ahnen. Ich befehle Ihnen, mich erstens heute nachts zwei Uhr an der Gangplanke des Taucherschiffes zu erwarten; zweitens anbetrachts der völligen Aussichtslosigkeit eines Widerstands keine Schwierigkeiten zu machen, wenn ich Sie auffordern werde, mich auf den Meeresgrund mitzunehmen; drittens sich darauf vorzubereiten, daß ich Ihnen vierzig Meter unter dem Wasserspiegel angehören werde.

Selma Cuachacho, Vampyrtänzerin.»

Hechingen ging in sein Hotelzimmer, zerriß die drei Gruppenphotographien seiner Familie, die er in der Brieftasche aufbewahrt hatte, ließ das linke Bein zum Fenster hinaushängen, pedikürte das andere, schenkte dem Zimmermädchen seinen Rasierapparat und hielt sich ein brennendes Zündholz unter die Achselhöhle, bis die Haut rote Blasen warf. Dann ging er zum Rendezvousort und barg die schlanke Verschleierte nach einer kurzen geschäftlichen Auseinandersetzung über sein Nichtinderlagesein, für eine etwaige lebendige Folge des submarinen Beilagers Alimente zu zahlen, im weitesten der Tauchanzüge, der für beide hinlänglich Platz bot. Als sie in siebzehn Metern Tiefe waren, öffnete sie mit einem leichten Biß seine Halsschlagader, kostete Blut und erklärte sich von der Qualität befriedigt. Er lachte laut auf, pfiff den Yankeedoodle und stieß sich nach Beendigung des Liedes den seit jeher spitz poliert gehaltenen Nagel des kleinen Fingers in die linke Brust. Ein geller Schrei stand vor ihm unter dem roten Haar. Noch im Tode hatte Hechingen einen kalten, außerordentlich dämonischen Zug um den Mund.

Der Birnbaum

Nach Carl Sternheim

Meta war, einfacher Leute Kind, als Kammerzofe erstmalig in Schweizer Nabobhotelwelt gelangt. Rieselnder Schnee barg ungekannte Lockung. So entwendete herrschaftliche Skikleidung sie, mischte unter Gesellschaft sich und glitt Übungswiesen entlang. Erkannt und entlassen, warf sie Erschlafftheit domestikenhafter Scheinwelt von sich und ward Sennin. Nach sechs Jahren erbat einer, Abgeirrtheit vom Weg vorschützend, Nachtlager in ihrer Hütte. Kurt nahm im Rausch sie, zeigte jedoch nach angemessenen Monaten eingetretener Folge solcher Verirrung gegenüber sich ablehnend. Da bat sie. Als kühlem Achselzucken sie sich gegenübersah, stieß aufrasend sie ihm das Messer in den Rücken und mußte fliehen. Über vertraute Schneewiesen höher eilend verfehlte den Weg sie, geriet in Gletscher und fiel in eine Spalte. Sterbend glaubte aus dem Eis sie einen Birnbaum wachsen zu sehen.

Erasmus Zinspfennig
oder
Das Triangel des Blutes

Nach Jakob Wassermann

> An die Pforte dieses Werkes, das der Verfasser nicht ohne verantwortungsvolles Zagen unternimmt, sei eine Geschichte von hinübergreifender Bedeutung gestellt, weniger in sich selber ruhend als sonst Geschichten schlechthin, doch mitnichten Brevier oder Verkündigung, nur Brücke, nur Weiser, und so auch Bild und Gespinst eher als Vorgang und Ereignis. *J. W.*

Da ging die Tür auf, und Erasmus stand auf der Schwelle. Seine Hände waren so wenig mit Tinte befleckt, daß man hätte glauben mögen, er schreibe mit Blut. Hatte er gestern noch in Gesellschaft der verwitweten Gräfin Todtenkopff-Fleury und des Barons Hopfgarten auf der palmenbestandenen Terrasse des Monte Pincio gestanden, so schlenderte er heute Arm in Arm mit dem Fürsten Mumu Garganoff über die Strada del Sol zu Montevideo. Es hatte sich eine Gelegenheit zu beschleunigter Überfahrt nach Europa mit Briefen des Gesandten, eines Prinzen Rohan, an seinen Kaiser geboten. So hatte man sich eben noch rechtzeitig auf Schloß Greifswaldstein einzufinden vermocht, um der Nièce zu ihrer nahen Verlobung zu gratulieren. Sein Bericht war zu Ende; er lächelte enigmatisch.

«Was für ein Mensch ist dies», dachte Christiane

zwischen zwei Atemzügen, von denen der erste noch Enttäuschung war und der zweite schon Abkehr. Da brachte das ungewöhnliche Zittern in ihrer Brust die Renaissancekonsole im Alkoven zum Wanken. Ein kleiner Schrei; Sturz eines Gefäßes; ein Klirren; der uralte Kristallpokal der Kühnburgs, Unterpfand und Wahrzeichen ihrer Freundschaft mit den Grafen Zinspfennig, sprang wie wehklagend noch einmal von den Marmorfliesen auf und zerbrach dann langsam in zwei gleich große Stücke. Als Erasmus sie schmerzlich prüfend noch einmal gegeneinander hielt, ergab es sich, daß sie nicht mehr paßten: ein Raum in der Form eines blutenden Herzens blieb frei.

Es war ihm, als ginge er eine Mauer entlang, über die aus einem dahinterliegenden Garten neben den Zweigen von Glyzinienbüschen auch Palmenblätter und Eichenäste ernst und bedeutsam herüberschauten, Krone des Lebens, dessen Ursprung durch die Mauer verdeckt war – ein Symbol von zweifellos tiefsinniger Tragweite und vornehmem Inhalt.

Edoardo Schmidos

Nach Kasimir Edschmid

Don Edoardo Schmidos trat durch die Drehtür und dankte über die gekrümmten Rücken der Kellner hinweg mit der Höflichkeit einer wahnsinnigen Verachtung.

Als er Señorita Blanka di Pollak an einem der Marmortische sah, mit dem linken Aug' in eine illustrierte Gazette vertieft, pfiff er durch die Zähne, daß alle Scheiben des übervollen Saales platzten. Das Bild des spanischen Königs, tausend Guineen wert, nahm er von der Wand und entzündete es als Fidibus für seinen Zigarillo. Ringsum murmelten sie: «Don Schmidos ... toll Aufschwung ... Genie! – –»

Edoardo wandte sich ab. Mit vor Stolz bebenden Nüstern zuckte er nach dem Ober. Der, die Knie geknickt, die Füße von Demut platt: «... Mokka?» Don Schmidos ließ ihn hinrichten und sein Fleisch unter die Armen verteilen.

Dann zu den Kellnern, starr aufgerichtet: «Eine Portion Sarazenenblut! – –»

Señorita Bendiener und Señora di Kaxamalcha del Kurfürstendamm glitten vorüber, Verheißung nervenzerreibender Laster im Augenwinkel.

Er vergewaltigte beide gleichzeitig mit der rechten Hand, während er mit der linken eine Novelle schrieb, die Mundwinkel in Weltekel niedergekrümmt.

Die Tintensklaven, an kleine Marmortische geschmiedet, sangen im Takt: «Benedito sea los poetas cerebralissimos.»

Schmidos ließ ihnen hundertachtzig Gallonen Tinte freigeben, und sie tranken, bis ihr Grölen über den Estrich rann.

Die Sonne brannte.

Auf Edoardos Gesicht saß ein Lächeln wie eine Dolchspitze. Vom gegenüberliegenden Baugerüst ließ er einen Balken bringen und schärfte ihn, sich die Zähne mit ihm zu stochern.

Aus dem Kreise Blasser in einer Nische zischte einer der Granden mit einem Blick nach Don Edoardo Schmidos: «. . . Sonnenstich . . .! – –»

Dann kam endlich der Wagen der Ambulanz.

Lyrische Variationen
über ein bekanntes Thema

Lyrische Variationen über ein bekanntes Thema

Nach einem anonymen Mitarbeiter des «Sturm»

I

Sitzen lispeln sitzen glühen
glut weiß leib.
Spitze polstert verkett;
wesend bein bein bein bein
verbischoft rhythmen.
mattung Spült bleibendes.
GOTT.

II

Mutteranruf.
Abschied ordnet bleiben
ordnet befrommtheit
hauswärts Kommung ende gesetzt.
anruf anruf
Anruf fünftfinger gaumsaug Nein!
Voraussicht schneidenden
windsbraut brautwinds windsbraut
Fingerschnitt
papier Ab Ab.

Eine Sonderkommission der Akademie der Wissenschaften ist bekanntlich seit mehreren Jahren damit beschäftigt, die kosmisch gesteiltesten Publikationen des «Sturm» ins Deutsche zu übertragen. Bezüglich des zweitabgedruckten Werkes einigte man sich wie folgt:

Urtext	*Deutsche Übersetzung*
Mutteranruf.	«Konrad!» sprach die Frau Mama,
Abschied ordnet bleiben	«Ich geh' aus und du bleibst da.
ordnet befrommtheit	Sei hübsch ordentlich und fromm,
hauswärts Kommung ende gesetzt.	Bis nach Haus ich wieder komm'.
anruf anruf	Und vor allem, Konrad, hör!
Anruf fünftfinger gaumsaug Nein!	Lutsche nicht am Daumen mehr;
Voraussicht schneidenden	Denn der Schneider mit der Scher'
windsbraut brautwinds windsbraut	Kommt sonst ganz geschwind daher.
Fingerschnitt	Und die Daumen schneidet er
papier Ab Ab.	Ab, als ob Papier es wär'.»

Eine Übersetzung des erstangeführten Gedichtes mußte aus Gründen der öffentlichen Sittlichkeit leider unterbleiben.

Dagegen hat die Kommission das Gedicht «Mutteranruf» zwei prominenten Autoren mit der Anfrage vorgelegt, wie *sie* das Poem verfaßt hätten. Die Antworten:

Mutteranruf

Nach Hugo von Hofmannsthal

Und Kinder wachsen auf mit großen Augen
Und wissen schon von ihrem tiefsten Walten
Und wollen es schon daumenhaft besaugen.

Und Mütter gehn, und immer wieder halten
Und heben sie die drohbereite Geste
Und stehn erstarrt und drohn noch im Erkalten.

Und Dichter sind, und ihre Anapäste
Sind wie die Neige tiefgesenkter Krüge
Und schmecken schal wie trübe Hefereste.

Und wiegen sich in ihrer samtnen Lüge
Und lieben Prunk, ein wenig überplundert,
Und spreizen sich in gestriger Genüge.

Und stehen bleich im lärmenden Jahrhundert
Und nehmen dankbar jegliche Beschau an.
Betroffen steht die Zeit: es bellt verwundert

Ein Bologneserhündchen einen Pfau an.

Mutteranruf

Nach Hermann Hesse

Erste Fassung

Die lauen Winde wehen,
Im Feld sprießt Korn und Keim.
Meine Mutter will dorfwärts gehen
Und kommt erst spät wieder heim.

Meine Mutter legt mir die schlanke
Rechte aufs Haar – so lind,
Daß alle schlimmen Gedanken
Verweht und vergessen sind.

«So schenk' dir Gott seine Huld,
Dann bleibt die Hand dir heil.
Nur was du selbst verschuldest,
Ist an Schmerzen dein Teil.»

Die harten Winde sangen.
Im Feld, da will es schnei'n.
Meine Mutter ist dorfwärts gegangen,
Und ich bin wund und allein.

Hesse hat diese Fassung allerdings inzwischen als veraltet widerrufen und eine neue vorgelegt.

Zweite Fassung

Ich spiele Schaukelpferd, Post, Schnellzug und über
den Boden rutschen.
Die Mutter sagt, sie geht fort und ich soll nicht den
Daumen lutschen.
Sie droht mit dem Schneider, der mit der Schere,
klapp,
Hereinkommt, und er schneidet mir meine Daumen
ab.
Sie ist fort und kommt wieder. Wie sie lächelnd her-
überblickt!
Da erwacht ein Mann, der Hesse heißt. Und
erschrickt.

Die Weisen aus dem Abendland

Der Übergang des Morgenlandes

Nach Oswald Spengler

In diesem Buche wird der Versuch gemacht, Geschichte vorauszubestimmen. Das Mittel, lebendige Formen zu verstehen, ist die Analogie. Der französische Konvent sprach von Karthago, wenn er England meinte, und die Jakobiner nannten sich Römer, wobei sie übersahen, daß ein Vergleich zwischen Kyaxares und Heinrich I. ebenso plausibel ist wie einer zwischen Anaximenes von Milet und dem Schreiber dieser Zeilen. Das wird noch besser verständlich, wenn man sich vergegenwärtigt, daß die Schlacht bei Issus, also das Gegenüberstehen zweier Schlachtreihen mit abwechselnder Eröffnung der Feindseligkeiten, sein Korrelat hat im Gesellschaftstanz unserer Väter, der Quadrille, während das Keilschriftzeichen , das soviel wie «a» oder «aufwärts» oder auch «Held» bedeutet, sich gleicherweise wiederfindet im semitischen «pleite» (die Friedenswirtschaft), im Grundriß der Peterskirche zu Rom und in der Form des Schnurrbartes Kaiser Wilhelms II. Und nun denke man an das Symbol $\sqrt[\pi]{-1}$ und stelle sich vor, daß Skopas und Praxiteles die Upanishaden *nicht* gekannt hätten! Das wird einleuchten.

Ist dem aber so, so ist auch bewiesen, daß die Firma Helena Rubinstein, die sich bekanntlich von der trojanischen Helena herleitet, im Grunde keine andere kontrapunktliche Funktion in der infinitesimalen Konsonanz des Universums hat als jene mit der Genannten zwar nicht identische, aber doch vom selben Dichter besungene Fürstin Penelope, deren immer wieder aufgetrenntes Gewebe charakteristischerweise ebenso als ein Requisit femininen Selbstverschönerungsdranges anzusehen ist wie die Produkte der erwähnten Erzeugung kosmetischer Utensilien.

Das Philosophietagebuch eines Reisenden

Nach Graf Hermann Keyserling

Mukhopadāja

Ein erklecklicher Teil meiner Gefährten sagt sich vor Hitze dem Verschmachten nahe. Welcher Mangel an Einbildungskraft! Die Luft, die hier weht, regt mich gewaltsam an. Mein Organismus ist so weit verwandelt, daß ich in buddhaistischer Bewußtseinslage verharren kann; mein psychophysischer Zusammenhang ist umzentriert. Ob der Inder vor den glitzernden Eisbergen nördlicher Meere wohl von seinen Göttern träumen würde? Vermutlich fröre er dazu zu sehr.

Felsgebirge von Aupariśtūka

Wieviel leichter wird es dem Tropenbewohner als unsereinem, religiösen Tiefsinn zu beweisen! Mir zum Beispiel wird es an Bord als Hochmut ausgelegt, daß ich mich tunlichst isoliere. Die wahre Ursache ist, daß einem, der als Erkenner zu buddhoiden Ergebnissen gelangt, das Verharren in buddhaistischer Bewußtseinslage psychophysisch nicht umzentriert ist. Wieder einmal erfahre ich's: die Gottesgabe der Eitelkeit hat viel Gutes zur Folge. So wäre es etwa einem Inder nie möglich, das Nördliche Eismeer für die Südsee zu halten. Es wäre ihm schlechtweg zu kalt.

Woher weiß ich, daß der Tausendfüßler vollkommen ist? Der Sachverhalt wird jedem evident, der die Fähigkeit hat, sich in andere Wesen hineinzuversetzen. Darum nimmt jetzt auch mehr und mehr der Geist des Polytheismus von mir Besitz. Als das Schiff schwankte, kam ich mir ganz wie ein hellenoider Seefahrer vor, der mit seinem Erbrechen dem Meergott Neptun ein Opfer darzubringen überzeugt war. Es spricht für meine Anpassungsfähigkeit, daß ich den ganzen Tag über opferte. Auch ein buddhaistischer Yoghi hätte es nicht anders gemacht. So sehr bin ich buddhaisiert. Ob ich wohl die Südsee für die Nordsee hielte? Der Gedanke macht mir viel Kopfzerbrechen.

Yomkippūr

Gestern, gegen Sonnenuntergang, habe ich den großen Schau-Heiligen gesehen. Er sitzt nun schon sieben Jahre in einem taubenschlagartigen Gehäuse und hat die ganze Zeit hindurch kein Wort geäußert. Er redet nicht. Ich kann das gut verstehen. Wäre sein psychophysischer Zusammenhang umzentriert und hätte er als Schau-Heiliger seinen Taubenschlag in Deutschland, in Darmstadt aufgestellt – ob er dann wohl redete? Ich könnte auch das gut verstehen. Ich glaube, er bliebe Buddhist, würde aber dennoch sehr deutsch. Nichts ist so gleichmachend wie gemeinsam geatmete Luft. Zwischen Noah, Löwe und Schaf hat wohl am Ende der Sintflut überhaupt kein Unterschied mehr bestanden.

Warum also zwischen Champagner und Limonade?

Was ist existentionell?

Nach Martin Heidegger

Die Frage des Titels weckt die Erwartung, sie werde be-antwortet werden. Das wäre nicht zu ver-antworten: damit ist es nichts. Aber schon das Fragen nach diesem Nichts verkehrt das Befragte in sein Gegenteil: Was also ist *nicht* existentionell? Existenz ist das Seiende, oder, im kategorischen Imperativ, das Sei. Rein sprachlich schon bedarf also das Ei des existentionellen Beginns des Es, um es in ein S-Ei zu verwandeln. Die Frage nach dem Existentionellen ist sohin vor allem eine Frage des Es. Ohne es, ohne Es, ohne S, wird das Nichts zum Nicht, und denken wir es uns als eine «Idee», so wird aus diesen eingebildeten Nichtsen eine All-Gegenwart von eingebildeten Nichten. Das Wesen des ursprünglich nichtenden Nichts führt durch Verneinung der Nichtung zu dem, was ich hier die Nicht-Nichtung oder, nach dem Senecaschen «tantus clamor per unam omlettam», die Tantung nenne. Die Tante ist die Nicht-Nichte des Nichts unter Eliminierung des Es, oder auch: die Vernichtung verwandelt die Vertantung in ihr erkenntnistheoretisches Gegenteil. Das Nichts selbst nichtet, aber die Nichte nichtst nicht, und auch die Tante tantst nur im logischen Um-Laut der Tünte, die als solche nicht-existent ist und nur in ihrer Vereinfachung *(simplificatio)* einerseits zur Tunte und andererseits in die Tinte führt. «Tantum-quantum», fordert die platonische Definition: die Forderung nach dem Quantum der Tanten. Durch die Ent-Massung der Tante wird die Ver-Messung der Tunte über die Be-Nichtung des Ex zum Sex, oder in den Worten des Mystikers Rodus-Rodus: «Parturiunt Montes Nascitur Radikalismus.» Im A und O der Ernichtung wird die Volle des O dabei zur Falle des A; das Logische wird gehoben zum Lagischen, die Lologik zur Lalagie. Wie Raimundus Lullus es ausdrückte: «ad civem decipiendum.» *(«Pour», sagt Montesquieu, «épater le bourgeois.»)* Oder auch: Wird das Ei der Nichte um-getantet in das Nicht-Sei der Echse, so ist Existenz eine Sexistenz, deren Nichtung echolalisch durch die Ver-Nichtsung des Ich in die Ver-Allung des All verlallt.

Damit haben wir aber auch schon unsere Definition: Existentialismus ist ein Sexistentialismus ohne das Es.

Einiges über Charleston

Gespräche mit Goethe

Nach J. P. Eckermann

Dienstag, den 29. Februar 1827

Goethe war heute Mittags in der herzlichsten Stimmung. Er zeigte uns zum Nachtisch einige Kupfer, die ihm kürzlich zugekommen, und auf denen die berühmte Josefine Baker, eine Negerin zu Paris, fast völlig hüllenlos in einigen Tanzstellungen festgehalten war, indem er zugleich seine Tochter neckte, in der Fastnacht gleich jener im Grunde nur spärlich bekleidet der versammelten Hofgesellschaft sich vorgestellt zu haben. «Sie sehen hier», sagte er, die Blätter immer wieder betrachtend, «wie bei diesen Angehörigen der sogenannten wilden Völker selbst die alltäglichen Verrichtungen anmutig und zugleich bedeutend auf den Beschauer zu wirken imstande sind. Hascht diese Rechte, unvermutet erhoben, nach einem der großen Papillons des Urwaldes, wie unser guter Meier sie uns gestern geschildert hat? Tritt diese Ferse, aus geübtem Gelenke seitwärts geschnellt, einem abgewiesenen Liebhaber vor die im Knien flehend aufgehobene Stirn? Und ist es nicht, als wollte dies tanzende Naturkind leicht rückwärts gedrängten Gesäßes den Gespielinnen seine Mißachtung bezeugen?» Wir stimmten ihm zu.

Nachdem wir vom Tisch aufgestanden und die Frauen hinaufgegangen waren, sagte ich zu Goethe: «Es ist mir immer wieder eine Offenbarung, wie vor Ihrem ordnenden Geiste auch das scheinbar Unzusammenhängende sich zu einem harmonischen Weltbilde zu fügen anhebt. Ich sehe nun eine unmittelbare Beziehung zwischen dem Tanz jenes Negermädchens und der Szene im zweiten Teil Ihres Faust, wo dieser, nachdem er vergebens den Papillon der Erkenntnis zu erhaschen versucht hat, zu den Müttern hinabsteigt, um, von Helena vor die flehende Stirn getreten, der abgewandten Mißachtung des naturhaften Prinzipes sich preisgegeben zu sehen.»

«Sie mögen da, mein Freund, in Ihrem Erklärerwillen einen wenn auch irrigen so doch orginalen Gesichtspunkt gefunden haben», erwiderte Goethe und ging in sein Arbeitszimmer hinüber.

Der transzendentalen Ästhetik viertes Hauptstück

Nach Immanuel Kant

Der oberste Grundsatz der Möglichkeit der Anschauung in Beziehung auf die Sinnlichkeit ist: daß man aus ihrem Dasein auf die objektive Zufälligkeit ihres möglichen Nichtseins unmittelbar noch nicht schließen kann. In der fünften Antinomie der praktischen Vernunft ward bewiesen, daß für die subjektive Existenz bewegter Körper aus dem reziproken Schluß (conclusio) der beiderseitigen mittleren Artikulationen die Unmöglichkeit der periodischen Abstraktion der unteren Hälfte der hier angezogenen Extremität (saltus paranoicus vel Charlestoni) um so weniger folgt, als, diese Bewegung als Bewegung an sich zu bezeichnen, schon in Ansehung der möglichen Harmonie des Betrachtenden mit der Bewegten einer gewünschten Gemeinschaft der Substanzen förderlich sein wird. Da nun, eine solche ins Werk zu setzen, ohnedies beide Abschnitte des Hauptteiles schon an sich der Sinnlichkeit dargeboten werden: folgt unmittelbar, daß es subjektivem Ermessen anheimgestellt bleibt, ob man die Anschauung dieser Substanz a priori der Anschauung a posteriori vorziehet oder umgekehrt. Was zu beweisen war.

Hamlet, Prinz von Dänemark

Nach William Shakespeare

Der Tänzer tritt auf.

Ophelia: Wird er uns sagen, was der Tanz bedeutet?

Hamlet: Er kann euch jede Bedeutung sagen nach eurem Wunsch. Nennt's einen Freudentanz – er stimmt zu. Nennt's einen Begräbnistanz – er ist nicht abgeneigt. Nennt's einen Bauchgrimmentanz – glaubt ihr, er kann nein sagen? Und nennt es einen Tanz des Tieres mit den zwei Rücken – er wird rufen: Erraten!

Ophelia: Ihr seid arg.

Hamlet: Arg oder nicht arg! Argheit wird dort Tugend,
Wo Tugend Argheit ist. Die arge Welt
Kläfft arg – und meint derb, brünstig, geil,
Preist ihre Tugend wie die Hur' ihr Lager,
Und da sie unterm Mantel schon das Gift
Bereit hält, plärrt ihr Maul noch ein Gebet.
Ich wollte einen König fragen, was er lieber hat: Tanz oder Sauerkohl. Er wird antworten: Beides! – Komm, laß uns schlafengehen.

Ophelia: Ich will euch nicht mehr zuhören. Laßt beginnen!

Hamlet: Beginn!

(Tanz.)

Der Narr: Er legt seinen Bauch in Falten wie ein Pfaff die Stirn, wenn ihm eine Jungfer von ihrem achten Liebhaber beichtet und sagt: Den hab' ich mit dem neunten verwechselt.

Hamlet: Er tut recht daran!
Was soll er runzeln, wenn nicht seinen Bauch?
Die Larve bleibt Gelächter! Glatte Stirn –
Und in geheimster Falte des Gewandes
Spritzt ihm der Schrei des heimlichen Gebrests
Der Welt verzehenfacht aus allen Poren.
Und tanzt er seinen Tanz, tritt seinen Tritt,
Mit Fersensprung, mit Hüftenschwung ausschüttend
Die grimme Marter des gequälten Leibs
Ins Meer der Qual – die Larve bleibt Gelächter! –
Doch kommt.
(Alle ab.)

Vorhang

Nietzsche und die Folgen

Das Originalmanuskript wurde dem Nietzsche-Archiv in Weimar zu dauernder Unterschlagung zugeeignet.

Ein Briefwechsel

Unter anderem nach Elisabeth Förster-Nietzsche

An Frau Elisabeth Förster-Nietzsche,
Weimar

– nachsehen zu wollen, ob sich im Nachlaß Ihres in Gott dem Herrn entschlafenen Herrn Bruders nicht vielleicht doch diese oder jene Textstelle findet, die sich für die Werbeabteilung unserer Rasierklingenfabrik verwenden ließe. Wir bringen zur Weihnachtssaison die wirklich erstklassige Klinge «Dämon» und wäre es uns daher wertvoll, auch aus dem Munde eines Philosophen –
– gerne bereit, für Geeignetes bis zu MK 2000.– anzulegen.

Hochachtungsvoll

Dämon-Stahlwarenfabrik
Heuschele & Abwasser
Solingen

*

An Herrn Archivar Knaacke,
Nietzsche-Archiv, Weimar

– Ihnen anbei ein Schreiben der Dämon-Fabrik, das mir ins Bad nachgesandt wurde. Die Zeiten sind bitter, mein lieber Knaacke, und so danke ich GOTT, daß er den Seinen wieder einmal im rechten Augenblick ein Scherflein zukommen läßt. Erledigen Sie das, lieber Knaacke! Wir haben ja doch noch das ganze unveröffentlichte Material für den Ergänzungsband zum «Zarathustra»! So lassen Sie denn diesen und jenen Splitter absplittern und stellen Sie das für die Dämon-Fabrik zusammen! Weiß ich doch aus so manchem innig vertrauten Gespräche nur zu genau, wie sehr es den Intentionen meines verewigten Bruders entspricht, gerade der heimischen Rasierklingenindustrie –

Treulich Ihre

Elisabeth Förster-Nietzsche

*

Frau Elisabeth Förster-Nietzsche,
dzt. Bad Ems

– leider gar nichts Geeignetes gefunden! So habe ich mich denn entschlossen, dem edlen Zweck zuliebe selbst zur Feder zu greifen und im Geiste des Verewigten –

– finden Sie auf dem Beiblatt, und bitte ich Sie, werte Frau, das Opus an die Dämon-Fabrik weiterzuleiten. Ohne Selbstlob glaube ich sagen zu dürfen, daß hier wieder einmal die Existenzberechtigung des Nietzsche-Archivs im allgemeinen und der Geheimhaltung des Nachlasses im besonderen allen Anfeindungen zum Trotz in leuchtenden Farben –

– der sich nennt

Ihr

Knaacke

Beiblatt

FRIEDRICH NIETZSCHE

Aus dem noch unveröffentlichten Material des Nietzsche-Archivs zu Weimar. Nachtragsband zu

«ALSO SPRACH ZARATHUSTRA»

Ausgewählt, eingedeutscht und herausgegeben von Theodor Knaacke

5. Teil, 11. Abschnitt:
Von den Messerwetzern

Eines Abends ging Zarathustra mit seinen Jüngern durch den Wald, und siehe, an dem Weiher, der zumitten des Waldes lag, saß ein Heiliger, der wetzte sein Brotmesser und schabte sich seinen Bart. Zarathustra grüßte ihn mit freundlicher Gebärde und fragte: Warum wetzest du dein Brotmesser und schabest dir den Bart mit ihm, o mein Vater?

Der Heilige erhob sich und erwiderte: Wahrlich, nicht ziemt es Zarathustra, Selbstverständliches zu fragen! Weil mein Messer ob dem Brote stumpf geworden ist und weil ich keines andern Messers besitze und weil mein Bart mich ärgert, darum wetze ich mein Brotmesser, mir den Bart mit ihm zu schaben!

Da wandte sich Zarathustra und sprach diese Worte:

Wahrlich, es wundert mich dieses Heiligen! Am Brote ist ihm sein Messer stumpf geworden, also wetzte er es ob seinem Barte.

Der Mensch ist ein Messer, das wird am Brote stumpf. Und wenn sein Bart ihn ärgert, hat er nicht, dawider zu löcken.

Also aber lehrt euch Zarathustra:

Nehmt eines andern Messers zur Atzung und eines andern wider den Bart! Denn jedes werde geschnitten mit seiner Klinge.

Die Hoch-Klinge lehre ich euch; sie werde in euerer Hand zur Über-Klinge!

Was ist der Dämon dem Menschen? Eine Über-Klinge und eine helle Verheißung. Was aber der Dämon dem Menschen ist, ist Gott dem Dämon: eine Über-Klinge und eine helle Verheißung.

Die Dämon-Über-Klinge lehre ich euch!

Denn ich liebe den, welcher um seinen Bart streitet, obgleich er kein Kaiser ist. Und nicht um jedes Kaisers Bart wird gestritten! Und ich sage euch: Man muß noch Bärte an sich haben, um die Klingen wider sie gebrauchen zu können! Darob weinete Zarathustra, wenn er darob nicht lachte.

Denn wohl bin ich das Dunkel schattiger Bäume, aber der sich nicht fürchtet, findet auch Erdbeeren, Datteln und Moschusochsen in meiner Dunkelheit.

Und wahrlich, der euch dies Lied singt, gehört nicht zu den Kost-Verächtern der Tiefe. Und wohl ist er der Herr der Herde, aber der eintritt, hört auch Kuhschellen klingeln in seinem Pferch.

Also sprach Zarathustra.

*

Tit. Nietzsche-Archiv,
Weimar

– zu unserem Bedauern mitteilen, daß das uns zugesandte Bruchstück für unsere Zwecke völlig unbrauchbar ist. Zwar ist selbes zweifellos werbekräftig und poetisch, doch ist uns mit dem einmaligen verstecken Hinweis auf unsere Rasierklinge nicht gedient und liegen uns Konkurrenzofferte vor, die viel einprägsamer –
– gezwungen, das Elaborat anbei zu eventueller anderweitiger Verwendung zu retournieren.

Hochachtungsvoll
Dämon-Stahlwarenfabrik
Heuschele & Abwasser
Solingen

*

Vingt ans après

An Frau Elisabeth Förster-Nietzsche,
dzt. Menton

– ich hier in Syrakus unter der auf mich wartenden Post die bereits ausgedruckten Bogen des Zarathustra-Nachtragsbandes vor und bemerke zu meinem Entsetzen, daß mein Adlatus während meiner Urlaubs-Abwesenheit eigenmächtiger- oder mißverständlicherweise einige Textstellen aufgenommen hat, die gar nicht hineingehören! Vor allem hat er eine aus meiner Feder stammende, für besondere Zwecke bestimmte, dann aber nicht verwendete –

– sofort depeschiert, aber das Buch ist schon beim Binden! So sehe ich keinen anderen Ausweg, als daß wir, werte Frau, die gesamte Auflage trotz der hohen Kosten –

– der verbleibt

Ihr

Knaacke

*

An Herrn Oberarchivrat Knaacke,
dzt. Syrakus

– gewiß unerfreulich; aber sehen nicht auch Sie, werter Freund, in diesem «Zufall» den Finger GOTTES, der durch solche Fügung erwirkt, daß die aus Wahnsinnsnacht geborenen, ja unzüchtigen Ergüsse aus den letzten Lebensjahren meines verewigten Bruders wenigstens zum Teile geläutert werden durch einen herzensreinen Beitrag aus der Feder eines wahrhaft gläubig in der Sitte lebenden –

– also entschieden dagegen, die nun einmal gedruckte Auflage einstampfen zu lassen! Weiß ich doch aus so manchem innig vertrauten Gespräche nur zu genau, wie sehr es den Intentionen meines verewigten Bruders entspricht, innerhalb seines Werkes auch der anonymen Stimme des Wohlgesinnten ein Plätzlein –

Treulich die Ihre!

Elisabeth F.-Nietzsche

Nietzsches Verdauungsbeschwerden als Symbol einer prae-embryonalen Tantenliebe

Eine psychoanalytische Studie aus «Imago»

Herausgegeben von Prof. Dr. Sigmund Freud

– werden wir selbstverständlich nicht mehr daran zweifeln, daß «Messer wetzen» gleichbedeutend ist mit Coitus. Was aber heißt dieses «seinen Bart schaben»? Der Bart ist seit jeher das Symbol der Männlichkeit; es «schaben», also entfernen – wir begegnen hier wieder einmal dem Motiv der Selbstkastration! Und jetzt wird uns auch Zarathustra-Nietzsches-Protest verständlich. Er richtet sich gegen einen, der noch fähig ist, «sein Messer zu wetzen», der aber dennoch zum Akte der Selbstentmannung schreiten will. (Dabei liegt es auf der Hand, daß Nietzsche hier den Heiligen durch sich selbst ersetzt; die als Protest aufzufassende Frage an den Heiligen ist also unschwer als Ausdruck seiner eigenen Kastrationsangst zu durchschauen.*)

Die Lösung finden wir in der Antwort des Heiligen; er *ist* gar nicht mehr potent – *sein Messer ist ihm stumpf geworden,* und zwar *am Brote!* Also *Ehe-*

---

* Vergleiche auch Friedrich von Schillers Ausruf: «Was wolltest du mit dem Dolche (sic!), sprich?», wobei wir ganz genau wissen, was er mit dem Dolche wollte, und den Schrei des Linzer Dialektdichters Alois Pamperl: «Giab's Messer weg!»; beide ausführlich analysiert in meiner Schrift: «Ein obszönes Geräusch in einer Kantate Johann Sebastian Bachs», Wien 1919.

Impotenz als Ursache einer beabsichtigten Selbstverstümmelung! Bedarf es noch eines Beweises für die Richtigkeit dieser Interpretation, so findet er sich in der Lehre, die Nietzsche-Zarathustra aus dieser Begegnung für die Allgemeinheit zieht: *«Nehmt eines andern Messers zur Atzung und eines andern wider den Bart»,* welcher Vorstellung der verdrängte Wunsch zugrunde liegt, *über zwei differente Genitalien* für den ehelichen und außerehelichen Beischlaf zu verfügen. *«Denn jedes werde geschnitten mit seiner Klinge.»*

Uns interessiert vor allem die Formulierung *«wider* den Bart». Hier irrt Nietzsche: er wollte ja doch nicht die Kastration *empfehlen.* Also hatte er zu schreiben: *«für* den Bart». Aber auch die Ursache dieser Fehlleistung erschließt sich zwanglos, wenn wir neuerlich eine einfache Umbesetzung vornehmen und supponieren, daß er gar nicht sich selbst, sondern seinen Vater gemeint hat. «Wider den Bart» heißt einfach wider den sexuell intakten Vater. Hier stoßen wir also endlich auf den in diesem Falle besonders gut getarnten Ödipuskomplex: *Nietzsche proklamiert* mit seiner Fehlleistung *die Kastration der Väter,* und das ist wohl der eigentliche Sinn dieses ganzen Zarathustra-Abschnittes.*

---

* Es erweist sich also jetzt, daß er weiter oben gar nicht sich selbst durch den Heiligen ersetzt hat, sondern der Prozeß ist etwas komplizierter: Er ersetzt a) sich selbst durch den Vater, und dann erst b) den *Vater* durch den Heiligen – das heißt: er will, daß der Vater ein «Heiliger» sei, also einer, der keine Sexualfunktionen ausübt. So sind wir wieder beim Vater-Kastrations-Komplex – ein Beispiel für eine Doppelbesetzung, wie es in solcher Schlüssigkeit in der psychoanalytischen Literatur bisher nicht mitgeteilt worden sein dürfte.

Zählen wir hinzu den Sadomasochismus der Gleichung «Was der Dämon dem Menschen ist, ist Gott dem Dämon» (Incubus-Succubus-Motiv!) und die durchsichtige Sexualsymbolik des Satzes «... der sich nicht fürchtet (sic!), findet auch Erdbeeren (Clitoris), Datteln (= Feigen, ficus, ficcare) und Moschusochsen (männliches Sexualparfum) in meiner Dunkelheit» (d. h. im Geschlechtsorgan der Mutter), so ist in Anbetracht der beliebten Umbesetzung Mutter-Tante restlos bewiesen, daß Nietzsches Verdauungsbeschwerden tatsächlich als Symbol einer prae-embryonalen –

Was bleibt?

Nach Eduard Engel

So gelangen wir nunmehr zur Gruppe der Wortgaukler, deren zierig verschnörkeltes Dünkelwelsch sie nicht abhält, sich dreist als edle Reinschreiber aufzuspielen. Der Beispiele gibt es mancherlei, doch kaum ein lehrsameres als das des an Hirnschwund zugrunde gegangenen Ober-Irrlichterierers *Friedrich Nietzsche*. Welcher vornehmtuerischen Geckerei er sich erdreistet, kann nur ermessen, wer ihn im «Orischinal» liest. Sein hochberühmtes «Hauptwerk», in Wahrheit ein Hauptwerk nicht der Deutschen Schreibekunst, sondern des Schwulstes und der berlinfranzösischen Verschluderung, heißt *«Also sprach Zarathustra»*. Diese bildungs-läppische Tarnung des Schreibers unter der Kappe eines arabischen Weisen, der richtig Zoroaster heißt (also nicht einmal bis zum Nachschlagen der Namensschreibart reicht die Gewissenhaftigkeit unseres Hochberühmten!) und von dem es überdies nicht einmal feststeht, ob er überhaupt je gelebt hat (als ob es ein Deutscher Michel, ein Hanns Dampf, ein Tyl Eulenspiegel nicht auch getan hätte!), kann allein schon als Zeugnis stehen für des Verfassers Welscherei und nach beglaubigten Mitteilungen damals schon im geheimen fressenden Hirnzerfall. Doch wäre der Genuß nicht voll, wollten wir uns nicht eine Probe seines vielgepriesenen Funkelstiles vergönnen! In dem Abschnitt *«Von den Messerwetzern»*, unter denen er figürlich die

Zerstörer der Familie verstanden wissen will und hochpreist, schreibt er:

«Was ist der Dämon (!) dem Menschen? Eine Über-Klinge (?) und eine helle Verheißung. (Kann eine Verheißung hell sein, Herr Oberzierschreiber?) Was aber der Dämon dem Menschen ist, ist Gott (?!) dem Dämon: eine Über-Klinge und eine helle Verheißung. (Doppelt hält offenbar besser!) Die Dämon-Über-Klinge (!?!) lehre ich euch!» und so weiter.

Reicht ein berechtigtes Hohnwort aus, diesen hochberühmten Welscher gebührend anzuprangern? Wie dieser Johann Ballhorn die rechte Schreibart seines Tarnnamens Zoroaster nicht kennt, weiß er auch nicht, daß das Wort «Dämon» ein bildungsschwätzerisches Unding ist, so recht würdig eines Deutschen «Prominenten»; in Wahrheit ist es griechisch und heißt Daimon! Und dazu beachte man noch die feine «Nüanksse», die in der Wort-Trennerei dieses Ober-Sprach-Verderbers liegt! Eine «Dämon-Über-Klinge» muß es sein – eine Daimonüberklinge wäre zu unansehnlich! Und eine gute Deutsche Zwischengottüberklinge wäre vollends zu wenig vornehm und gäbe wohl gar willkommenen Anlaß, wieder einmal über die «Puristen» die Nase zu rümpfen, die darum kämpfen, daß unser Deutsches Sprachgut Deutsch sei! Wer wird auch so kleinlich sein! (Aber warum «kleinlich»? Warum nicht petitechosesk, petitechosal, petitechosalesk, bagatellizistisch, bagatellizionalsozialistisch?) Da greift man wahrlich zur Herzenslabe nach dem Buche einer Deutschen Frau, Hedwig Courths-Mahler, die von unseren

Bildungsschreibern über die Achsel angesehen wird, obgleich Scheingrößen wie der hochberühmte, in Wirklichkeit jedes wahrhaft dichterischen Funkens bare Gerhart Hauptmann und der gar mit dem Nobelpreis ausgezeichnete, keines reinen Deutschen Satzes fähige Thomas Mann nicht imstande wären, mit ihr in Wettstreit zu treten! In ihrem Erzählwerk «Ich lasse mich nicht» (*sie* sagt noch «ich», nicht Zarathustra und nicht Konfuzius und nicht Popokatepetl!) schreibt sie:

«Sie sind mir ein Halbgott, Graf Bodo», wogte ihr Busen, «aber so weit Sie über mir, einer schlichten Nähmamsell, stehen mögen – auch über Ihnen, sind Sie gleich einer der Ersten im Lande, gibt es noch einen Höheren: Gott den Herrn!»

Ich frage: Ist hier nicht schlichter, gerader, tiefsinniger – mit einem Worte: Deutscher – derselbe Gedanke ausgesprochen, der in der anspruchsvollen Wortgaukelei des übrigens an Hirnschwund zugrunde gegangenen –

Mensch Nietzsche

Der Tetralogie «Hosenschmatz» sechster Teil

Nach Walter von Molo

> Molos Buch ist eine zuversichtliche Gegenwartsdichtung, die mutige und festigende Antwort gibt auf alle bedrängenden Fragen unserer Zeit. *Verlag Zsolnay*
>
> Wenn der nicht wär', Frau Mutter: es wär' zum Verzweifeln! *Molo, Schillerroman*

Eckig tritt der Nietzsche mit hochgezogener Schulter auf ihn zu: «Was *tun* Sie da? . . .» Er starrt schweigend zu Boden. Tiefer furchen sich Runzeln in seine Stirn, und heftig hebt und senkt sich seine knorrige Brust unter stoßweisen Atemzügen.

«Wahrlich, nicht ziemt's Ihne, daß Sie Selbstverschtändlich's wisse wolle», erwidert sitzend des andern rheinisch-klobige Gestalt. Fährt aber doch fort . . . und man *sieht,* daß er seine Muskeln in selbstbeherrschter Erregung *aufschwellen* läßt dabei: «Ich will m'ch rasiere!» Man *spürt* förmlich, wie er heimlich die *Fäuste* ballt, um in seiner Überreizung nicht laut aufzuschreien. «Mei Rasiermesser is schtumpf», zerreißt er herrisch und ätzend des Philosophen Versuch, ihm ins Wort zu fallen, «sonst wäre dieses ganze Gequassele nicht nöt'ch . . .! Jawohl!! . . .?!» Er verstummt, aber noch sein Schweigen ist ein – *Schrei* . . .

Der Nietzsche starrt vor sich hin, mit bebenden Nasenflügeln. Wie ein verkleideter *Landsknecht,* gierig zu *fechten,* zu streiten, *Blut* zu vergießen, *Knochen* zu zerbrechen, ragt er auf, tief gegrabene Furchen in der Stirn . . .! Dann ringt er es sich *doch* heraus . . . Sagt fast *zierlich:* «. . . So?; – Rasieren? –» Und dann bricht der *Geist* aus seinem . . . *Chaos* und er *gurgelt* es dem andern ins Gesicht: «Der Mensch ist ein Messer, das wird am Brote stumpf! . . . Mein – . . . *Ehrenwort! . . .!»*

Sein knorriger Asketenleib schwitzt. Soll er es hinzufügen? Er wird *nichts* hinzufügen!! Oder – doch?? . . .?

Doch!!!

Er starrt vor sich hin. Dann, aufzuckend: «Ich *liebe* den, welcher um seinen Bart streitet, obgleich er kein *Kaiser* ist . . .!» Platzten ihm jetzt nicht fast die Adern an den Schläfen . . . er ränge es sich ab und schlösse scharf wie eine *Degenklinge:* «. . . Und nicht um *jedes* Kaisers *Bart* wird *gestritten . . .! . . .* C'est ça –! –»

Er verstummt und *ächzt . . .* Beide *schwitzen* sie jetzt!! . . .?

Kotz *Blitz,* war das ein Zusammenprall geistiger *Potenzen.*

Wenn sie nicht geschmolzen sind, schwitzen sie heute noch.

(Aus Walter von Molos! . . .; Gesammelte – Werke in . . . achtundzwanzig [?! . . .] Bänden?!!)

*

An Frau Elisabeth Förster-Nietzsche, Weimar

– eben mit der Abfassung eines biographischen Werkes «Walter von Molo nackt und angezogen» beschäftigt bin. Hier aber erbitte ich mir Ihre Unterstützung, verehrte Frau. Es fällt mir nämlich auf, daß im «Zarathustra» Ihres verewigten Bruders, Nachtragsband, die Antwort des Heiligen an den Frager mit den Worten «– weil ich keines andern Messers besitze... darum wetze ich mein Brotmesser, mir den Bart mit ihm zu schaben!» wiedergegeben ist, während Molo, den Daimon dieses Mythos feinsinnig erspürend, das Chaotische gewissermaßen unmittelbar ins Kosmische transponiert, indem er als Ersatz für diese (Sie verzeihen das offene Wort des Kritikers!) eklektizistisch-relativistische Satzperiode die lapidaren Worte hinmeißelt: *«Ich will m'ch rasiere!»*

Nun finde ich diese Molosche Version in einem Maße monumental geballt und platzend von visionärer Intensität (wie sie außer an dieser Stelle vielleicht nur noch in seinen Notschreien aus deutscher Seele «Deutsch sein heißt Mensch sein» zu spüren ist), daß es mir von größtem Wert wäre, durch einen Blick in das Originalmanuskript des «Zarathustra» feststellen zu können, ob nicht vielmehr Molo im Recht und Ihr verewigter Herr Bruder im Irrtum ist, wenigstens insofern, als doch nicht ohne weiteres anzunehmen ist, daß ein Heiliger –
– mir die Möglichkeit der Einsichtsnahme in das Manuskript zu gewähren.

Mit Dank im voraus
ergebenst
Hanns Martin Elster
Behördlich konzessionierte Erzeugung
biographischer Einzeldarstellungen
nach Maß

Herrn Hanns Martin Elster, Leipzig

– Ihnen leider, leider das Originalmanuskript nicht zugänglich machen, da die Statuten des Nietzsche-Archivs, durch die auch ich gebunden bin, dies verbieten! Doch haben Sie, werter Herr, zweifellos in gewissen Grenzen recht, wenigstens soweit, als Sie nicht irren. Aber auch dort bleibt Ihre Deutung so pietätvoll und dabei originell, daß sie ihren hohen Wert nicht verleugnet. Nur auf die wenn auch keusch verborgene GOTTESfurcht und Frömmigkeit Friedrich Nietzsches sollten Sie eindringlicher hinweisen! Weiß ich doch aus so manchem innig vertrauten Gespräche nur zu genau, wie sehr es den Intentionen meines verewigten Bruders entspricht –

Treulich!

Elisabeth Nietzsche

Der Lenz

Aus den Sitzungsprotokollen der Preußischen Dichterakademie

Herr Max Meier-Kötzschenbroda stellt den Antrag, ihn an Stelle des demissionierenden provisorisch-definitiven Titularvorsitzenden Horst Müller-Bückeburg zum Präsidenten der Akademie für Dichtkunst zu ernennen.

Als Protest gegen diesen Antrag treten sämtliche anderen Akademiemitglieder zurück.

Herr Max Meier-Kötzschenbroda wählt sich per acclamationem einstimmig zum Präsidenten und schreitet zum nächsten Punkte der Tagesordnung:

Zuerkennung des von der Akademie zur Entkräftung gewisser böswilliger Anwürfe gegen ihre dichtungsfördernde Tätigkeit gestifteten

Lenz-Lyrik-Preises.

In die engere Wahl gelangten die folgenden Einreichungen:

Stefan George

der greise meister wird gekreist von eise
ihm wühlt kein rüder frühling im gemüte
von alabaster gleicht er einer tüte
gefüllt mit nectar met und götterspeise.

da lenzt kein lenz da weist ihm keine waise
die müde süße einer rübenblüte
im schatten ruht der kühle troglodyte
des loorbeerbusches und der paradeise.

verborgen daß den greisen nichts entfache
stehn die zu jüngern IHM sich scheu erkiesen
und zürnen tief wenn eine freche gift

profanen sonnenlichts den hehren trifft
und schauern denn dann muß er manchmal niesen
und gähnen sehr (doch das tut nichts zur sache).

Rabindranath Tagore

Heute will ich wieder einmal mein Herz aus der
Brust nehmen
und dir vor die Füße werfen,
Geliebter,
daß du die Körner meiner Gedanken daraus
picken kannst,
wie die Sperlinge die Körner des Bhâja-Weizens
aus den Äpfeln der Straße,
wenn das Rossegespann des Königssohnes,
oh,
vorübergebraust ist.
Denn heute, Geliebter, will ich schmusen
vom Lenz!

Oder willst du, daß ich es *schweige,*
mein Frühlingslied?
Ja, mein Geliebter – auch schweigen kann ich!
Und nur das Beben meiner geblähten Nüstern
– wenn im Reisfeld der Puma lauscht
und die Säuglinge unter Gesang
die Früchte ernten des Sagostrauches –
nur das Beben meiner geblähten Nüstern
soll dir manchmal verraten:
... der Lenz! ...

Theodor Kramer

Als wir im Brachfeld hinter Szemieszyze
im wasserfaulen Graben lagen, strich
der laue Wind durch eine Sandsackritze
zu unseren Gesichtern her, bis sich
der Korporal Abramowitsch ermannte
und äugte in das Trichterfeld hinaus.
Sie spielten Meinetante-deinetante
und er verlor und machte sich nichts draus.

Dann roch auch ich den Wind und ließ die
Karten
und witterte in die bedrängte Nacht.
Die Bracken röhrten; sieben Unken quarrten
in einer Lacke, die wir nicht gemacht.
Wir stapften stumm zu zweit durch den
geschurften
Sturzacker, bis das Frühgrau höherkroch.
Das war der März! Wir faßten uns und
schlurften
auf die Latrine, die im Finstern roch.

Gottfried Benn

Frühling, adipocyre
Batrachomyomachie,
heut greif auch ich zu der Lyre –
aber wie?

Jünglinge, Kater – das Mühen
läuft auf dasselbe hinaus:
die Gonorrhöen blühen,
die Stirnen schlagen aus.

Bild Tizians, Cimabues,
Aar mit Aortendefekt,
zwischen Leda und Lues
scheidet doch nur der Aspekt.

Was bleibt von Venus, der Putte,
wenn ich sie lyrisch zerstück?
'ne nymphomanische Nutte! –
Kommt ins Kaffeehaus zurück!

Ferner die folgende Zuschrift aus jenen breiten Schichten des deutschen Volkes, die der Tätigkeit der Dichterakademie allen zünftigen Anwürfen zum Trotz noch immer mit der ihr gebührenden Hochachtung gegenüberstehen:

Geehrte Dichterakademie,

in Erfahrung gebracht, daß nun auch Ihr wertes Wahrzeichen dem Lenze zu frönen beabsichtigt, bin ich auf dringendes Bestürmen zahlreicher Freunde so frei, auch mein Scherflein beizutragen. Auf Honorar erlaube mir zu verzichten, denn meine Devise lautet:

«Das Lied, das aus der Kehle dringt,
Ist Lohn, der reichlich lohnet.»

Friedrich von Schiller

Erwähnen möchte ich nur noch, daß ich auch eine satirische Ader in mir fühle, deren Verse gerne von Ihnen preisgekrönt würden. Eines heißt «Rote Hos'», womit Sie verstehen werden, daß zugleich die Welschen und die Sozialdemokraten spöttisch gemeint sind.

Hochachtungsvoll

Herthaliese Schulz

Dichtername:
Hero von Stolzeneck

Tieferstehend mein jüngstes Werk:

1. Horch, hörst du's Schneeglöcklein läuten?
Die Sonne sagt: «Aufs Neu' ich glänz'!»
's schmilzt schon das Eis auf Nah und Weiten.
Wer kommt denn da? Ei, 's ist der Lenz!

2. Die warmen Strahlen niederfallen,
's schmilzt mit dem Schneee auch der Schmerz.
Die Christen in die Kirche wallen,
Fühlt jeder: «Lenz» . . . auch in dem Herz.

3. Doch wollet ihr euch nicht mehr laben,
Dann schluchzet leis' im Kämmerlein:
«'s dringt zu den Toten tief im Graben
Wohl nimmermehr der Lenz hinein . . .»

Originalgedicht von
Hero von Stolzeneck

Dennoch hat sich das Präsidium der Akademie nach langem Schwanken einstimmig entschlossen, nicht diesem zweifellos höchste Qualitäten verratenden Dichterwerke die Palme zuzuerkennen, sondern dem folgenden:

Bert Brecht

The Mahagonny-Ay-Ay-Song

Motto:
Ich gestehe, daß ich in Dingen
des geistigen Eigentums –

Wie herrlich leuchtet
Mir die Natur!
Wie glänzt die Sonne!
Wie lacht die Flur!
Ay!
Es dringen Blüten
Aus jedem Zweig
Und tausend Stimmen
Aus dem Gesträuch.
Mahagonny Mahagonny Ay!

Und Freud und Wonne
Aus jeder Brust.
O Erd, o Sonne!
O Glück, o Lust!
O Lieb, o Liebe!
So golden schön,
Wie Morgenwolken
Auf jenen Höhn!
. . . Mahagonny . . .!!

Hekuba

Rebellen

Nach Alfred Neumann

Er drückte seinen roten Bart an der Tischkante breit, und obwohl es schien, als folgte sein Blick noch angespannt der Speichellinie, die quer über die Platte lief, hatten seine Augen sich schon wieder in die Winkel gedreht und das Gegenüber nicht aus dem Blickfeld gelassen. Vor Strocco lag noch immer das kleine Paket, eben groß genug für eine Höllenmaschine, viereckig, in Papier geschlagen, von einer Glätte und mühsamen Harmlosigkeit, die zu der krüppeligen Hand, die daneben lag, in einem angestrengten Gegensatz stand. «Da habe ich mir also eine Blöße gegeben», fingerten diese Krüppelfinger die Kante entlang. «Wenn ich jetzt das Paket einfach fortnähme und in der Tasche verschwinden ließe –?»

Aber er erwog das nicht weiter. Denn fast im selben Augenblick klaffte der rote Bart Ritiratas leicht auf, die gesunden Raubtierzähne lächelten zweideutig, und er sagte: «Popó.»

Diesem Worte war bei Ritirata blitzschnelle und angestrengte Gedankenarbeit vorausgegangen. War Strocco harmlos, so war das Wort es auch – und nur vielleicht ein wenig sonderbar in diesem Zusammenhang. War aber Strocco der geheime Agent, den in ihm zu sehen doch immerhin einige Ursache bestand, so konnte er es nur als eine Abkürzung nehmen für «popolari», die Volkspartei – und mußte sich verraten, durch ein

Zucken des Gesichtes, eine unbewachte Bewegung.

Aber Stroccos Gesicht blieb regungslos. Er verriet sich nicht. Er schloß die Augen. Bewegte Jahre lagen hinter ihm, herb lebendig und irgendwie immer auf der Schneide zwischen Macht und Verzweiflung wie dieses ganze norditalienische Stadtleben. Als er, kaum achtjährig, vom Bett der noch in den letzten Zuckungen der Cholera sich windenden Mutter weg als Lustknabe in das Haus des Kardinals Levacaracciolo verkauft worden war, hatte er noch nicht geahnt, daß er drei Jahre später den greisen Wüstling in einer Liebesstunde erdolchen und seine Favoritin vergewaltigen würde. Wie das nun kommt, war diese Favoritin dann seine Frau geworden, die Gemeinsamkeit des Vergangenen mit dem blassen Lächeln einer gealterten Resignation überbrückend, bis er in der entfachten Stunde einer Vollmondnacht seine dieser Ehe entsprossene Tochter Gioconda notzüchtigte und, trotzdem sie Schweigen versprach, anderen Morgens von einem Bravo erdrosseln ließ. Dennoch war es diese Episode gewesen, die ihn der Politik in die Arme trieb, und trotzdem er im Auftrage der Partei nun schon vierzehn Giftmorde, drei Totschläge, acht Einbrüche und hundertzweiundvierzig Vergewaltigungen begangen und sich einiges Recht auf Ruhe erworben hatte, saß er da also wieder dem roten Ritirata gegenüber – das Päckchen, so groß wie ein Dolch, zwischen sich und ihm auf der Tischplatte.

Nein, er verriet sich nicht. Hinter leicht gerunzelter Stirne tasteten die feinsten Fühlfäden seines

Hirnes die Gedankengänge des Gegenübers entlang. Kein Zweifel, sagte er sich, er hat mich, trotzdem ich zwölf diplomatische Pirouetten geschlagen habe, restlos durchschaut und weiß nun schon fast mit Sicherheit auf Grund seiner überlegenen Denkkraft, daß hier ein Paket vor mir auf dem Tisch liegt. Jetzt einfach Farbe bekennen? Einfach auf den Tisch schlagen und sagen: so und so?

Nein, das war ein letzter Trumpf, eine äußerste Kühnheit, fast schon verzweifelt, die er sich noch aufsparen mußte. So nahm er das Päckchen nur mit spitzen Krüppelfingern und drehte es langsam, bis der andere die Hinterseite mit dem fettigen Fleck nicht mehr übersehen konnte. Er wartete gespannt auf die Wirkung.

Aber Ritirata lächelte nur hinter geschlossenen Zahnreihen. Er war an das Ende seiner bezwingenden Schlußfolgerungen gelangt und nun nicht mehr zu beirren. Es gibt keine Verschwörer mehr von Format, sagte dieses schweigsame Lächeln. Heute packen sie ihre Pistolen schon in Käsepapier. Der geschwiegene Ausspruch hing wie erkalteter Cigarillorauch in der Luft der Stille zwischen den beiden Männern.

Strocco verstand. Jetzt der Augenblick, jetzt die Enthüllung, sagte er sich. Er zitterte nicht einmal. Er erhob sich langsam. Ritirata ließ ihn nicht aus den Augen. «Das Paket –?» fragte er.

Strocco schlug das Papier auseinander und sagte ins Lampenlicht: «Ecco. Es ist ein Viertelpfund Parmesan.»

Aus der Fortsetzungs-Saga der vierzehnte Roman: Nachgeschmack

Sechsundzwanzigstes Kapitel: Der Tod des Lesers

Nach John Galsworthy

Der bessere Mittelstand liegt hier
konserviert unter Glas zur Schau.
Galsworthy

«Ach so», sagte Tante Hester, «der junge Mann sitzt schon drunten im Garten und liest dem guten Jolyon vor? Mir erzählt ja keiner was!» Sie wandte sich mit der ganzen sonnigen Frische ihrer vierundachtzig Jahre zu dem Hundertzweijährigen zurück und rief über den Tisch: «Wie ist's damit, George? Du hast uns ein wenig überlistet! Möchtest du mir nicht den Toast und die Butter herüberreichen?»

Die Septembersonne flutete warm durch das breite Verandafenster herein und malte ihre zitternden Kringel auf das strahlendweiße und ganz leicht nach Thymian duftende Tischtuch und, verstohlen ein wenig zur Seite gleitend, auf das noch immer volle weiße Haar Mister George Forsytes.

Dieser errötete zart und verteidigte sich bedächtig.

«Nun – nun», murmelte er lächelnd, während er Hesters Toast eigenhändig mit Butter bestrich, «nun – nun, dieser Herr ist zwar ein wenig jung, das sei zugegeben, aber er ist doch immerhin neunundsiebzig –»

«Ha, ha», unterbrach ihn Mister Jonathan Forsyte von seinem Rollwägelchen aus, «neunundsiebzig! Warum sagst du nicht gleich sechzig? Ein Springinsfeld! Du warst immer voreilig, George. Schon damals, erinnerst du dich, 1832, als du einen Clerk aufnahmst, ohne dich über ihn zu erkundigen, und dann hatte er bei seinem früheren Chef Briefmarken entwendet!»

Für einen ahnungslosen Zuhörer hätte das beinahe ein wenig heftig klingen können, aber der hätte dann den Blick eines schelmischen Einverständnisses übersehen müssen, den Jonathan während dieser rauhen Worte mit Hester wechselte. Auch Mister George Forsyte sah diesen Blick sehr wohl und hob die Tasse an den Mund, um sein Lächeln hinter ihr zu verbergen. Man schwieg, die Sonne malte ihre Kringel auf drei weiße Häupter.

«Da sitzt er also unten bei Julyon», sagte Hester nach einer Weile und blickte durch das breite Alkovenfenster gemächlich in den stillen Garten hinunter. «Wie, sagtest du, heißt er? Galsworthy? Ja, danke, ich nehme noch eine Tasse Tee. Wo kaufst du ihn? Ich kaufe ihn jetzt wieder bei Fortnum's; er ist zwar dort teurer, aber direkter Import!»

George lächelte, und auch Hester und Jonathan lächelten.

«Ja, er ist ein Galsworthy», sagte George in seiner wortkargen Art, «von den Edinburger Galsworthys, weißt du, liebe Hester, die über einen Stiefschwager mit den Watercloses in Liverpool verwandt sind.»

«Mit den Baumwolle-Watercloses?» warf Mister Jonathan Forsyte ein. «Das ist eine gute Familie, denke ich.»

«Und so tue ich. Das sind die Watercloses, deren sieben Töchter die sieben Juniorchefs der Anwaltsfirma Parker & Swiftbury in Bristol geheiratet haben. Einer von ihnen ist Baronet, und der Ehe des Zweitältesten sind bisher fünf Kinder entsprossen, von denen drei schon heiratsfähig sind und sich demnächst drüben in Cardiff niederlassen werden, wo sie in eine Maschinenfabrik einzuheiraten gedenken!»

«Wie interessant, wie brennend interessant», konnte Tante Hester sich nicht enthalten, halblaut auszurufen. Nun blickten sie alle drei in den Garten hinunter.

Dort saß der alte Jolyon in seinem bequemen Stuhl. Der Hund Balthasar hatte sich ihm zu Füßen gelagert, das rassige Haupt auf die schmalgefesselten Vorderpfoten gebettet, und blinzelte aus seinen großen, ausdrucksvollen Augen, als wollte er die Meinung seines Herrn erkunden. Und ein wenig weiter zur Seite, schon nahe an der duftenden Schlehdornhecke, in der einige verfrühte Herbstblätter raschelten, saß dieser beinahe sträflich jugendliche Mister Galsworthy, rotbackig und mit grauem Haar, und las mit seiner warmen, herzlichen Stimme aus einem umfangreichen Buche vor, das er auf seine Knie gebettet hatte; Sonnenkringel zitterten drüber hin. Sommer – Sommer. Eine Biene summte vorüber, und ganz fern auf der Wiese rief eine Mutterziege melodisch nach ihren Kindern.

«Da sitzt er also und liest, der wilde Bukaneer», sagte Miß Hester Forsyte droben auf der Veranda. «Bitte reiche mir nochmals den Toast und die Butter zwecks womöglich noch stärkerer Belebung dieses naturalistischen Dialoges herüber! Und was ist er eigentlich von Beruf, dieser liebenswürdige Mister Galsworthy?»

George lächelte.

«Er ist Geburtsmatrikel-Wattierer», erwiderte er. «Ein altangesehenes Gewerbe! Man nimmt eine möglichst umfangreiche Geburtsmatrikel und stopft Watte dazwischen. Die so gewonnene Masse wird gleichmäßig mit getrockneten Herbstwiesenblumen bestreut, in lavendelfarbenes Pergamentpapier gewickelt und langsam herausgebacken! Darf ich dir vielleicht die Cakes reichen, lieber Jonathan? Oder einen weiteren Toast, liebe Hester?»

«Dann aber bitte wieder mit etwas Butter», erwiderte Hester lebhaft; und fuhr fort: «Wattierte Geburtsmatrikel? Von wem? Und für wen?»

«Vom besseren Mittelstand – für den besseren Mittelstand!»

Schweigen – Schweigen. Drunten im stillen Garten saß dieser Mister Galsworthy und las und las. Der alte Jolyon ruhte bequem in seinem Sessel und hörte ihm zu. Eine Woge köstlichen Schlummers überflutete sein Bewußtsein. Sommer – Sommer! So summte es überall.

Nur der Hund Balthasar hatte sich aufgerichtet. Er hob die mit einem untadeligen Glacéhandschuh bekleidete Vorderpfote diskret vor den Mund und wollte sich mit gentlemanlike geräuschlosen

Schritten entfernen. Aber dann winselte er, als könnte er sich von dem gleichmäßig weiterplätschernden Zauber der feinsinnigen Dichtung nicht losmachen.

Und plötzlich stieß er ein langgezogenes Geheul aus.

Sommer – Sommer – Sommer!

Der Golem

Nach Gustav Meyrink

Bimm! Bimm! Es war noch immer die Sterbeglocke der Altneusynagoge. Bimm Bimm Bimm! Ich weiß nicht, warum wir alle taten, als hörten wir nichts. Mir war, als tastete eine grüne Spinne nach meinem Handgelenk, aber ich blieb über die breiig phosphoreszierende Flüssigkeit gebeugt und tauchte langsam das Rohr ein.

«Reschamel bilochaulu menuchim», kam Schemajah Hillels Stimme aus dem Winkel hinter dem Schrank mit den präparierten Augen hervor; er betete. «Bilochaulu menuchim werachamoh», setzte er leise singend fort, «es ist der Prophet Zephania, der sagt: *So aber einer des Rohres gebraucht wider das Schillernde – der ist verflucht!*»

Auch der blinde Hostienbäcker Zwackh bewegte sich jetzt zum ersten Male in seiner Tabakswolke und blickte mich aus seinen bläulich verfärbten, wimpernlosen Augen an, die aussahen wie die jener schwarzen Katze, der die Studentin bei lebendigem Leibe das Kleinhirn entfernt hatte. Er wiederholte: «Tun Sie es nicht!» Die Zähne klapperten ihm.

Woher wußte der Blinde, daß ich das Rohr in die Flüssigkeit tauchen wollte?

Der Tempelsänger Woditschka sagte halblaut: «Seine Mutter war Choleraleichenwäscherin; daher hat er das Zweite Gesicht!» Die Mundwinkel zuckten ihm wie die eines Morphinisten.

Hatte ich unbewußt meine Lippen bewegt? Oder war mein Gedanke auf ihn übergesprungen wie ein elektrischer Funke? Er war schon wieder verstummt, und eine Müdigkeit, die sich plötzlich auf meine Zunge legte wie gegossenes Blei, hielt mich von einer Frage zurück.

Da hatte das Rohr in meiner Hand auch schon die phosphoreszierende Flüssigkeit erreicht und war zwei Zentimeter tief in sie eingedrungen.

Es blieb still, aber plötzlich horchten wir alle. «Meinen Hals möcht' ich wetten», gurgelte Hillel, «daß da in dem Gefäß etwas aufgeschrien hat in Todesangst, wie Sie mit dem Rohr in die Flüssigkeit hineingestochen haben!»

Ich blickte ratlos um mich. Der Blinde wurde tief rot im Gesicht. «Nicht im Gefäß», lallte er, «nicht im Gefäß – sondern – – dort – – – unter dem Kanalgitter! –»

Woditschka lachte schrill. «Garnix war's», sagte er gehässig. Ich sah, daß seine blutunterlaufenen Augen nicht zu uns herüberschauten, sondern schräg nach hinten, nach dem Treppengeländer, wo für Augenblicke wieder der brünstig verbogene Leib der dreizehnjährigen Rifke sichtbar geworden war; jetzt blickte die junge Irre nur mehr kichernd durch einen Spalt und belauschte uns.

Ich zögerte. War das schon das Große Sechseck des Nachman ibn Pakuda? War auch ich im Begriffe, irrsinnig zu werden? *Oder war ich gar nicht mehr ich,* sondern identisch mit der breiigen Flüssigkeit, und hatte mir selbst ins Herz gestoßen? Unwillkürlich blickte ich an mir nieder, ob ich nicht blutete. Aber es war nichts zu sehen. Das

Rohr mit dem befeuchteten Ende schwankte in meiner Hand.

Da endlich kam auch in den Hundertjährigen zum erstenmal Bewegung. Er richtete sich in seinem Kinderwägelchen ein wenig auf, hob mit einer zierlichen Gebärde die Stumpen seiner verkohlten Arme und fragte grell: «Woraus aber, ich bitt' Sie, ist eigentlich das Röhrl?»

Ich zuckte zusammen, als hätte man mich ertappt. Ja, woraus war das Rohr? Hatte ich die Anweisungen der Kabbala so wenig im Kopfe gehabt, daß ich es versäumen konnte, die Substanz des Rohres zu prüfen? Ich hob es nahe an meine Augen. «Stroh», sagte ich erblassend. «Ein Strohhalm!» Eine bleierne Stille legte sich auf uns alle. Bimm Bimm Bimm! Die Sterbeglocke der Altneusynagoge, durchfuhr es mich. Katzen kreischten drüben auf dem nachtschwarzen Dachfirst; vielleicht war jene entwischte Katze ohne Kleinhirn unter ihnen – –

Schemajah Hillel sagte singend: «Der Prophet Zephania lehrt: *Hat einer aber den Strohhalm eingetaucht in das Schillernde, statt sich an ihn zu klammern, und ist der Strohhalm feucht geworden ob diesem Schillernden, so hebe der, so es getan hat, den Halm an seine Lippen und blase darein!*»

Ich erstarrte. «So tun Sie es doch schon», zischte Woditschka, «jetzt gibt's kein Zurück mehr!»

«Blos 'erein!» gellte der Schrei der irren Brünstigen von der Wendeltreppe. Dann flüchtete sie trappend; man konnte hören, wie der Sargdeckellackierer sie unten abfing und in sein Zimmer schleppte.

«Blosen Sie 'erein», flüsterte nun auch der Hundertjährige.

Auch der Taubstumme wollte etwas sagen, aber die Zähne klapperten ihm zu sehr.

Ich hob den Halm an den Mund. Ich blies. *Eine große, gräßlich schimmernde Kugel bildete sich am anderen Ende.* Wuchs. Quoll. Wuchs.

Bimm Bimm Bimm Bimm! Jetzt waren die Totenglocken nicht mehr zu überhören.

Die Kugel wuchs. – –

Später platzte sie. Es war eine Seifenblase.

Die Asphaltwalze

Choral für Sehleute

Nach Walter Mehring

Wir haben die ganze Welt bereist
Von Ullstein bis Reichskanzlerplatz.
Wir haben mit Schmeling und Einstein gespeist,
Mit Alsberg und sogar mit Rudolf Stratz.
Uns trieb man nicht aus mit Schwert und Gas,
Vor uns stand man immer noch stramm.
Wir tranken Sekt aus dem Mundwasserglas
Und pumpten das Geld für die Tram.
Wir waren niemals allein,
Wir schlafen mit mindestens zwein
Gespenstern aus dem Romanischen
Romanischen
Romanischen.

Wir haben den obersten Richtersitz
Und halten fest zusamm'.
Wir fielen von Kyritz und Kattowitz
Direkt auf den Kurfürstendamm.
Wir machen die deutsche Literatur,
Schweigen tot, polieren auf Glanz.
Gleich den Kaulquappen bestehen wir nur
Rumpflos aus Kopf und Schwanz.
Ob Jude oder Christ –
Es stäubt der gleiche Mist
Gespenstisch aus dem Romanischen
Romanischen
Romanischen!

Berlin Alexanderplatz

Nach Alfred Döblin

Oder hetzen etwa diesen Franz Biberkopf, früher Zementarbeiter, dann Möbeltransportör und so weiter, jetzt Zeitungshändler, Gewicht wir winden dir den Jungfernkranz zweihundert Pfunde wiegste ganz, hetzen ihn Dämonen des Blutes, Erinnerungen aus der Zeit unserer Urgroßmütter, die Samentierchen sind in diesen dem Schutze des Publikums empfohlenen Anlagen an der Leine zu führen? Hetzen sie? Ausgeschlossen. Mir nicht. Mir kann keener beziehungsweise mir können sie alle. Er geht, Rosenthaler Platz, Wittenau, Nordbahnhof, Heilanstalt, heiß und kalt, Kaltwasserkuren sind das beste gegen Überwertigkeit sexueller Wunschvorstellungen, Kinder, Militär sowie Kriegsinvalide, die sich mit amtlicher Bescheinigung (Lichtbild!) ausweisen können, zahlen die Hälfte. Nordbahnhof, Heilanstalt, Weddingplatz, wohnt da nicht Eva, schier zwanzig Lenze bist du alt, die wollen wir wieder mal an unsere Männerbrust drücken, ruff die vier Treppen. Klingkling, nu halt dir senkrecht, dieser Franz Biberkopf ist ein feiner Pinkel, nu man ran wer een Kuß haben will, ja das haben die Mädchen so gerne. «Junge, du wäschst dir wohl die Beene mit Sekt», so freut sich Eva. Am besten, sie setzt sich gleich selber aufs Kanapee, den Gürtel zieh lieber vorher aus, wird doch nur'n Loch in die guten Strümpfe gerissen, pardon, kann passieren beim raschen Zugreifen.

Der Sexualakt, auch Coitus, wird bedingt: a) durch eine Hyperämie des erektilen Venengeflechts in den beiderseitigen Zeugungsvorrichtungen; b) durch den unterbundenen, übersteigerten oder sonst etwa ins Wanken beziehungsweise Nichtwanken geratenen Säfteausgleich der Drüsen innerer Sekretion; c) durch allfällig etwa noch hinzukommende Punkte der Tagesordnung dritten Wichtigkeitsgrades, wie Wahrnehmungen des Geruchssinns, angenehme Eindrücke optisch-ästhetischer Natur, ferner Sympathie, Vertrautheit, Seelengemeinschaft und so weiter. (Was für Gemeinschaft meinen Sie denn? Bei uns können Sie 'ne Gemeinschaft suchen, die nicht polizeilich angemeldet ist, E.V. oder G.m.b.H., die Teilhaber haften bis zum Doppelten ihrer Einlage.) Gegen Impotenz werden Männerkrafttabletten nach Doktor Dralle empfohlen, garantiert echt reines Affendrüsenpräparat, kommt aber hier nicht in Frage. Im Gegenteil, diese Eva schiebt dir abschiednehmend noch 'nen blanken Fünfzigmarkschein in die biedere Mannespranke, gestern hat sie ihn auf Wochenende ihrem Dicken vom Nachttisch geklaut, daß in einem solchen erstklassigen Hotel sich Diebe einschleichen können, wo hat denn der Portier seine Augen, ich werde Sie verklagen, wir bürgen nicht für Wertsachen auf den Zimmern. Und nu, Franze, laß dir wieder mal ansehen, bei mir kannste immer. Runter vier Treppen, Weddingplatz, Heilanstalt, Nordbahnhof, Wittenau, Rosenthaler Platz, Alexanderplatz, Berlin Alexanderplatz, die Geschichte von Franz Biberkopf, 528 Seiten mit mehrfarbigem Schutzumschlag, geheftet 7 RM, in Ganzleinen 9,50 RM. Die RM beziehungsweise Reichsmark ist die offizielle Währung des Deutschen Reiches, eine verbindliche Rücklösungszusage in Goldgeld besteht bei diesen Banknoten nicht, doch hat die Notenbank laut Statut ein Deckungsdepot in Gold und erstklassigen Fremdwährungen zu unterhalten. Ich unterhalte, du unterhältst, er unterhält, wir unterhalten uns am besten auf Walterchens Witwenball, man bittet die Getränke gleich zu bezahlen. Eine Ausgabe in Halbleder hätte etwa 13,50 RM gekostet, doch wurde von ihrer Herstellung Abstand genommen, S. Fischer Verlag, Berlin, für unser Verlagswerk liegen erstklassige Pressereferenzen zur Einsichtnahme auf, Döblins Sprache schwingt in freien Rhythmen von zuweilen überwältigender Schönheit, unter ihren Strahlen beginnt das Lebendige zu wuchern und das Gestorbene lebendig zu werden, man weiß nicht was man mehr bewundern soll die geniale Konzeption oder das Talent des Erzählers der ungeheure Massen mit der Ruhe epischer Schilderung, Vossische Zeitung, Weltbühne, ferner das Literarische Echo, arische Echo, Echo hallt wie du hineinrufst aus dem Wald zurück. Ich zurück, du zurück, Mädchen Mädchen rück rück rück an meine grüne Seit ich dich gesehen sind die Augen geh zu Ruhnke Ruhnke Reihe sind wir unser Dreie wem Treue gebührt, Otto Gebühr als Fridericus rex, Das Deutsche Filmepos.

Zwar könnten wir noch geraume Zeit, samt zuweilen überwältigender Sprachschönheit und genialer Konzeption, doch wird empfohlen, statt dessen wegen Ausbruchs eines Falles von akuter echolalisch-lalagischer Associatitis jetzt endlich das nächste Infektionsspital zu verständigen.

Snob um Gagaly

Nach Kasimir Edschmid

> – heißungsvoll und bezaubernd der Geist und das Gesicht einer neuen, gestählten Rasse von Männern und Frauen, die überlegener zu leben, leidenschaftlicher zu lie – *Verlag Zsolnay*

Sie warf den Wagen in die Kurve und gab Gas, daß das Differential sein sinnliches Stöhnen in die klaffende Nachtluft trieb. Gas! Die Vorgelegewelle röhrte wie eine brünstige Katze. 115, 117.

117½!

Dann zitterte die Tachometernadel auf 119 Stundenkilometern wie angeschmiedet. Rechts zuckten die Felsen der Moyenne Corniche vorüber. «Über die Grande», dachte er, «Corniche fahren nur mehr die deutschen Reisefeuilletonisten. Die Moyenne beweist feinere Milieuvertrautheit.» Er erblaßte, als wäre er eben gestorben. Aber es war nur die piefkisch-hellenische Sinnlichkeit, mit kalten Genieblitzen und einer prima kurfürstendammischen Mondänerotik aus den Bezirken des seligen Hanns Heinz Ewers garniert.

«Gagaly», rief er plötzlich.

Sie drehte sich wie der Blitz herum.

Da sie ihre Hände nicht vom Volant lassen konnte, reichte sie ihm ihren nackten Fuß zum Kusse in den Fond des Wagens zurück. Aufstöhnend vergrub er sich darein. Sie erblaßte, aber sie gab Gas, daß die Schwimmernadel des Kardangelenkes im Auspufftopf brodelte.

119¾!

«Sie», sagte er sich, «ist bei dieser sinnenbrünstigen Szene so kaltschnäuzig, als säße sie im Ritz mit dem Maharadscha von Rapunzala beim Five o'clock. Sie verkehrt gut und hat beglaubigtermaßen aztektisches Königsblut in den Adern, aber im Orgasmus ist sie wie eine mittelägyptische Eidechse.» Er entkleidete sie, während sie den Wagen hinter La Turbie um die Haarnadelkurve riß, an deren berühmtem Kilometerstein noch das Blut des liebestollen Rennfahrers klebte.

«Er ist noch», dachte sie, indessen sie mit sportgestählter Hand den Tachometeranzeiger ergriff und gegen 119⅞ emporzupressen bemüht war, «schöner als vorgestern, da ich ihn auf der Yacht des Fürsten Schmarotzi kennenlernte. Ob ich ihn mit solcher», überlegte sie weiter, «sinnlichen Tollheit liebte, wenn er weniger dämonisch wäre?»

Sie erblaßte immer tiefer und tiefer, während er sie in jedem Muskel genoß. Die Zündkerzen warfen ihr fahles Licht über die garantiert noch nie dagewesene Szenerie, während das irrsinnig mondän geschnittene Goggomobil sich in einer Wolke dionysischer Auspuffgase die Serpentinen zu der Höhe der guten Gesellschaft emporschmockte.

Ein Sohn, etwas frühreif, schreibt an Frau Großhennig

Nach Erich Kästner

Liebe Mutter! Das war natürlich sehr
freundlich,
daß du mir schriebst. Und ich bin dir durchaus
nicht gram.
Im Augenblick war es ja allerdings etwas
peinlich,
weil eben ein Mädchen bei mir lag, als der
Briefbote kam.

Sie heißt Hilda und ist gesund, da mußt du dich
nicht erst erregen.
Das tut dir nicht gut. Sie ist zärtlich, sie hat eine
Tante und wohnt nebenan Nummer acht.
Diese Mitteilungen mache ich dir hauptsächlich
des Reimes wegen,
und weil das mit der Tante sich so reizend natür-
lich macht.

Du fragst, was ich treibe. Ich treibe soziales
Gewissen.
Ich treibe auch Kinderseele. Wie, bitte? Danke,
es geht.
Dagegen gibt es welche, die wollten meinen
Roman lieber missen,
weil er fast nur aus zu Prosa gewalzten Kästner-
gedichten besteht.

So gebe ich eben plauderdings dem Kurfürsten-
  damme,
was des Kurfürstendammes ist, gut für Kunz oder
  Hinz.
Die halten das dann für Asphalt. Aber gleich
  darunter flackert mit scheu leuchtender Flamme
die Melancholie. Und ein wenig Moral. Und ein
  wenig Provinz.

Ist das neu? Lies den Heine, wenn du den Heine
  liest. Uns Erwürger
des Gefühles würgt ja doch nur das Gefühl.
Na, schon gut! Halb ein Bürgerschreck und halb
  ein erschrockener Bürger
dichte ich mich leicht frierend durch das Menschen-
  gewühl.

Die Affäre

Aus dem Gerichtssaal

Die Lokalkorrespondenz

Vor dem Bezirksrichter Dr. Hakreuzler des Bezirksgerichtes Favoriten hatte sich die sechsundzwanzigjährige Prostituierte Amalie Waporek zu verantworten, weil sie dem Aladar Balogh, Getreidehändler aus Esseg, in einem Hotel des zehnten Bezirkes die Brieftasche mit einem Inhalt von achtzig Schilling entwendet und sich bei der sofort vorgenommenen Verhaftung des Verbrechens der Amtsehrenbeleidigung schuldig gemacht hatte. Die Angeklagte, die im wesentlichen geständig war und nur behauptete, zur Zeit der Tat angeheitert gewesen zu sein, wurde zu zwei Wochen strengen Arrests verurteilt

Die Astarte von Favoriten

Nach einem Wiener Boulevardblatt

Von unserem nach Favoriten entsendeten Spezialberichterstatter

Die Amesedergasse, in deren Nummer 43 Amalie Waporek wohnt – wir berichten über ihren Sensationsprozeß auf den Seiten 3, 4 und 5 dieses Blattes –, liegt schon ganz draußen auf dem Wiener Berg, und das Haus selbst gleicht seinen Geschwistern, es sei denn, daß es noch

EIN WENIG DÜSTERER

ist als diese. Die Hausbesorgerin Frau *Josefine Marie Cervenka,* die wir umseitig zusammen mit ihrer zweijährigen Hündin Schnucki im Bilde bringen, gibt uns bereitwillig Auskunft. «War immer eine b'sondere Person, die Mali», plaudert sie. «In der Früh' hat sie gern

ZWEI KERNWEICHE EIER

'gessen. Und die Kleider und Schuh! Uj Jegerl», erklärt sie humorvoll, «wie a Prinzessin!»

«Haben Sie je etwas vom Umgang des Fräulein Waporek mit Männern bemerkt?» wollen wir wissen.

«Nie», ist die dezidierte Antwort. «Höchstens, daß in der Nacht an Herrn mitbracht hat; aber

MIT MÄNNERN WAR SIE NIEMALS ZUSAMMEN.

Nie!» sagt sie nochmals mit einem Nachdruck,

dem anzumerken ist, daß hinter der Überzeugung dieser schlichten Frau der ganze Bezirk steht.

«Und was halten Sie von der Prostitution im allgemeinen?» fragen wir noch.

«Wie ma's nimmt», lautet die nachdenkliche Erwiderung. «Wenn eine nur anständig dabei bleibt...»

Damit waren wir entlassen.

Buhlgeschick

Nach Maximilian Harden

Aus der Phäakenstadt, habsburgischen Herrscherhauses leichtfertig bevölkerter und nun verlorener Residenz, trägt eilsam beschwingter Nachrichtdienst, τελέγραφος nennen's die attischen Anwohner, ein lüstern Märlein nordwärts in berlinische Ohren. In dem Stadtteil, der nach des Kaisers Hadrian viertjüngstem Stiefenkel Favoritius unseligen Angedenkens seinen Namen empfing, hat sich in einem Einkehrgasthof einer Maid mit leichtfertigen Sitten – *poule* heißt es der Franzmann, *pippa* der Hunne, *H*... der weimarer Dichterfürst – ein Fremder gesellt, der transleithanischem Gemunkel zufolge durch Schacher mit Brotfrucht seine Taschen gefüllt hat. Aber mag österreichische Gedankenträgheit immerhin daran ihr Genügen finden, daß solche Geselligkeit mit der später vom staatlich bestallten Gesetzeshüter gepönten Entfremdung pergamentner Anweisungen auf Geldeswert – Banko-Zetteln von unseren Vätern genannt – ihr Ende gefunden, so fragen wir doch und fordern Bescheid, ob solche Gemeinschaft ungleicher und noch dazu geschlechtverschiedener Partner in einem Einkehrgasthof (immer wieder denk' ich's) eine rein zufällige oder welch Zwecks und Zieles sie ansonsten gewesen!

Prozeß Waporek

Nach Karl Kraus

Der Rüpel Gerechtigkeit, durch einen Wehschrei der Kreatur für einen Augenblick aus dem Schnarchen gerissen, sagt «Leckmimoasch» und dreht ihn mir zu. Wenn aber der Hakreuzler, bei dem man sich's in Favoriten richtet und an welchem ein weiterer konsonantischer Rülpser genügte, um vollends Kurzschluß herzustellen, zwischen Nam' und Art, im Wahne lebt, mich durch seine salomonarchistische Urteilsfällung aufreizen zu können zu einem Akte der Gerechtigkeit, die er außer acht ließ, so soll er sich diese Hoffnung, deren Fruchtabtreibung nicht einmal vor einem österreichischen Richter strafbar wäre, aus dem Kopfe schlagen: Er wird mich nicht dazu überlisten, ihn durch Zerschmetterung auf die Nachwelt zu bringen. Was Amalie Waporek vor ihren Schwestern im Geschlecht, die sich zur Ehe prostituieren und denen zwei Schweißfüße des legitimen Gatten jenen großen Fuß ersetzen müssen, auf dem man einen Lebenswandel führt, an verbrecherischem Tatbestande voraus hat, ist nur dieses, daß sie es unternahm, einer Welt, in der es auf «barsch» keinen Reim gibt, die süßliche Maske niederzureißen, hinter der er sich findet.

Fürs deutsche Heim

Ich lasse mich nicht!

Nach Hedwig Courths-Mahler

791. Fortsetzung und Schluß

«... Winfriede aber ist mein eigenes Kind!» Sie hatte geendet und hielt den Brief in zitternden Händen.

Da trat Götz von Grafeneck vor sie hin. «Du bist ebenbürtig, Trotzkopf... du bist meine Braut!»

Sie aber: «So meinst du, daß ich nun Aufnahme finden darf in deinem Geschlecht, das, wie dir bekannt, zu den vornehmsten unseres Landes gehört?»

Da schloß er sie stumm in die Arme...

Schon im April wurde Winfriede Götzens Gattin. Sie erwählten Schloß Adlershorst zum Wohnsitz. So konnte die alte Gräfin ihre Kinder täglich besuchen.

Jettchen Wohlgemut brauchte sich nicht mehr um die blassen Wangen ihres Komteßchens zu ängstigen; Winfriede ward eine blühende junge Frau. «Ich lasse mich nicht», war ihr stolzer Wahlspruch. Sie war inzwischen Mutter dreier Knaben und vierer Mädchen geworden, die fröhlich in Adlershorst umhertollten.

Dagobert von Schwarzburg aber heiratete die häßliche, bucklige Tochter eines reichen Käsehändlers und huldigte dem Dämon Alkohol.

Die Assessorsbraut

Nach E. Marlitt

«Nicht doch», zog Annelies errötend ihre Hand aus der schlanken, doch nervigen Rechten des Assessors von Falkenstein.

«Verzeihen Sie, Anna Louise ... ja: Anna Louise, so will ich Sie nennen ... verzeihen Sie, wenn meine Lippen des überlaufen, wes mein stürmisch pochendes Herz zu voll ist», vibrierte seine sonore Stimme.

«Sie sind sehr frei, mein Herr», schlug die Angeredete nach ihm mit dem Fächer, und indes ihr ein schelmischer Kobold im Auge kicherte, fügte sie hinzu: «Doch will ich diesmal noch Gnade für Recht ergehen lassen. Der Kotillonorden – er sei an Ihre Brust geheftet.» Und sie tat es!

Von Falkenstein schloß die Augen, um sich das liebliche Mädchenbild tief ins klopfende Herz zu prägen. «Irrwisch», sagte er leise.

Schon aber wollte sie ihm entflattern. «Doch wer kommt dort?» zwitscherte sie. «Ist dies nicht Obermedizinalrat von Bohlen, mein Vater, der auf uns zueilt?»

Und er war es! «Ich sei, gewährt mir die Bitte, in eurem Bunde der Dritte», trat, mit feinsinnigem Lächeln unseren Schiller zitierend, die markige, noch immer jugendliche Erscheinung auf das junge Paar zu. «Allein», runzelte er scherzhaft die Brauen, «warum wird hier nicht das Tanzbein geschwungen?»

Da straffte sich Dieter von Falkensteins schlanke und doch kraftvolle Gestalt: «Es gilt hier einen ernsteren Tanz, Herr Obermedizinalrat – einen Tanz durchs Leben! Ja, Fräulein von Bohlen, ja, Anna Louise – ich bitte um Ihre Hand!»

«Dieter», hauchte sie nur, neuerlich tief errötend. Dann aber flog sie auf Herrn von Bohlen zu, um den würdigen Obermedizinalrat wohl ein dutzendmal im Kreise herumzuwirbeln!

«Ach, Pappi», zwitscherte sie.

Dieser lächelte. «Wirst du wohl stille sein, Wuschelkopf?» trocknete er sich den Schweiß von der Stirn. Dann aber legte er die Hände der beiden still ineinander. Welche Erinnerungen mochten seine Vaterseele durchziehen? «Seid glücklich, Kinder», brachte er kaum hervor. «Mehr will ich nicht sagen.»

Was fiel da aus seinem Auge? War ihm ein Staubkörnchen in dasselbe geraten?

Oder war's eine einsame Träne?

Godekes Knecht

Nach Hans Leip

Oihoi!

Peilte ich aus den Luken gegen den Dämmerwind: auf den Sänden in Lee stand die Brandung. Schon flogen Seil und Treil unter die Marsen, die krengten wie blake Kerlsköpfe über dem Prielgischt, der auf den Sänden bebte wie flandrische Hemdsäume.

Oder ich pliekte die Kellung. Dann hechte der weiße Kascht von den Rellingen – oihoi! ahu! – bis in die plitschende Wohlung der Spunten und hinauf, zurück, hoho, weit über das leeke Tachtersegel bis an die höchste Pulkflagge am Spiek.

Nachts lagst du dann, Hilgesill, luv in der Koje, und ich packte dich achtern und preßte den heißen Mund an deines nackten Leibes Reling. Oihoi! Wenn ich dann breek war, legtest du dich auf deinen prachten Besan – oihoi! – daß die Hellinge zitterten.

Oder du, Klauke Dahmskuttel, des Godeke riesiger Steuermann! Pühüh, wie der kolke Wind durch die Pallinge pfiff! Du aber drücktest den hulkigen Stoppelbart gegen die Keeke und sangst das alte Lied von den Künneken. Hoh, tau leipte es unser Leip. Priek, klünke Tween! Nur immer keelgischts über die Himmung!

Oihoi!

Und so ging der Sommer vorüber . . .

Volk ohne Raum

Nach Hans Grimm

Zu Anfang dieses Buches muß das Wort gesagt sein: Belang. Es muß gesagt sein im Kruge von Lippoldsberg, dahinter der Garten ist mit der Eiche, darunter dieses Buch geschrieben wird, aber es muß auch gesagt sein von Pfarrers Lippen in der Pfarre zu Hilwarthswerder oder weserabwärts zu Ödelsheim oder Gewissenruh, und es muß gesagt sein von Greises Lippen und Frauen und Jungfrauen Lippen, und von Kindes Lippen muß es gesagt sein, das Wort Belang, bis hinab zu meiner eigenen kleinen Holle Silberhaar.

Auch Cornelius Friebott sagte es: «Belang», sagte er. Er sagte: «Wenn der Englischmann in der Welt der Herr ist, so ist der Deutsche die Freiheit.» Er dachte: «Es ist schwer, ich kann noch nicht alt sein mit einem Mädchen. Und jetzt wäre es besser, wir säßen drinnen bei Lichte, oder George wäre da oder der Alte oder Pastor Drews von Schiermonikoog oder der Kaufmann Hans Grimm oder irgendeiner oder auch nur Major von Heydebreck, den hätte man mit dem Fernschreiber rufen können und er wäre vielleicht mit dem Selbstbeweglichen herübergefahren.» Er sagte: «Es ist schwer mit mir.» Er sagte: «Heute bekommen wir Regen.» Er sagte: «Ja, wenn es anders wäre. Aber es ist nicht anders.» Er dachte und atmete dabei einmal tief hin: «Es, es ist nicht anders.»

Sie sah ihn betroffen an, da wurde er rot, da

wurde auch sie rot, da wurde er noch röter, da wurde sie noch röter als er und fragte leise: «Und, und wie soll das werden?» Sie fragte: «Und die Heimat?» Sie fragte und schnaubte sich die Nase dabei: «Und, und wir?» – «Und, und wir, Cornelius Friebott», dachte sie herb, sie hätte vielleicht gekrischen, aber sie krisch nicht, denn sonst konnte es malören, und ihr Leid, dachte sie, war ihr Leid, aber das deutsche Leid war größer. Und so ging das zu. Und sie sagte: «Belang.»

Denn, denn zu Ende jedes Absatzes muß das Wort gesagt sein: Belang. Es muß gesagt sein oder es muß gedacht sein ungesagt, und es muß gedacht sein zu Anfang und in der Mitte und am Ende, beim Heran und beim Hinaus, unhörbar muß es gedacht sein, das Wort Belang, weserabwärts und weseraufwärts und weserseitwärts so oft und so lange, bis es uns ankotzt wundersam vor so vieler Belangsamkeit. Und es kotzt uns an im Kruge zu Lippoldsberg und unter der Eiche, und zu Ödelsheim und zu Gewissenruh, und von Greises Lippe kotzt es uns an, das Wort Belang, und von Frauen und Jungfrauen Lippen, und von diesen besonders.

«Warum», dachte Cornelius Friebott, «warum sind wir Deutschen überall dort draußen in der weiten Welt so unbeliebt?» Da schwiegen sie alle. Und es war keiner, der ihm Bescheid gegeben und ihn darüber aufgeklärt hätte.

Und das wäre doch gar nicht so schwer gewesen.

«Sag, was er sagt»

Zitate statt Parodien

– dann halt an dich, verhöhn ihn nicht und schilt ihn nicht. Sag, was er sagt. Aus seinem eigenen Munde laß ihn sich verdammen. *Machiavelli*

Dämon Weib

Von Rudolf Greinz

> Ein Sittenroman ganz großen Stils muß dieses Buch genannt werden, eine dichterische Leistung höchsten Ranges. Flammende Glut, hinreißende Leidenschaft, erschütternde Tragik –
> – in die tiefsten Tiefen der dämonischen Herrschaft eines glutvollen Weibes leuchtet. *Verlag Staackmann*

«Kennt man schon, die feinen Herrn. Sind aa keine Kostverächter», philosophierte der Uhrmacher vor sich hin.

– auf einem ganz besonders freundschaftlichen Fuß, der in der Hauptsache darin bestand, sich in gegenseitigen Neckereien zu überbieten. –

«Auf ein Haar wär' mein Leichnam zu Ihren Füßen gelegen, schöne Frau», spottete der Baron.

– waren glatt rasiert und verliehen dem Gesicht einen harten, schier grausamen Ausdruck.

– und zwirbelte sich unternehmend sein pechschwarzes Schnurrbärtchen hoch.

– und küßte ihn, wie ihn noch nie ein Weib geküßt.

*

«Bist ja mei liabs Buabl!» schmeichelte sie.

«Fangst schon wieder an?» sagte er heiser. «Ich laß mich nit küssen. *Ich* küß . . . und grad wie ich mag!» erklärte er trotzig.

«Mei' ...», machte das Mädchen bewundernd und schmiegte sich hingebungsvoll an ihn. «So einer bist du g'worden!»

– saugte sich fest an seinem Mund, am ganzen Körper zitternd vor Leidenschaft. Plötzlich stieß er sie von sich. «Geh», gebot er ihr rauh.

Damals hatte er noch nie ein Weib berührt gehabt. Nun war das anders geworden.

Leise bewegten sich die Äste der Bäume, nickten leicht mit schwermütigem Ernst, als ob sie sich von dem Geschehen dieser Nacht erzählen wollten ...

*

Als der Frühling abermals ins Land gezogen war und Blütefülle und Blumenpracht sich im Tal entfalteten –

Denn immer tiefer hatte sich Brigitte in das Chaos eines moralischen Sumpfes begeben. –

Er lachte auf. «Soll i di vielleicht gar heiraten?» frug er mit zynischem Spott. – «Eigentlich wär's deine Pflicht», sagte sie lei –

«Schön's Weiberl!» schmeichelte Nowotny und streichelte sie zärtlich.

– die sich so seltsam abhoben von dem tiefen Braun seines Gesichtes und entschieden etwas Grausames an sich hatten. –

«Und du wagst es zu behaupten, daß ich der Vater sei?» Doch je länger Doktor Engelbrecht das Mädel mit düsteren Blicken musterte, desto mehr erhellten sich seine Mienen. –

Es war lang her, seit Brigitte Perchtenhofer gebetet hatte.

«Unverschämtheit!» zischte die Baronesse.

«Ha! Ha! Ha! Ha!» lachte der Rechtsanwalt heiser auf.

– zischte sie.

– höhnte er ingrimmig.

– versuchte der Baron neuerdings zu begütigen.

«Das geht zu weit, Vater! Ich bin Offizier!»

«Solche Frauen wie Brigitte sind Dämonen. Ich will diesem Dämon Weib nicht zum Opfer fallen.»

Wie eine gereizte Natter sprang Brigitte –

Da . . . ein Schuß. Lautlos sank –

Mit einem gellenden Aufschrei stürzte sich –

Die Waffe entfiel –

Stier schaute –

Über Rupert lag Nowotny. Blau im Gesicht und mit gebrochenem Genick.

*

Noch in dieser Nacht starb –

Sie hatte vorzeitig einem Kinde –

Man hatte ihn verhaftet und in die Irrenanstalt –

Christine von Nödersberg hatte den Schleier –

Vinzenz Lauthaler aber, der Uhrmacher, war ein anderer geworden.

*

– der Stadt zuschritten. Aus den verschlossenen Gittern zu Seiten des Hochaltars ertönte –

«Den Frieden der Seele, meinen Sie?» sprach Pater Kajetan ernst.

«Dazu gehört der Glaube!» entgegnete der Baron.

Bianca Maria

Von Reinhold Conrad Muschler

– dieses Dichters, Gelehrten und Biographen faustisch anmutender Drang nach Erkenntnis – *Der Bund, Bern*

«So lieb hast du mich? . . .»

«Soll ich nach deinem Kusse verschmachten?» . . .

«Großes, liebes Kind!» Ihre Hand wühlte in seinem vollen Haar. Das Licht spielte mit ihren Flechten . . .

«Du kannst glückfest blicken, Peter . . . in deinen Augen ist es licht!»

«Hast du mir nicht den Garten zum Tor deiner Schönheit aufgetan?» . . .

Im sicheren Gefühl des Sieges sog sie seine Rede ein . . . Legte den Kopf zurück, um Luft für ihre wogende Brust zu bekommen . . . Ihre Arme reckten sich im Vorgefühl des Kampfes. Da erst sah Peter das Weib in sehnender Hilflosigkeit vor sich, faßte der Geliebten Leib und trug den Blütenstrauß ihrer Schönheit zum Diwan . . .

«Du bist stürmisch, schrecklicher Räuber!» . . .

Geschlossenen Auges ließ sie es geschehen . . . Als er ihre Haarwellen um seinen Nacken schlug, schrie sie hell auf . . . Ihre weißen Arme umkränzten sein Haupt. Lachend küßte er den Schimmer der Gruben.

«Böser Mann», wehrte sie, daß er sie fester an sich riß und glühende Bitten flüsterte . . .

Die Nacht war düfteschwer und liebestrunken, als rankten wilde Rosen um weinvolle Amphoren.

Bianca Maria (S. 78–80)

– formvollendet schönen Sprache eine Gestaltungskraft, wie sie in heutiger Zeit einzig dasteht. *Die Musik*

*

«Du hier?»

Tonlos flüsterten die Worte.

«Du hättest nicht folgen sollen! Nütze die Nacht!»

«Was war dann alles?»

«Ein Künstlertraum!»

«Du bist der Frühling!»

«Oder der Herbst!»

«Dein Wesen eint die Milde des Frühlings mit der Glut des Sommers!»

«Dichter!»

In den Büschen glühten die Leuchtkäfer.

Heiß schlang er die Arme um sie und trug sie die Treppe hinauf in ihr Zimmer.

«Wilder Mann!»

«O du, du . . . du!»

Das Zimmer ward zum silbernen Becken . . .

Seine Hand lockerte die Spangen ihres Haares. Ihre Flechten fielen schwer herab.

Behutsam nestelte er an ihrem Haar und trat zurück.

Auf ihrem Haupte funkelte ein Brillantdiadem!

Sie wollte ihm danken. Da losch das Licht . . .

«Wärst du eine Deutsche, könnten wir in zwei

Tagen verheiratet sein ... Ich bin Deutscher! *Du* bist *deinem* Lande mit Seele und Sinnen treu ... wer seine Heimat verleugnet, um wessentwillen immer es sei, der ist kein guter Mensch!»

Der Zugwind öffnete die Tür zu Marias Schlafgemach ...

«Tesoro!»

Da nahm Peter Lechter Maria Welten und trug sie ...

Von den Pinien tropfte das Mondlicht in milchenen Topasen.

Bianca Maria (S. 658–662)

Die große Kunstform des deutschen Romans ist in diesem Werk und seinem Schöpfer neu erstanden.

Saarbrücker Zeitung

Die letzten Reiter

Von Edwin Erich Dwinger

Eine glänzende Ehrenrettung des deutschen Soldaten!

Macholke führte gerade zwei Gefangene zurück. Pahlen trat zum ersten, faßte ihn an der Brust. Es war ein Lette, er bückte sich sofort, ihm den Ärmel zu küssen. Aber als er den Kopf neigte, knallte es peitschend auf. Pahlen nahm den nächsten an der Brust, riß ihn hart zu sich.

Plötzlich warf sich der Rote auf beiden Knien in den Schnee, umklammerte ihn jammernd mit den Armen, küßte ihm die Fußspitzen. Pahlen schob ihm wie spielend den Revolver in den Nacken, dicht überm ersten haarigen Wirbel am Genick, wühlte ihn ein wenig in die braunen Strähnen ...

Und drückte ab.

E. E. Dwinger: Die letzten Reiter (S. 105). Copyright 1953 by Dikreiter Verlag. Auflage 258 000.

Nur Dwinger, der einstige Dragonerfähnrich, konnte dem letzten Aufbegehren eines reiterlichen Kämpfens ein so großartiges Ehrenmal errichten. *Dikreiter Verlag*

*

Beim nächsten Atemzug steht Marja schon auf der Schwelle, die Rechte umkrampft eine schwere Nagan, am Handgelenk der Linken baumelt eine Nagaika. Aber im dröhnenden Hallen des Schusses aus Willmuts Revolver entfällt ihr die Waffe, färbt sich ihr rechter Arm über dem Ellenbogen dunkelrot. Im nächsten Augenblick ist Platoff bei ihr, bohrt ihr den Lauf in den linken Oberarm, drückt nochmals ab. Als ein paar Leute das Flintenweib hinauftragen, stoßen sie auf den kleinen Pahlen.

«War das Weib in Mitau?» fragte er.

«Ja.»

«Danke!» sagte Pahlen kühl, geht rasch den beiden Soldaten nach. «Hört mal, ihr beiden», hält er sie an, «wollt ihr tausend Mark?»

Sie lassen den Körper fallen, sehen ihn verdutzt an. «Tausend deutsche Mark?» fragt der eine. «Na, aber immerzu!» lacht der andere.

«Dann müßt ihr», sagte Pahlen leise, «dies Weib totschlagen. Aber nicht etwa mit euren Kolben, mit jener kleinen Kosakenpeitsche, die ihr am Handgelenk hängt.»

«Verflucht noch mal!» sagt der eine.

«Eine schwere Sache!» sagt der zweite, kratzt sich hinterm Ohr. Pahlen zieht seine Brieftasche hervor, auf der eine abgewetzte Adelskrone glänzt, reicht ihnen einen hohen Schein.

«Ein Flintenweib?» fragt der erste. «Ein richtiges Flintenweib!» nickt Pahlen abwesend.

Da lacht der erste, leckt die Lippen. «Dann geht es schon in Ordnung – hätten wir's auch ohne Papier getan!» Dann bücken sie sich wieder, packen sie an den zerschmetterten Armen, schleifen sie davon.

Die letzten Reiter (S. 133, 134)

Immer wieder werden diese «Baltikumer» mit Schmutz beworfen! Wer von all diesen oberflächlichen Beurteilern weiß zum Beispiel, daß diese Männer damals schon mit Unterstützung des American State Department dort oben kämpften? *Dikreiter Verlag*

«Donat!» ruft Langsdorff hallend. Der kommt krummbeinig angelaufen, sein wildes Kriegergesicht leuchtet, seine besporten Hacken knallen.

«Hier ist ein Kommissar – du weißt ja Bescheid?» fragt Langsdorff dienstlich.

«Ob ich weiß!» sagt Donat nur. «Einen Spaten her!» ruft er heiser, nimmt Laizis am Arm, geht an eine schneefreie Stelle. «Nu grab mal schön», sagt er väterlich, zieht seine Parabellum.

Als die Grube fast fertig ist, kommt Pahlen angeschlendert. «Eine gute Arbeit!» Auch der Student steht in der Nähe.

«Nun stell dich hinein!» sagt Donat unvermittelt.

«Hinlegen soll er sich», flüstert Pahlen. «Die Erde fühlen!» Er wirft ihn an beiden Schultern ins Grab hinein.

Laizis dreht sich langsam auf den Rücken, sieht ihn eine Weile aus schmalen Augen an, spuckt ihm jählings breit ins Gesicht . . .

«Eskadron aufgesessen!» kommandiert Langsdorff.

Als sie am Bach entlang kommen, sehen sie verwundert, daß er von Bolschewistenkörpern verstopft ist. Die Soldaten müssen auf irgendeine Anordnung alle Verwundeten dort hineingeworfen haben.

Der letzte Körper, an dem sie vorüberreiten, ist scheinbar der einer Frau. Aber es ist eigentlich nur mehr eine blutige Masse – ein anscheinend von Peitschenhieben völlig zerschnittener Fleischklumpen, der dort im ringsum rötlich zerstampften Schneeschlamm liegt.

Als Pahlen daran vorüberreitet, nimmt er sein goldenes Etui heraus, zündet er sich eine Zigarette an, atmet er den Rauch tief in die Lungen.

Dann traben sie.

Die letzten Reiter (S. 135–137)

*

«Denn eines müßt ihr wissen, ihr deutschen Kameraden», sagt Platoff. «Ihr seid nicht das einzige Volk, dessen Beste in dem Wort leben, daß ihr Land dazu berufen sei, die Welt genesen zu machen! Auch im Russen lebt dieser Glaube . . .»

«Das ist mir neu!» rief Willmut überrascht.

«Und hier sehe ich die größte Gefahr des Bolschewismus!» lächelte Platoff höflich, zeigte seine Zähne.

«So wissen wir noch besser», brach Willmut leidenschaftlich aus, «warum wir hier oben stehen! Die europäische Sendung – gegen die asiatische! Und da die andern Völker Europas sie vergessen, sind wir Deutsche ihre schicksalsgewollten Vollstrecker!»

Die letzten Reiter (S. 171)

– wurde allein in Deutschland von über zwei Millionen gelesen. Dwinger gilt als der deutsche Chronist.

Bitte unterstützen Sie uns bei der Errichtung einer Kartei der Dwingerleser. Die Aufnahme in sie ist völlig unverbindlich.

Wir sind der Ansicht, daß E. E. Dwinger erst vor seinen größten Aufgaben steht! *Dikreiter Verlag*

DIKREITER DEUTET DIE DINGE *(Verlagsmotto)*

Die Edeltannen

Die Braut des Sigurd Zapletal

Nach Ernst Wiechert

Ein Vogel flötete durch seine Träumerei, und es war ihm, als ritte er auf seinen Schwingen hoch in die Stille der Maimondnacht. «Wenn das eine Amsel ist», dachte der Reichsfreiherr Eusebius, während er sich mühsam, aber doch rüstig von seinem Lager unter den schattigen Geranienwipfeln erhob, «so könnte ich mich an ihrem ockerblauen Gefieder anhalten wie dazumal, als ich ein Knabe war. Aber gibt es noch Amseln?»

Er blickte wacher um sich. Der süße Duft der blühenden Zikaden in den umliegenden Gärten berauschte ihn beinahe, da er in diesen letzten Tagen keine Speise mehr zu sich genommen hatte, bis auf jenes Gericht Krautes und hauchleichter Knödel, das Veronica ihm auf ihren baren, blassen Händen zu seiner Klause emporgebracht hatte. Veronica, Veronesa ... erinnerte es nicht zugleich an den frommen Malmeister Paolo, den sie den Veroneser nannten, *und* an die nach derselben Siedlung genannte Wurst – Kunst *und* Atzung, das Diesseitige *und* das auf allerfeinste Weise Jenseitige in einem einzigen allumfassenden Sinnbild?

Er horchte. Das Morgengrauen erhellte schon den westlichen Himmel. Es war kein Amselruf, erkannte der nun vollends erwachte Eusebius. Es kam aus der Kate drüben am Rande des Moores. War da ein Lebendiges in Bekümmernis, kreißte da eine werdende Mutter oder dergleichen? *Sein* war die Verantwortung für *Alles.*

Er eilte hinüber und fühlte sich erleichtert, als er nur ein etwa zweijähriges Mädchen antraf. Es war allein, er kannte es wohl, es war das Kind Krcyscz, die Mutter war wohl schon vor Morgengrauen aufgebrochen, um in der von Eusebius eingerichteten Sonnengoldspinnerei zu arbeiten, und Vater hatte es keinen mehr.

Das Kind blickte den Reichsfreiherrn Eusebius an, ganz ohne Scheu.

«Wie heißest du?» fragte er es.

«Pi», sagte es schlicht.

«Pipistrella?» dachte er leise. «Die Fledermaus? Oder hat es auf der Wanderschaft wie so viele die Aussprache des Ph verlernt und heißt Philomena, die Nachtigall? Es wäre schön, wenn du Philomena hießest», fuhr er an das Kind hin zu denken fort.

Das Kind erriet seinen Gedanken sofort. «Glaubst du nicht auch, Herr Reichsfreiherr», sagte es, «daß es noch ziemender wäre, wenn ich die Lerche hieße statt der Nachtigall, da diese doch mehr der Liebenden Vogel ist?»

Er schickte sich an, einem wundersamen Erstaunen über die Seelenweisheit des Kindes nachzuhängen, aber eine zarte Unruhe nistete in seinem Herzen und ließ sich nicht bannen. «Pi», heischte das Kind noch dringlicher. «Pi», dachte er grübelnd, «Pi?» Erinnerte ihn nicht etwas an diesem Klange an seine eigene, unwiederbringlich vergangene Jugendzeit? Eine tiefe, wenn auch auf eine vornehme Weise schmerzliche Entsagung war in seinen Augen, als er sich in der ärmlichen Stube umsah, bis sein Blick auf eine antike Kristallschale fiel. Diese reichte er dem Kinde, das sich dankbaren Blickes mit dem kostbaren Gefäß in angeborener Sittsamkeit in den Zimmerwinkel zurückzog.

«Gott helfe mir„ ich kann nicht anders», sagte es schon von dorther.

«Per ardua ad astra», las Eusebius sinnend die uralte Inschrift des Kristalles.

Dann aber zog er seinen rechten Handschuh aus, um seine feine Hand auf den Kopf des Kindes zu legen, und sagte leise: «Gott segne dich!»

Die Schlafwandler

Aus dem vierten Band: Broch oder Die symbolgravide Metarealität

Nach Hermann Broch

Er las: «Tu dir kein Leid! Denn wir sind alle noch hier.»

Den Finger zwischen die Seiten des zugeklappten Buches gelegt und vorsichtig sich räuspernd, wartete Broch. Er wartete, daß die Grundfesten des Gebäudes erzittern sollten, er wartete, daß jener den Befehl erteilen werde, alle sollten einander in die Arme sinken und so vergehen, und er dachte: Ich bin ein Bach, ich muß münden ins Meer. Er dachte es und wartete. Aber nichts dergleichen geschah.

Der Major sagte:

«Der Fisch kann nicht fliegen, aber das Fliegende taucht nicht in die Tiefe.»

Hugenau sagte:

«Die Tiefe, das ist die Nacht. In der Nacht ist es finster.»

Das Kind sagte:

«Aber Gott?»

Broch sagte:

«Einer desertiert der Armee, aber ein anderer desertiert auch der Wirklichkeit. Beide werden sie nicht erschossen.»

Das Kind sagte:

«Ich werde die Tiefe stehlen und mir einen Stern aus ihr bauen. Den grabe ich in den Keller.»

Der Major sagte leise:
«Vaterland? Offizier?»
Broch (Tenor):
«Die schwarzen Wasser, die zu Tale rinnen,
Sind nicht der Stein, an dem der Fuß versagt.
In schwarzen Häusern spinnen nicht die Spinnen
Der Ewigkeit, nach der die Kälte klagt.
Oh, schwarzes Tal, in dem die Winde klagen,
O Haus, o Tor, o Keller, Fenster, First –
Ihr dürft es nicht mit heller Stimme sagen,
Was drunten ruht und von Symbolen birst.»
Hugenau (Sopran):
«Jetzt legen sie sich schlafen... Na, gestatten Herr Major, daß ich mich jetzt empfehle.»

Sie begannen langsam im Kreise zu tanzen, das Kind zwischen dem Major und Broch. Der Mond hatte sich leicht verdunkelt, und aus der schwarzen Landschaft wehte nun der Wind kühler, etwa wie aus einer Kellertür. Jetzt nahm auch die Druckmaschine ihre stoßweise Arbeit wieder auf.

«Was drunten ruht und von Symbolen birst», sang da auch der Major in Alt, und obwohl er es sehr leise sang, war es vernehmlich genug, daß Broch sich zu ihm hinabbeugte und ihn auf die Wange küßte. Es war gewissermaßen ein unkörperliches Aufdiewangeküssen, zumindest wurde es von dem Major so empfunden, angenähert und gleichzeitig entfernt es war gewissermaßen eine unkörperliche Bewegtheit, eine gewissermaßen verdünnte, neblige, fast schwarze und doch wieder weiße Bewegtheit, die in dem nicht mehr wirklichen Raum und über all dem Stimmengewirr ausgespannt lag, ein klingend verdunkeltes, kaum mehr durchsichtiges Netz in einer merkwürdig abstrakt verworrenen Vereinfachung.

Das Kind, bloßfüßig und unhörbar, war davongelaufen.

Auf den Rabenklippen

Nach Ernst Jünger

Auf den Rabenklippen bleichen Knabenrippen
Und der Mond verkriecht sich duster ins Gewölk,
Rings im Kringel schnattern bleiche Ringelnattern
Und der Uhu naht sich mit Gebölk.

Tief im Moore brodelt's und im Chore jodelt's
In die kohlpechrabenschwarze Nacht hinaus,
Keine Brandungslücke, keine Landungsbrücke
Gibt's in diesem Meer von Schreck und Graus.

Selbst ein dummer Stänker wird ein stummer Denker,
Wenn er soviel Grauses hört und schaut.
Trinkt noch schnell 'nen Bittern, sinkt zur Stell mit
Mit 'ner Kreidehaut ins Heidekraut. [Zittern

Text: Heinrich Seidel
Musik: Karl Gottlieb Reissiger
Aus dem Lahrer Commersbuch, 1895

An solchen Tagen traten wir aus der Rauten-Klause erst, wenn die Sonne in die Marina gesunken war, und schritten den Raben-Klippen zu, vorüber an verlassenen Gehöften, deren Sassen nach Burgund hinübergewechselt waren, ohne daß der Ober-Förster ihnen Permiß gegeben hätte, auch ihre Laren und gemeuchelten Erst-Geborenen mit sich zu nehmen: Knaben-Rippen bleichten auf den gekippten Grenzpfählen der Klippen-Lippen, unbeschienen vom Mutter-Mond, der sein lunares Entsetzens-Antlitz in der Düsternis des Gewölkes barg. Weiterschreitend über gewundene Schlangen-

Pfade hörten wir das Schnattern, in den fernstverborgenen Kringeln, von erbleichten Speer-Ottern, Stern-Vipern und Ringel-Nattern, denen gleichend, die sich Erio in jenen versäumten Sonnen-Tagen ins Haar geflochten hatte. Das Bölken eines Uhus, lautlosen Fluges nah-getragen, zog über ihre Spiele wie ein schatten-trächtiger Komet.

Oh, wie es in Moores-Tiefen brodelte, da wir über Felsenstufen höherklommen. In der entlichteten Belichtung des Tannichts, Föhrichts und Fichtenichts gab es ein Heulen und Frohlocken, als ob die Wilde Meute vorüberläutete. Es jodelte im Chore hinaus in die Pech-Schwärze der Raben-Nacht, und Bruder Otho, der neben mir dahinschritt, sah sich gleich mir an jene Zeit erinnert, da wir beide mit den Purpur-Korsaren segelten – doch hatten wir das Gemetzel nur mitgemacht, um unsere Lehenspflicht zu leisten: nicht daß wir jemals in hohem Ernst Jünger des Oberförsters gewesen wären. Auch damals, lavierend zwischen Sagunt und Trapezunt, gab es keine pontische Brandungs-Lücke in jenem Schreck-Meer, durch die wir eine Brücke hätten erspähen können, um unser Schiff aus Mein-Tat und Neidungs-Werk an sie zu steuern und uns an Land zu retten. So wanderten wir aus nach innen, unsere Runen rück-versichernd zwischen den Zeilen unseres Herbariums.

In den Korsaren-Tagen ward ein Irrtum erst dann zum Fehler, wenn man gefährlich lange in ihm beharrte. So bar der Vornehmheit hatten die Hinter-Sassen des ostgeborenen Ober-Försters sich erwiesen, daß man mitunter am Klippen-Rand selbst niedrig-stirnige Randalisten, Oktobristen,

Harfenisten und Gebärden-Schwinger angesichts der sich lippen-üppig gleich einem Dirnen-Mund entfaltenden Grauens-Blume der Schlacht-Verlust-Gefahr in stumme Gedanken fallen sah. So berührte auch uns damals die Schwinge des Schatten-Vogels der Verzagtheit. Zitternd leerten wir den Kelch des von Lampusa aus Wider-Wurzeln für uns gebrauten Bitter-Trunkes. Dann starrten wir einander in die Kreiden-Weiße unserer Gesichter und lagerten uns unter Blut-Blümlein, Perl-Zwittich und Rosamund in die Starre des Heidekrauts.

Vier Variationen und kein Thema

... und piepste nicht

Nach Heinrich Böll

Wir traten aus dem Portal, die letzten Klänge der feierlichen Musik trugen uns hinaus ins Freie wie auf den Flügeln eines dunklen Engels, und während ich Flick, der müde neben mir her ging, in die Augen zu schauen versuchte – aber er hielt die seinen gesenkt –, trachtete ich, die Erinnerung an all das Gräßliche, das ich gesehen hatte, die Hatz und Hast, die Verfolger und Verfolgten und die Schüsse, aus meinem Gedächtnisse auszumerzen und mich nur mehr des frischen, kindlich-lieblichen Mädchengesichtes zu erinnern, das ich drinnen so groß, wie aus großer Nähe, betrachtet hatte – und, fiel mir ein, nun lächelte sie noch, aber eines Nachts wird auch sie einem Mann sich öffnen, der in sie hineinschicken wird, was er Liebe nennt, und auch sie wird dann mager und müde sein gleich mir selbst. Ich wäre gerne über den Straßendamm in die kleine Kirche gegangen, in der ich früher gebeichtet hatte, ich wollte für das Mädchen beten, aber ich konnte die Kirche nicht mehr sehen, drüben lag nur ein Kaffeehaus, auch regnete es mit einemmal heftig, und Flick hatte keinen Mantel an, ich konnte ihm auch den meinen nicht umhängen, ich hätte das mit Freuden getan, obgleich es ein Damenmantel war und Flick sich leicht schämte, aber ich hatte den Mantel ja vorige Woche verkauft, um dem blöden Kind des Schuhflickers die Schaukel dafür zu kaufen. Ich wollte darüber sprechen, aber ich tat es nicht, ich hätte sonst auch über mich gesprochen. Ich war wohl wieder schwanger.

«Es regnet», sagte ich bloß.

«Ja», sagte er besorgt. «Ist es dir unangenehm, wenn dir das Wasser in die Schuhe rinnt?»

«Es ist mir nicht unangenehm», sagte ich. Meine Füße begannen wieder zu schmerzen, ich vertrage die Nässe so schlecht seit meinem fünften Kindbett voriges Jahr, aber der Priester, bei dem ich früher gebeichtet hatte, hatte noch nässere Füße gehabt, ich konnte die nassen Tümpel um seine groben, bäuerlichen Schuhe sehen, während ich im Beichtstuhl kniete – aber hatte er sich beklagt? Es fiel mir ein, daß ich noch fünfzehn Ave Maria zu beten hatte, bevor ich heute abend zu Bett ging. Sonst erhörte vielleicht die Jungfrau nicht mein Gebet für das blöde Schusterkind; wenn es morgen früh wieder im Clo den Durchfall bekäme, so daß Frau Fritsch es dann beschimpfte, so trüge ich die Schuld daran. «Nein, Flick», wiederholte ich und versuchte trotz meiner Schmerzen heiter auszusehen, «die Nässe in den Schuhen bereitet mir sogar Vergnügen.»

«Es regnet», murmelte er. «Ich wäre gerne mit dir in ein Hotel gegangen, aber ich habe kein Geld mehr. Ich begleite dich ein Stück, wenn dir das recht ist. Gehen wir zu Fuß?»

«Wenn Tiere uns tragen könnten», sagte ich und dachte an den großen, treuen Hund des Bäckers, damals zu Hause. «Tiere sind ohne Sünde.»

Es regnete noch immer.

Das Triebhaus

Nach Wolfgang Koeppen

Die beiden traten aus dem Lichtspieltheater. Sie hatten Präriepferde geritten. *Wenn wir hier durch den Sumpf kommen, erreichen wir die Straße vor den Rothäuten, wir schießen sie zusammen, entreißen ihnen die Entführte, Old Shatterhand ich, du Winnetou.* Sie hatten mit dem Helden die Heldin geküßt, in Großaufnahme. *Ah, deine Lippen. Vielleicht ein wenig verschwitzt unter Scheinwerferhitze Hin-her-Wiederholung aber der make-up man wischt sie trocken, Achtung, Aufnahme.* Sie hatten die Wochenschau gesehen. *Der Kanzler eröffnete.*

Umwölkt, dachte Flick, als sie auf die Straße traten. Sie war im Vorübergehen auf dem Abort gewesen, nichts Menschliches war ihr fremd. Sie sagte: «Es regnet.»

Biltz antwortet nicht. *Ah, deine Lippen. Vielleicht doch verschwitzt gewesen.* Er dachte: wie sie pfeift. *Du Old Shatterhand, ich Winnetou, der Kanzler schien umwölkt.*

Jawohl, es regnete. Das Kafkaffeehaus gegenüber lockte nur mäßig, es war schon stark besetzt. Er fragte: «Was pfeifen Sie da? Die Dospassionata?» *Als hätte ihm das einer nicht schon Ton für Ton verdöblint.* Er blickte den regnenden Himmel an. «Gehen wir zu Fuß?» *Seifenblasen. Warum sie alle mit Seife handeln wollen ohne Seife? Sitzt im Gehirn. Erstaunlich, was in so'n Koeppen vorgeht.*

Flick sagte: «Zu Fuß? Oder nehmen wir uns ein Tier?»

Flick

Nach Ernest Hemingway

Ich ging den Film sehn, Samstag. Ich nahm Flick mit, ihn ansehn. Ich holte sie ab. Sie hatte schon was getrunken. Sie sah fein aus.

«Hullo, Biltz», sagte sie. «What are you round for, this hour?»

«Film», sagte ich.

«Willst du zuerst einen Whisky?»

«Sicher will ich.»

Ich goß mir einen Whisky ein und einen für Flick. Sie hatte schon ein paar gehabt. Sie nahm noch einen. Dann nahmen wir jeder noch zwei. Es war fein, dazusitzen und Flick anzuschauen. Sie sah fein aus.

«Du siehst fein aus», sagte ich.

«Fein», sagte sie. «What are you round for, this hour?»

«Film.»

«Gut, gehn wir Film.»

Es war ein Film mit Präriepferden und Indianern. Ein scheues Pferd ging einen an, er wich aus und schlitzte ihm mit dem Messer den Bauch auf. Das Pferd traf ihn mit dem Huf vor die Brust, daß ihm das Brustbein eingedrückt worden wäre, wenn das nicht leider ein Film gewesen wäre, sondern wirklich. Aber er war ein feiner Kerl, er schmiß sich noch einmal vor mit dem Messer, er zielte noch einmal auf den Bauch, nun fielen dem Roß die Gedärme vor, und das war echt. Schade, daß sein Brustbein nicht echt war. Es war ein feiner Kampf. Ich mag Indianer gern und ich mag Pferde, es war fein, wie feine Kämpfer die zwei waren und einander zu Tode schindeten. Am Ende waren sie beide nur mehr Blut und Gedärme.

«Fein», sagte ich.

«Gehen wir», sagte Flick. «Ich mag die Gedärme nicht. Ich mag die beiden in der Großaufnahme nicht, sie schwitzen.»

«Fein», sagte ich. «Gehen wir wohin, wo man Whisky kriegt.»

Als wir hinauskamen, regnete es.

«Regen», sagte Flick.

«Gehn wir wohin, wo es Whisky gibt», sagte ich.

«Fein. Der Film war fein, aber zuviel geschwitzt. Gehen wir Whisky.»

«Zu Fuß? Zu naß.»

«Naß, ja», sagte Flick. «Es ist meistens naß, wenn es regnet.»

«Das Kaffeehaus drüben zu voll. Hast du noch Whisky zu Hause? Wir gehn zu dir.»

«Ja. Nein.»

«Ja – was?»

«Whisky zu Haus.»

«Und nein?»

«Nicht gehen. Zu naß. Auch der Kuß von den beiden im Film war zu naß.»

«Geschwitzt», sagte ich.

«Zuviel», sagte sie.

«Die Gedärme waren fein. Feine Kämpfer.»

«Gehn wir Whisky», sagte sie.

«Zu Fuß?»

«Vielleicht trägt uns wer.»

Die Entscheidung

Aus den Geschichten Bil-Z's

Nach Thomas Mann

Tief ist die Pflicht der Entscheidung: das lebende Wesen, Ho-Isch, um ihm die im nordöstlichen, hinter Wüsten gebetteten Mizraim hebräischerweise in Schwang und Übung gekommene Bezeichnung zu geben, wird sich ihr nicht entziehen.

Dies nämlich dann sogar ganz besonders nicht und vielleicht eben deshalb um so weniger, als (weil und als: weil in Maßgabe der ersten, als jedoch in Maßgabe der letzteren syntaktischen Klausel) – als und weil also dieses Lebe- oder auch Rätselwesen, dessen natürlich-neugieriges und dann doch immerhin gleichzeitig auch schon wieder übernatürlich-neugierbefriedigtes Streben nach Ablenkung es, das Wesen nämlich, in ein Schatten-Schauhaus geführt hatte, in eine Schattenspiel-Spielhölle oder auch ein Spielschatten-Höllenspiel (Kinematikon werden es die Alexandriner Griechen nur dreitausendfünfhundert Jahre später nennen, Kinema ihre Nachfahren zwei weitere Jahrtausende weltuntergangwärts, es dem Janhagel der Städte überlassend, das immer noch edle Wort zu der vulgären Abkürzung Kino hinabzuschänden) – weil und als also, beziehungsweise auch obzwar, zwecks und nichtsdestoweniger, der weiter oben angezogene Ho-Isch, Bil'Z mit Namen, das vergnüglicherweise auf so gescheute Weise in olympischer Neckischkeit hergezauberte Kinema verlassend, und aus der Benäßtheit des Bürgersteiges denkscharf seine Schlüsse ziehend auf eine eben stattfindende Libation des Gottes Pluvius (dessen griechischer Name dem Autor entfallen, dessen ägyptischer jedoch ihm niemals bekannt geworden ist – wenn er denn überhaupt fürwahr jemals in der Tat existierte), sich seiner Begleiterin Flick (Fli-Kach, um ihr mizraimitisch gerecht zu werden; und wer wollte sich dem ungalanterweise entziehen?) – sich also der gazellenäugigen Fli-Kach zuwandte, und das mit der Frage, ob sie nun also den von den Göttern launischerweise genäßten Nachhauseweg mit Hilfe eines gerade ihrer Fortbewegungsweise angepaßten Tieres (K'heléf: so nannte es Abraham) zurücklegen wollte, oder – und hier war eben die eingangs angedeutete Entscheidung zu treffen – schlechtweg (und auch schlichtweg) zu Fuß.

«Gehen wir nun denn also wohlan zu Fuß, Fli-Kach», fragte er, «oder nehmen wir uns einen K'heléf?»

Trotzdem:
Das Thema zu den vier
Variationen

Zwei Flöhe kommen aus dem Kino.
Es regnet.
Sagt der eine zum andern:
«Gehn ma zu Fuß, oder nehmen ma uns an Hund?»

Ein Gespenst geht vorüber

Schon wieder der neue Hamlet

Das vorläufig letzte Kapitel

Nach Knut Hamsun

Was tut ihr da, Leute, fragte der Prinz, es war Hamlet, und er sah fein aus in der neuen schwarzen Jacke, aber seine Laune war herabgestimmt. Er trat zu ihnen. Nein, ihr haltet ja Wache, sagte er und schlug die Hände zusammen.

Ja, ich weiß nicht, das will ich nicht leugnen, sagte Horatio, hahaha. Und gefährliche auch noch, haha. Ja.

Hamlet: Na, da haltet ihr also Wache, Leute. Aber warum?

Marcellus schneuzte sich, daß die Wände zitterten, so schneuzte er sich, linkes Nasenloch, rechtes Nasenloch, denn so war er, und dann sagte er bedächtig: Danach sollst du nicht fragen, Prinz, denn ich gehöre nicht zu denen, die mit derlei prahlen, ja. Aber es war ein Gespenst, das da vorübergegangen ist, das darfst du mir glauben.

Er hätte jetzt großtun können, aber er spielte sich keineswegs auf. Ein Gespenst, hoho, sagte er nur, ein Geist, ja. Der Geist deines Vaters, Prinz. Oh, er machte kein Aufhebens davon, er schneuzte sich die Nase noch einmal mit seinem Taschentuch. So machen sie das in Australien, sagte er. Der alte Bernardo schaute zu ihm auf und sagte dann zu den anderen: Was sind wir gegen ihn? Wir sind Spreu, er aber hat ein Taschentuch und trägt vielerlei Gedanken in seinem Kopf herum. Nein, das wußten sie alle.

Oh, aber kaum war das vorüber, da kam auch schon etwas anderes. Da sagte der Prinz Hamlet: Ein Gespenst, Leute? Mein Vater? Nein, den will ich sehen, sagte er, hahaha. Er ging allein dort hinüber, wo das Gespenst erscheinen sollte.

Er wußte nicht, und auch seine Familie wußte nicht, und Horatio und Marcellus, der doch mancherlei wußte, sogar von Australien, und nicht einmal der alte Bernardo hatte davon eine Ahnung, daß an der rechten Schuhsohle des Prinzen, während er da so dem Geist seines Vaters entgegenging, wieder ein klitzeklitzekleines Stückchen Leder sich abblätterte.

War das gefährlich? Hoho, das wollen wir meinen, daß das gefährlich war! Das ganze Paar Stiefel ging in den folgenden Monaten daran zugrunde! Aber wäre es möglich, auch davon noch in diesem Kapitel zu berichten? Nein, das wäre nicht möglich. Ja, haha, da werden wir eben ein neues beginnen müssen!

Vielleicht wird sogar ein neuer Roman daraus?

Gentlemen Prefer Blaustrumpfs

Nach Anita Loos

«Helloh, Darling», sagte Phelly und ging hinein zu dem Prinzen, und sie meint, sie hätte vorher durch den Türvorhang genau gehört, daß er zu sich selbst einen langen Speech hielt, von Sein oder Nichtsein und so, weil er doch schon immer ein Monologist war wie ein Halbirrsinniger in einem Sanatorium. Aber hinein ist sie doch, weil Mister Polonius, ihr Vater, ist sehr keen darauf, und er hat ihr sogar befohlen, daß Phelly ein lachsfarbenes Negligäh dazu anzieht und wie eine Dame sich Ophelia nennt, und sie meint, sie würde gar nicht erstaunt sein, wenn sie die nächste wäre, die mit dem Prinzen Hamlet in die Psychoanalyse geraten würde, obwohl, sagt sie, er hat zu wenig los, um etwas zu starten, und ihr wäre lieber der Saxophonist von den Astoria Follies, aber Mister Polonius findet, ein Prinz ist gut für die Karriere. Also sagte er ihr, daraufloszugehen, und sie ging hinein, aber Phelly ist sicher, sie war dem Prinzen nicht willkommen, weil er hat durchschaut, daß Mister Polonius sie geschickt hat, statt daß sie freiwillig gekommen wäre, und man kann wirklich nicht wollen, daß, wenn er nicht an den Trick glaubt, er begeistert ist und vielleicht noch Geldstücke in das elektrische Klavier steckt. Und Phelly sagt, es war sehr sportlich von Hamlet, daß er trotzdem die Füße vom Tisch wegnahm und eine Plauderei anbrach über die Liebe, und sie wurde sehr sentimental und mußte sich viermal die Nase putzen und frisch pudern, und ich meine damit, daß selbst ein Mädchen wie Phelly manchmal hübsche Regungen hat. Nun, das gab dem Prinzen eine Chance, und es kam so weit, daß er sagte, er muß sie küssen: aber der Krach, der daraus erfolgte, war wirklich ziemlich häßlich, und Phelly meint, sie mußte sich wundern, was der Prinz für schrecklich vulgäre Andeutungen gegen seinen Stiefvater warf, und Phelly glaubt auch nicht, daß Hamlets Mutter immer das gewesen ist, was sie hätte sein sollen, denn sonst hätte sie ihrem Sohn nicht gestattet, in die Psychoanalyse zu machen. Und die Familie war doch in Dänemark so promenent, und nichts, was sie bisher getan hatten, war je herausgekommen! Und dazu sagte Hamlet noch, er findet Phelly ein wirklich erstklassiges Mädchen, aber er verträgt sie nicht länger als zwei Seiten! Und statt daß sie jetzt noch auf Schwarzhaarige und Rothaarige und Grünhaarige gleich unwiderstehliche Bücher macht, wo man so ein Gefühl im Magen bekommt wie von der Prohibition, will er Phelly lieber raten, wenn sie schon nicht einen Mann nehmen und Babys bekommen will, daß es für sie am besten wäre, sie wird ein Hallelujah-Girl. Er sagte: «Geh in ein Kloster, Ophelia!»

Es war alles so humoristig, daß es war zum Kotzen.

Dr. Prinz

Nach Theodor Plievier

Dr. Prinz trat aus dem Tor und ging die Mauer entlang. Natürlich; er nickte kurz. Während der eine der beiden Sowjetsoldaten das Gewehr präsentierte, griff der andere schon nach dem Telefon, um der NKWD zu melden, der thüringische Ministerpräsident sei nachts nochmals ausgegangen, Richtung Luisenstraße. Prinz beschloß, das zu ignorieren. Er hatte keine Veranlassung, die Leute aus ihrem Geschäft zu drängen. Weiter hinten im Dunkeln saß zweifellos ein dritter, der die Wachen bewachte und vermutlich eben auch schon telefonierte, daß der andere telefonierte. Nun, so war der Staatskonkurs nicht aufzuhalten.

Horaczinsky stand an der Ecke. Er hatte den Uniformrock unordentlich zugeknöpft, vermutlich war er eben wieder drüben in der Kaserne bei einer Polizistin gewesen. Seine wulstigen Lippen öffneten sich zu einem gelbzähnigen Lächeln. «Ein Vergnügen, Sie noch zu so später Stunde auf der Straße zu sehen, Herr Dr. Prinz.» Hierauf atmete er stark aus; Prinz roch Hering und Wodka, während Horaczinsky in die Einfahrt der Kommandantura trat, um sich mit Karlshorst verbinden zu lassen und das eben geführte Gespräch zu melden. Im ersten Stock feierten sie noch immer den Tag der Roten Armee. Frauen kreischten um Hilfe; sie hatten also tatsächlich wieder einmal ihr Wort gebrochen und den dreiundachtzig Hühneraugenoperateuren, die sie am Vormittag unter Lahmlegung ihres Präzisionsbetriebes nach Rußland verschleppt hatten, ihre Frauen nicht nachgeschickt. Nein, Prinz durfte noch nicht fliehen; er mußte sich erst noch morgen früh bei Marschall Sokolowisky beschweren.

Ministerialrat Krieger ließ sich bei ihm melden, einer der bewährtesten Beamten der alten Garde. Er fiel erschöpft auf den ihm angebotenen Stuhl. «Wir haben Herrn Staatsanwalt Dr. Vater versäumt, Herr Präsident», sagte er. «Ich sandte Speer, aber er fand nur leere Luft.»

«Ich verstehe», sagte Prinz. «Übrigens dürfen Sie ruhig sprechen. Ich habe die Sekretärin, die mir die NKWD hier eingebaut hat, mit einem dringenden Auftrag nach Weimar hinübergeschickt.»

Krieger sagte: «Man hat Herrn Dr. Vater noch am Vorabend gesehen.»

«Traurig?»

«Sagen wir mal: gedankenvoll. Er hat offenbar gewußt, was ihm bevorstand, nachdem man gestern noch seine Frau und vier seiner Töchter zwang, im SED-Frauenchor zu singen, und sie dann auf dem Heimweg ihrer Uhren beraubte und hierauf einfach abwrackte. Von unbekannter Hand natürlich, wie immer.»

Prinz schloß einen Moment die Augen und überlegte. So hatten sie also auch Dr. Vater umgebracht, vermutlich mit Gift. So wie die meisten anderen Gerichtsfunktionäre, die sich weigerten, die Maitressen der Russen gebührenfrei ins Grundbuch eintragen zu lassen. So wie er selber vermutlich liquidiert werden würde, wenn er auf weiteren Nachforschungen nach dem toten Dr. Vater bestand. Es war eine Frage von Sein oder Nichtsein, aber er tat sie mit einer Handbewegung ab. «Na, Krieger», sagte er und bot dem alten Mann eine der ihm vom Marschall übersandten Papyrosen an (aber vielleicht waren auch diese vergiftet! schoß es ihm durch den Kopf) – «na, nun sind wir ja im Bilde. Moskauer Schule in Reinkultur!» Er schloß ab: «Die Angelegenheit Vater überlassen Sie von nun ab mir selbst.»

Drüben in der Kommandantura feierten sie noch immer. Ein Weib schrie.

Prince

Nach Norman Mailer

Prince sagt «Arsch» und schleicht sich die von den japanischen MGs eingesehene Seebastion entlang, auf die anderen zu, die ihm zunicken. So war die Pleite nicht aufzuhalten. «Na, zum Teufel noch mal, was ist das für eine gottverdammte Scheiße?» fragt er sie. «Euch haben sie wohl heute schon wieder für eine Patrouille beim Arsch?»

Horatio gähnt ihm ins Gesicht, dann spuckt er aus, knapp an seinem Kopf vorüber, wie er das zu Haus in Texas gewohnt war. «Gut, daß du zurück bist, Prince. Die Lahmärsche dort drüben in der Schloßkantine bescheißen sich noch immer beim Feiern. Jedenfalls werden wir uns ihretwegen nicht den Arsch zerbrechen.»

«Ach, Scheiße», sagt Sergeant Güldstern vom zweiten Zug. Er hat den singenden Ton der Bronx. «Ich bin den gottverdammten Geist sogar mit dem Bajonett angegangen. Ohne Widerstand, wie durch einen Haufen verfluchte Butter. Die Klinge kam einfach wieder bei seinem Arsch heraus.»

«Und das soll mein Alter gewesen sein?» fragt Prince. Er fühlt, daß er sich das von dem Sergeanten nicht gefallen lassen darf. Sich auch noch von ihm bescheißen lassen? Das wäre beschissen. Da bescheißt er ihn lieber selbst. «Du weißt, was du mich kannst», sagt er drohend. «Arsch oder Nichtarsch ist hier nicht die Frage.»

Güldstern sieht, daß er sich hier besser nicht auf

eine Prügelei einläßt. Am besten, er läßt diese Scheißer auf ihren Ärschen sitzen und geht jetzt zu seinem Zug zurück. «*Du* weißt, was du *mich* kannst», gibt er schon im Gehen zurück.

Die anderen lachen roh und etwas verlegen hinter ihm drein und rufen ihm gutmütig nach: «Sieh bloß zu, daß du nicht in die Hosen machst.»

«Prince, was ist das nun?» fragt einer. «Das, was wir da machen?»

Der sagt: «Arsch pour l'Arsch!»

Warme Semmeln

Die Höschen

Probeseiten

Nach Daphne du Maurier

Park von Manderley noch dichter verwachsen zu sein, seit ich ihn zuletzt gesehen hatte. Wann war das gewesen? Wirklich erst vor einer halben Stunde? Stämmige Eichen und verquälte Ulmen kämpften Seit' an Seite mit riesigen Asphodelen um Licht und Lebensraum, sie strebten aus der schweigenden Erde hoch zwischen ungeheuren Blattgewächsen, sonderbaren Agaven, gigantischen Hyazinthen und Gemüsen, die unheimlich waren und namenlos. Ein einsamer, zyklopischer Kohlkopf, turmhoch und blütenlos, hatte sich mit einem wilden, unzähmbaren Gänseblumchen gepaart, und eine kriechend übelwollende Liane hatte ihre gnadelosen Fangarme um das Paar geschlungen, so daß sie da in unzüchtiger Gebärde gefangen standen, sichtbar für jedermann.

Ich fuhr auf. Jemand stand hinter mir in dem verlassenen Zimmer. Ich wußte, ohne meinen Kopf zu wenden: Mrs. Denvers! Sie hatte wohl die Gabe, auf Luft zu gehen, daß sie so lautlos kommen konnte, dachte ich; und die Vorstellung verfolgte mich, es seien Fledermausflügel an allen möglichen diskreten Stellen ihres schwarzen Kleides angebracht. Oder trug sie Gummisohlen?

«Woher kommen Sie?» flüsterte ich heiser. Ich wandte nicht meinen Kopf; ich wußte, sie kam aus dem Leichenschauhause oder dergleichen; ich *roch* es. Aber ich wandte mich nicht um.

Sie wich der Frage aus. «Ich bin gekommen, um zu fragen, was Sie am Samstag zum Frühstück wollen», sagte sie leise.

Ich rief aus: «Aber es ist erst Dienstag!»

«Mrs. de Winter hat stets ihr Samstagfrühstück am Dienstagnachmittag bestellt», sagte sie. «Hier ist die Karte. Wie Sie sehen, ließ ich Ihnen die freie Wahl zwischen Rühreiern und gerührten Eiern. Mrs. de Winter legte stets Wert auf solch feine Unterschiede zur freien Wahl. ‹Denny›, pflegte sie zu sagen, ‹stell mir etwas zur Wahl!› Oder: ‹Danke, liebste Denny.› Und dann pflegte sie mir zuzuwerfen, was eben zur Hand war. Ihre Höschen zum Beispiel ... einfach nur so, als ein Geschenk. Mrs. de Winter war stets die freigiebigste Dame in der Grafschaft ... nein, im ganzen Land. Sie trug silberfarbene Höschen aus reinster chinesischer Seide. Diese pflegte sie mir ganz einfach zuzuwerfen: ‹Denny ... für dich!›»

Ich fühlte ihren Atem an meinem Nacken.

«Ich trage jenes Paar immer noch», flüsterte sie. «Sie dürfen das Material anfassen.»

Es fühlte sich an wie ein Schmetterlingsflügel, so lautlos weich und schön; und dennoch ... ich schauderte.

«Sie kennen natürlich nicht den Unterschied», flüsterte Mrs. Denvers mit eintöniger Stimme. «Mrs. de Winter kannte stets alle Unterschiede.» Plötzlich beugte sie sich an mein Ohr und flüsterte: «Seit Mrs. de Winters Tode habe ich diese Höschen nicht für eine einzige Minute ausgezogen ...»

Oh, ich schauderte. Ich wandte mich nicht um, aber ich spürte den Ausdruck ihres Gesichtes. Triumphierend, höhnisch, ungesund aufgeregt.

«Ist Ihnen nicht wohl?» fragte sie sehr leise und trat noch näher an mich heran.

Luft! Luft! Ich taumelte an das mit schwerem Vorhang verhängte Fenster und riß es auf. Draußen schien mir der

Da capo.

Die Hosen

Probeseiten

Nach J. B. Priestley

lag der sogenannte Park dieses sogenannten Schlosses Manderley. In Wirklichkeit hatte de Winters Großvater mütterlicherseits das große Haus als Textilfabrik gebaut, um die Hausindustrie rings um Huddersfield zu ruinieren. Er trieb hundertvierzehn kleine Weber und Detaillisten in Bankrott und verdiente daran 834 414 Pfund, abgesehen von den Zinsen. Er hieß Smithers, er starb an einem Sonnenstich in Kairo im Jahre 1894, seine Lieblingsspeise, seit seiner Hochzeitsreise nach Deutschland im Jahre 1870, war Königsberger Klops, und damit müssen wir von ihm Abschied nehmen. Sein Schwiegersohn, der Brown hieß und an Hämorrhoiden litt, gab die Fabrik auf, dekorierte die Fassade auf ein Privathaus um, in der falschen Gotik der Jahrhundertwende, kaufte den danebenliegenden Schindanger eines Abdeckers dazu und ließ ihn durch Wakeford & Fothergill, diplomierte Landschaftsgärtner drüben in Wetherby, in einen Park verwandeln. Er starb 1911 an einem Wasserbauch. Nicht Brown, sondern Fothergill. Genug von ihm. Seine älteste Tochter hieß Bessie. (Nicht Fothergills, sondern Browns.) Der Park verwilderte, weil Brown 1916 vom Schlag getroffen wurde und seine Tochter viel unterwegs war, da ihr angeblich die herzhafte Luft von Yorkshire nicht wohltat. Später starb sie. Vorher aber heiratete sie de Winter. So hing das alles zusammen.

Jeder anständige Huddersfielder Webereiarbeiter, der sonntags seinen Schrebergarten bestellt, hätte mit dem Park Besseres anzufangen gewußt als der sogenannte Schloßherr. Wohl gab es ein paar ehrliche Köpfe Kohl, aber denen nahm allerlei exotisches Wucherkraut mit ausländischen Namen Luft und Licht weg. Wäre ich nicht so verteufelt müde gewesen, von ein paar Stunden harten, kernigen Nachdenkens über das Wohl des kleinen Mannes, so hätte ich Lust gehabt, mich selbst mit meinem festen Taschenmeser und meinem guten, handfesten Pfeifenputzer daranzumachen und Unkraut zu jäten.

Das Frauenzimmer, die Denvers, stand plötzlich hinter mir. Ich sagte: «Wird mir wohltun, Ihnen meine Meinung grad ins Gesicht zu sagen. Schleichen Sie sich nicht hinter mir an, ich mag das nicht. Was wollen Sie?»

Sie sagte: «Lassen Sie mich in Frieden, ja? Was wollen Sie zum Frühstück am Samstag? Die Winter war immer für Planwirtschaft.»

«Erzählen Sie *mir* nichts über Planwirtschaft, Denvers», sagte ich. «Ich kenne ein paar Parks, Schlösser, Gehege und so weiter – die sind geplant auf Kosten von Arbeitersiedlungen, die gewisse Leute nicht als menschenwürdige Häuser gebaut haben, sondern als Maschinen, die Geld scheißen. Nein, erzählen Sie mir nur nicht, die Winter sei philanthropisch. Das habe ich schon gefressen. Sie sind doch selbst eine Frau aus dem Volk, Denvers.

Wie steht es zum Beispiel mit Ihren Hosen, die Höschen zu nennen für einen Mann meiner kernigen Volkstümlichkeit zu verspielt und niedlich wäre? Wie oft können Sie es sich leisten, sie zu wechseln? Wenn die Winter *mir* welche zuschmisse, würde ich sie zurückschmeißen, mitten in ihr hübsches faschistisches Gesicht, und würde sagen: ‹So billig kommen Sie bei mir nicht davon, wie viele Hosen haben Sie, und sind Sie bereit, sie gerecht unter denen zu verteilen, die überhaupt keine haben?› Das würde ihr den Mund stopfen.»

So sagte ich zur Denvers. Ich bin für Gleichheit. Jedermann sollte zum Beispiel in der Eisenbahn erster Klasse fahren dürfen. «Halten Sie den Mund», fuhr ich fort, «und sagen Sie nicht, daß ich alle anöde. Was Ihre Winter wirklich braucht, ist ein tüchtiges Priestley-Traktätchen auf den nackten Hintern. Ihre Urgroßtante war eine gewisse Black, die mit einem gewissen White verlobt war, aber schließlich starb sie an der Zuckerharnruhr, genug von ihr, sie war vorübergehend bei der Firma Yorkshire Pudding and Social Conscience Limited angestellt, deren hier übrigens nicht wieder vorkommender Juniorchef atemraubenderweise –»

«Ach was», sagte die Denvers. «Halten Sie schon Ihre Klappe.»

Ich kehrte ihr den Rücken. Draußen vor dem Fenster

Da capo.

Die Enthosung

Aus dem Roman «Die Römerin»

Nach Alberto Moravia

> Die einzige Beziehung, die zwischen mir und einer Frau bestehen kann, ist das Nichts –
> – bin sicher nicht impotent, aber in der Praxis ist es so, als ob ich impotent wäre, und Sie können mich so ansehen.
>
> *Aus Alberto Moravia «La Noia»*

«Habe keine Angst», sagte er. «So schnell wird mir nicht schlecht.» Er fügte hinzu: «Auch du könntest noch ganz gut ein weiteres Glas vertragen.»

«Du willst mich also unbedingt gedemütigt sehen, indem du mich trunken machst», sagte ich nachdenklich, «obgleich du weißt, daß alles, was mir geblieben ist, meine natürliche Würde ist? Wohlan denn», fuhr ich lebhafter fort, «du sollst es haben! Ich bin eine Dirne – was liegt daran?»

Ich faßte ihn an der Hand und zerrte ihn die Treppe zu meinem Zimmer empor, indem ich ihn wie eine Marionette zwischen der Mauer und dem Stiegengeländer hin und wider rumpeln ließ. Ich trat heftig ein und warf ihn aufs Bett. Er war leichenblaß. Während ich im Zimmer hin und her ging, um meine Kleider abzulegen, verspürte ich starke Reue – aber war ich nicht eine Dirne? Warum sollte ich auf seine so begehrte Liebe verzichten? Ich hoffte nur, es werde ihm erst vollends übel werden, wenn ich meine Begierde an ihm gestillt hatte.

Als ich mich ausgezogen hatte, setzte ich mich neben ihn aufs Bett und begann ihn zu entkleiden, wobei ich mich mit ihm unterhielt, um seine Aufmerksamkeit hiervon abzulenken.

«Wie alt bist du eigentlich?» fragte ich ihn und zog ihm gleichzeitig Rock, Krawatte und Hemd aus.

«Neunzehn», sagte er.

Er hatte eine weiße, zarte Brust wie ein Mädchen und noch keinerlei Haarflaum, welchen ich denn sogleich begehrlich zu liebkosen und mit Zärtlichkeiten zu überschütten begann, wobei ich ihn fragte: «Warum zitterst du so? Ist dir kalt?»

«Nein», sagte er, «aber glaubst du wirklich, es könne mir entgehen, daß du mich lediglich in ein Gespräch verwickelst, damit ich nicht merke, daß du mir soeben die Hose ausziehst?»

In der Tat hatte ich eben seinen Gürtel gelöst und ihm brutal naturalistisch und dennoch voll moderner Psychologie und nicht unzart die Hose heruntergerissen.

Plötzlich biß er mich heftig und schmerzhaft in den hintern Teil des Oberschenkels. Ich sollte noch erfahren, daß das die zärtlichste Liebesbezeugung war, deren er fähig war. Aufknirschend warf ich mich auf ihn.

Er keuchte: «Ich habe früher gelogen. Ich bin dreizehn!»

Ich erwiderte: «Das ist nicht die Stunde, um abergläubisch zu sein!»

Viel später in der Nacht stützte ich mich auf meinen Ellbogen und betrachtete ihn eingehend. Mit Befriedigung stellte ich fest, daß ihm immer noch nicht übel geworden war.

«Fühlst du dich nunmehr besser?» fragte ich ihn – ach, nicht auf seinen verstörten Magen anspielend! Aber er wollte mich nicht verstehen. Was war ich auch für ihn? Eine Dirne, die ihn in ihr Zimmer mitgenommen hatte! Schöner sicher als alle, die er je zuvor besessen . . ., aber doch eine Dirne!

Er preßte lediglich zwischen den Zähnen hervor: «Meinen Körper hast du besessen . . ., aber meine Seele nicht!»

Damit erhob er sich und begann sich schweigend anzukleiden.

«Was wirst du jetzt von mir denken?» fragte ich unter verzweifelten Tränenströmen, um nichts dafür zur Antwort zu erhalten als das leise Insschloßfallen der Ausgangstür.

Im Morgengrauen knisterte etwas in meinem Schoße, und ich bemerkte, daß er dort eine größere Summe Geldes zurückgelassen hatte als je ein Mann zuvor.

Remarc de Triomphe

Nach Erich Maria Remarque

Ravic sprang aus dem Taxi und reichte dem Chauffeur eine Tausendfrancnote. «Behalten Sie den Rest, mon ami», sagte er, «ich habe keinen Augenblick zu verlieren, ich habe da drinnen eine dringende Operation auf Tod und Leben zu machen. Unbekannte Selbstmörderin!»

«Hoffentlich wird sich nicht herausstellen, daß sie Ihnen nahesteht, Monsieur.»

«Das weiß man bei unsereinem nie. Der Mensch denkt, während eine gewisse höhere Autorität sich die letzten administrativen Entscheidungen vorbehalten zu haben scheint. Au revoir!» Damit betrat er eiligen Schrittes das Osiris.

Das Bordell war zu dieser Stunde wenig besucht. «Gut, daß du da bist, Ravic», begrüßte ihn Rolande. «Ich werde dir Kiki schicken.»

«Nein, danke, nicht eben jetzt. Schließlich blutet die Unbekannte oben, wer immer sie sein mag, wenn ich nicht sofort hinaufgehe.»

«Du tust unrecht daran, Ravic. Kiki ist unser bestes Mädchen. Ein philosophischer alter Gärtner in meiner Heimatstadt Arles pflegte zu sagen, man solle die Rosen kühn pflücken, die einem am Wege blühn, lache einem jedoch ein Rosenmund, so sei das beste, was man tun könne, ihn zu jeder Stunde zu küssen.»

«Aber es sind die schlechtesten Rosen nicht, an denen die Würmer nagen», gab Ravic zurück. «Wir

Refugiés wissen davon ein Lied zu singen. Auch daß Rosen, Tulpen, Nelken … kurz: *alle* Blumen gewissen unerbittlichen Verwelkungsprozessen ausgesetzt sind. C'est la vie!»

Rolande schenkte ihm ein Glas voll. «Dann nimm wenigstens diesen doppelten Calvados.»

Er leerte das Glas und ließ es sich wieder füllen. «Ich nehme es hinauf.»

Droben hatten die Mädchen, immer noch spärlich bekleidet und mit nackten Busen, so wie sie von der Arbeit kamen, die Verblutende auf den Speisezimmertisch gebettet. «Hier, nimm diesen Kirsch d'Alsace, Ravic!» rief ihm Minette entgegen. «Oder ziehst du ein Glas sechzigjährigen Courvoisier vor?»

«Bei euch Mädchen zöge jeder vernünftige Mann drei Zwanzigjährige einer Sechzigjährigen vor. Aber beim Kognak …»

Er ließ das alte Getränk ehrwürdig im Ballonglase kreisen und sog die edle Witterung in sich ein, ehe er es zur Neige trank und an den Tisch trat.

Das Kettchen am Knöchel der hingebetteten Frau – sein Kettchen! Das Bein – ihr Bein!! Die Selbstmörderin war seine treulose Geliebte Joan Madou!!! Er machte eine heftige Bewegung und wandte sich von ihr ab, aber auch so konnte er auf den ersten Blick erkennen, daß der Herzschuß, mit dem sie sich selbst niedergestreckt, nur um Millimeterbreite sein Ziel verfehlt hatte – nahe genug, um dem Tode verfallen zu sein, und doch eben weit genug, um für diese letzte Szene Zeit zu lassen.

Sie war bei vollem Bewußtsein. «Du wirst mir helfen, Ravic?» fragte sie mit mühsamer, aber klarer Stimme. «Ich habe es getan aus Scham darüber, daß ich so tief gesunken bin.»

«Wir Refugiés haben unsere Erfahrungen, Joan Madou. Eine von ihnen geht dahin, daß es schon manchem Leid gebracht hat, wenn er Dinge vortat und nachbedachte.» Er setzte ihr das Glas, das er heraufgebracht hatte, an die Lippen.

Sie blickte ihm vertrauensvoll in die Augen. «Ist es das gleiche wie in jener Kneipe – in jener ersten Nacht?»

«Ja.» Er hatte seine Instrumente hervorgeholt und arbeitete fieberhaft. An Narkose war nicht zu denken; sie hatte nur mehr sechzig oder allerhöchstens fünfundzwanzig Sekunden zu leben. Die Kugel hatte hinterm Herzen das Kleinhirn durchschlagen, das war wohl der Grund, warum sie keinen Schmerz empfand. In einem ordentlichen Operationssaal könnte man noch das Abdomen öffnen, um das Herz zu massieren, dachte er. Vielleicht auch Bluttransfusion. Er mußte behelfsmäßig die Nebenniere anheben. Half auch das nichts, so gab er eben als letzte und kühnste Maßnahme eine Tablette Aspirin.

Joan Madou war bleicher geworden. «Calvados...», flüsterte sie mit zusehends schwächer werdender Stimme, indes Ravic unter seinen Instrumenten kramte. Gottverfluchte Scheiße, dachte er; ich habe den Forceps nicht dabei, der Koch vom International hat ihn schon wieder zum Hühnerbraten entlehnt, ohne es mir zu sagen.

Er ließ die Instrumente sinken. Die Leber der

einst so Geliebten war gelblich-lila geworden; offenbar hatte ihre Prostata zu funktionieren aufgehört. Er sagte, mit mühsam erzwungener Zuversicht in der Stimme: «Erinnerst du dich auch noch jenes Calvados in den Trois Cloches in Dijon, während der Maître d'Hotel die Crêpes Suzette für uns auf dem Tisch bereitete?»

Sie unterbrach ihn mit schon ersterbender Stimme, indes eine Träne sich in ihr Auge stahl: «Wir tranken nachher noch einen Vouvray 1927. Ein großes Jahr ... Du sagtest, man müsse zu Froschschenkeln à la Eleonora Duse Gewürztraminer trinken, Hügel 1930, aber ich merkte ja doch, daß du mich nur auf die Probe stelltest – ob ich auch wüßte, daß man den 1930er nur zu Capon aux Marrons trinken kann, wie damals im Maison Rouge in Strasbourg ...» Die Träne war nun schon halbwegs auf ihre Wange hinuntergewandert. Sie hauchte, kaum mehr hörbar: «Er schmeckte wie der Herbst ...»

«Er schmeckte wie der Herbst, aber du stelltest keine Fragen.»

«Man darf nur in kleinen Dingen Fragen stellen, Ravic; in großen nie ...»

Es waren ihre letzten Worte. Joan Madou war tot ...

Ravic wandte sich den umstehenden schluchzenden Mädchen zu und zog seine Brieftasche, um jeder von ihnen einen Tausendfrancschein zu geben. «Um euch für die Stunde Verdienstentgang zu entschädigen», sagte er leichthin. «Und nun möchte ich einen Hennessy. Parfümiert. Mit Chypre.»

Mit einem bittern Zug um die Mundwinkel schloß er ab: «So leben wir Refugiés nun mal.»

Ellen, die englische Sadistin des Hauses, trocknete sich die Tränen vom Busen und murmelte ergriffen: «Very remarquable.»

Null-fünf achtzehn

Nach Hans Hellmut Kirst

> Das tiefgründigste Werk über den deutschen Soldaten seit Fedor v. Zobeltitz.
>
> *Volksabstimmung*

Major Luschke warf die Meldungen auf den Schreibtisch. «Das», sagte er und schlug mit der flachen Hand darauf, «das gibt es nicht. Schon gar nicht in meiner Abteilung.» Er schoß einen verächtlichen Blick auf den Österreicher, dessen k. u. k. Scharm wie ein welkes Blatt zu Staub zerfiel. «Also dann wollen wir mal», fuhr er fort. «Es meldet sich bei mir: Hauptwachtmeister Schulz. Er ist draußen? Um so besser. Auch die . . . äh . . . die Reinmachefrau der 3. Batterie soll antreten. Zuerst mal der Hauptwachtmeister!»

Schulz fuhr herein wie ein Panzerwagen. Er hatte tatsächlich das eine Ohr verbunden. Er hielt ruckartig, schmetterte seine Meldung herunter und wartete.

Luschke überlegte kurz, wie der wohl am raschesten zu knacken wäre. «Hauptwachtmeister», erkundigte er sich mit beinah werbender Stimme, «sind Sie verheiratet?»

«Jawohl, Herr Major.»

«Kinder?»

«Nein, Herr Major», sagte Schulz mit Anstrengung.

«Lassen Sie's dabei, Hauptwachtmeister», sagte Luschke sanft. «Sie könnten einohrig zur Welt kommen. Denn Ihre Meldung hier, der Gefreite Asch habe Ihnen heute morgen das eine Ohr abgebissen – die ist ja Quatsch, nicht wahr? Darüber sind wir uns doch wohl einig, hoffe ich?» Er hob das Blatt angewidert mit zwei spitzen Fingern und ließ es in den Papierkorb flattern.

Schulz war sehr rot geworden. «Melde gehorsamst, Herr Major, daß der Gefreite Asch tatsächlich heute morgen . . .» Er verstummte verwirrt.

«Was Sie nicht sagen.» Luschke tat höchlich erstaunt. «Also Sie wollen tatsächlich behaupten, ein Hauptwachtmeister *meiner* Abteilung lasse einen Gefreiten so nahe an sich heran, daß er ihm ein Ohr abbeißen kann? Wieviel Ohren haben Sie denn?»

«Derzeit eines, Herr Major.»

«Na also, da fehlt Ihnen ja keines», sagte Luschke strahlend. «Ich erinnere mich nicht, Sie je mit mehr als einem Ohr gesehen zu haben. So wie eben jetzt! Wenn Ihnen der Gefreite tatsächlich ein Ohr abgebissen hätte, wären Sie doch jetzt ohrenlos, das muß sich doch wohl auch der geistig Minderbemittelte an den Fingern abzählen können.»

«Jawohl, Herr Major», zog Schulz mit dem Rest der ihm noch zur Verfügung stehenden Strammheit zu melden vor, während sein Herz von Erbitterung erfüllt war.

Luschke nickte. Er wandte sich dem Adjutanten zu: «Und jetzt rein mit der Reinmachefrau!»

Die Wernicke marschierte herein, mit Besen, Bürste und Scheuerlappen, im Parademarsch.

«Reinmachefrau», sagte Major Luschke sanft, «wie ist das nun? Daß Ihnen ein Ohr des Herrn Hauptwachtmeisters in eines Ihrer Becken gespuckt worden sei, das ist doch wohl 'n Latrinengerücht?»

Sie sah ihm gerade ins Auge und meldete schmetternd: «Das war 'n Schweinsohr, Herr Major. Vom Mittagbrot!»

«Na also», nickte Luschke. Meine Schule, dachte er.

Vernehmlich fuhr er fort: «Und nun woll'n wir mal – alle zusammen!» Er kommandierte: «Hinlegen! – Auf! – Hinlegen! – Auf! – Hinlegen! – Auf!»

Er war als erster wieder auf den Beinen und blickte kalt um sich. Der Österreicher war natürlich wieder der letzte, der in eine halbwegs brauchbare Verfassung zurückfand. Die Wernicke war bei weitem am frischesten. Da stand sie, stramm und kühl wie eine Gurke. Die Frau würde bei nächster Gelegenheit zur Oberklosettfrau zu befördern sein. Die übrigen – na. Luschke wandte sich dem noch immer schwer keuchenden Schulz zu und sagte väterlich: «Und jetzt, Hauptwachtmeister, Sie Armleuchter, kommen Sie mal mit mir hinüber zum Gefreiten Asch ... ihm sagen, daß Sie ihn mir für das EK I vorgeschlagen haben!»

*

... unerhört. Kein deutscher Offizier oder Unteroffizier hat je das Wort Armleuchter in den Mund genommen. Daß der Herr Verfasser, selbst ein Oberleutnant, so das eigene Nest beschmutzt und die Ehre der Armee ... *von Runkel, Major a. D.*

Der Herr Major sagt Nein, die unterzeichneten dreiundzwanzig Gefreiten und einfachen Landser des Lieder-

kranzes Polyhymnia, Miesbach in Bayern, aber bekräftigen ein ehrenwörtliches Ja! So ist's gewesen!! Gar manchem von uns wurde von Unteroffiziers- und Offiziersseite nicht nur Armleuchter, sondern sogar das Wort Armloch zu wiederholten Malen . . .

. . . meine Erfahrung, in knappster militärischer Formulierung: Armleuchter – zugegeben. Armloch – niemals!
E. Himmelreich, Oberstlt. a. D.

. . . aber hier in Schwetzingen bezeugen wir alle einstimmig: Armloch! Jedes Wort dieses stark naturalistisch lebenswahren, jedoch von sonnigem Humor erfüllten . . .

. . . endlich zu enthüllen geglückt. So wahr wie Herr Remark nach hinten gelesen werden muß, um auf seinen wahren Namen Kramer zu kommen, so wahr heißt Herr Kirst in Wirklichkeit Waclaw Tsrik – ein Tscheche aus Olmütz, der unter Verheimlichung seiner Abstammung ein prominentes Mitglied der deutschen NS-Frauenschaft war! Daher also weht der Wind, der im Augenblick der Wiedergewinnung der deutschen Wehrhoheit, Schulter an Schulter mit dem American Way of Life, dem Rade der Geschichte ein Armloch – und wär' es auch nur einen Armleuchter! – zwischen die Speichen des Schicksals werfen will. Wir fragen Frau Tsrik . . .
I. A. des Herrn Bundesministers
gez. Schmützke, Oberst

. . . bestehe ich auf meinem demokratischen Recht zur Wandlung in jedem Sinne! Ich habe nie ein Hehl daraus gemacht, daß in meiner eigenen Laufbahn das Armloch . . . Der Verfasser

Armleuchter – Armloch? Die die Nation zutiefst aufwühlende öffentliche Diskussion dieser hochbedeutenden Schicksalsfrage hat soeben die Auflagenziffer von 500 000 überschritten. Dennoch haben wir uns, keine Opfer scheuend, entschlossen, sie noch lange nicht als abgeschlossen zu betrachten. Jeder Deutsche muß Stellung nehmen! Wir hoffen, schon im Laufe der nächsten Woche eine weitere Auflage von 100 000 . . .

Werbeabteilung des Verlages Kurt Desch

Frener

Nach Max Frisch

Das Thema von Max Frischs neuem Romanwerk «Frener», das den Untertitel «Ein Kontoauszug» trägt, ist schon im Obertitel angedeutet. Die Schwester Hebe und ihre beiden Zwillingsbrüder, von denen der eine, im Tessin geboren, mit Vornamen Schizzo heißt, der andere aber überhaupt nichts, stellen in ihrem Dreiklang die tragische Unmöglichkeit des Menschen dar, sich der Reihe nach auszudrücken. Erneut ist der Leser fasziniert von des Dichters Kunst, das an sich Einfache derart präzise aufzuschneiden und dann souverän zu mischen, daß gerade diese Gemischte Aufschnitthaftigkeit ein in der Schweizerliteratur einzig dastehendes, beinahe unerträgliches Spannungselement erzeugt, einen geradezu metaphysischen Drang, besonders in den nicht der Meisterung durch unseren Willen unterworfenen Organen. – Nach «Faber», «Stiller», und dem bisher nur in amerikanischer Einheitskurzschrift erschienenen «Stotterer», ist «Frener» zweifellos Max Frischs tiefgründigstes Werk. – Der Abschlußband, «Laller», erscheint im nächsten Jahr.

Wochenblatt des St. Galler Kaninchenzüchtervereins

Frcs. 18.50, Abdruckshonorar Valparaiso

Wie zumeist, begann es mit dem Ende. Hätte ich nicht diesen Anfall von Schluckauf bekommen, zum drittenmal seit meinem Abflug von Tokio, so wäre ich nicht noch einmal an die Bar getreten, um einen Magenbitter zu verlangen, und hätte die entscheidenden zwei Minuten nicht versäumt.

Ich habe jetzt keinen Zweifel mehr, daß es sich bei diesem Schluckauf um einen Schluckauf handelte. Es ist im Grunde natürlich nichts als eine spastische Zusammenziehung des Zwerchfells, veranlaßt durch das vegetative Nervensystem. Ich verweise mich diesbezüglich auf Tandlers «Topographische Anatomie», wenn nicht sogar auf wenig zugängliche Spezialwerke wie «Der Große Brockhaus».

«Un' Magenbittero», sagte ich auf spanisch; ich sah, der Barmann war ein Indio mit quadronischer Beimischung aus Nigeria und quinquonischer aus Kastilien oder Budapest.

«Sure, oldguy.» Er hielt mich für einen Amerikaner.

Diese verlorenen zwei Minuten, 0.05½ bis 0.07½ a.m., verhinderten mich daran, in der Telefonzelle mit der mir sonst eigenen Genauigkeit nachzuschlagen. Ich hätte sonst mit Sicherheit bemerkt, daß Hebe zwar tatsächlich nicht unter Pollatschek-Nägeli im Telefonbuch stand, wohl aber unter dem ja allerdings kaum durchschaubaren Pseudonym Nägeli-Pollatschek. Dennoch, selbst dieses Pseudonym, zusammengehalten mit ihrem Vornamen, hätte mich vielleicht auf die Spur gebracht, daß sie meine Schwester war. Und von da aus wäre es nur ein weiterer kühner Sprung gewesen zu dem Schluß: ihr Bruder war ich selbst. Ich hätte mich dann bei der Begegnung mit mir in der Toilette der Super-Constellation von Timbuktu nach Solothurn wahrscheinlich erkannt. Ich hätte mir die Hand geschüttelt, ich hätte mir nicht ins Gesicht gespuckt.

Überweisungsspesen Frcs. 2.15, Mozambique

Hebe hatte damals, vor 23½ Jahren in Winterthur, das Pseudonym bloß aus Ärger über den Mops des Gerichtsvollziehers gewählt, der unter uns wohnte. Infolge eines jener abenteuerlich sonderbaren, atemraubend spannenden Zufälle, von denen das Leben strotzt, hieß er ebenfalls Pollatschek. (Der Gerichtsvollzieher. Nicht der Mops.)

«Warum?» Damals, auf ihre Namensänderung bezüglich.

«Ich schiebe den Pollatschek in mir aus der ersten an die zweite Stelle ab.»

Sie strich sich ihr zu jener Zeit noch volles Haar aus der eigenwilligen Stirn, wahrscheinlich hatte sie damals schon das Verhältnis mit dem Geschäftsreisenden, launischerweise ohne es ihm zu sagen. Wahrscheinlich aus Stolz.

An jenem Abend vor 23½ Jahren konnte ich nicht darauf eingehen, ich flog 59 Minuten später nach Czernowitz, man hielt mich dort für einen Amerikaner.

STOP SMOKING PLEASE WE'RE NOW FLYING INTO CERNAUTI.

Das war damals noch eine Dakota gewesen.

Frcs. 26.70, Richtigstellung Buchungsirrtums, Dallas, Texas

Ich mache mir nichts aus Toiletten in Super-Constellations, so wenig wie ich mir zehn Jahre lang etwas aus Toiletten in den jetzt aus dem Verkehr gezogenen Dakotas machte, in denen es keine gab. Aber es ließ sich nicht vermeiden, der Indio war vielleicht anti-amerikanisch (wofür er mich hielt) und hatte mir den falschen Magenbitter gegeben – den, der den Schluckauf *macht.* («Für Schluckauf», hatte ich allerdings gesagt. Heimtücke der Indios.)

Die Toilette war nicht frei, ich beschloß, die Wartezeit, die ich nach den letzten Wahrscheinlichkeitsrechnungstabellen auf 3¾ Minuten veranschlagte, zu einem zweiten Rasieren zu benützen, vielleicht erwartete mich Trixy trotz meiner Behauptung, ich sei in Borneo von Kopfjägern verzehrt worden, in Algeciras auf dem Flugfeld, sie konnte sich in Dublin ein Helicopter-Taxi genommen haben, um rechtzeitig an der Piste zu sein. Sie haben dort jetzt Rasieranschlüsse für 150 Volt, auf die ich meinen Apparat in weniger als 20 Minuten ummontieren kann.

(Mit «dort» meine ich nicht Dublin, Trixy hat nie etwas zu rasieren, noch den Flugplatz von Algeciras, sondern die Toilette der Super-Constellation, in der die Stewardeß mich übrigens für einen Amerikaner hielt.)

Wenn ich schräg blickte, seit meiner Augenverletzung als Knabe durch den Biß jener Sandviper (war es in Cichuachua oder in Cohahuela gewesen? Jedenfalls am Südhang des Popocatepetl) schiele ich ein wenig, konnte ich ihn eben im Rasierspiegel erkennen.

Frcs. 0.85, Zürich, Zinsengutschrift für 1. Halbjahr

Er reagierte sofort. Nicht ich oder er im Rasierspiegel der Super-Constellation, sondern der Mann, der mir den Rasierapparat verkaufte, Siemington 75, damals nach der Konferenz in Stockholm. Ich hatte mich unrasiert gefühlt, ich erinnere mich meiner Befriedigung, den Laden zu so später Stunde noch offen zu finden.

«You'll have this gadget for life.» Amerikanisch. (Wofür hielt er mich?)

Erst jetzt, im Rasierspiegel, halb Ermordeter halb Mörder, ging mir der zwiespältige Hintersinn jener Stockholmer Bemerkung auf.

«For life»? Ich hatte immer schon Abenteuer mit den amerikanischen Wörtern gehabt, wenn ich es recht bedachte.

ALL PASSENGERS PLEASE STOP SMOKING FASTEN YOUR BELTS.

Ich war noch immer in der Toilette.

Frcs. 1.35, Kantonalsteuer auf Zinsengutschrift Zürich wie oben

Zum Beispiel damals in New York. Sie versuchten es eben mit den Doppeldecker-Autobussen, downtown. German refugees. Wir stiegen ein, Rosa hatte noch unten einen Platz gefunden, ich mußte hinauf. Als der Schaffner fahrgeldeinsammelnd auf sie zutrat, sie hatte keine Börse, wies sie mit dem Finger nach oben und sagte: «The Lord is Above!»

Das Hintergründige!

Kurz darauf, als sie krank wurde, wir trennten uns später, ging ich zum Fleischer einkaufen, ich sagte: «Can I become a beefsteak?»

Darauf er: «I hope not!»

Wieder! War es ein Fingerzeig? (Ich glaube natürlich nicht an Fingerzeige.)

Und nun in ganz ähnlichem Sinn der Stockholmer: «You'll have this gadget for *life*!»

Instinktiv brach es damals in fließendem Amerikanisch aus mir hervor: «For life? Such much?»

Frcs. 4.50, Honorar Schweizerische Rundspruchgesellschaft

Trixy stand damals am Rande der Piste.

(Weiter geforscht. Spezialwerk: «Meyers Konversationslexikon». Es *ist* Schluckauf.)

Frcs. 5.20, Rückvergütung an Sch. R. G. für Überhonorierung
wie oben

Ich konnte ihn eben im Rasierspiegel entdecken.

«Ich bin der Bruder der Hebe-Nägeli-Pollatschek!»

Hätte er Hebe-Pollatschek-Nägeli gesagt!

So erkannte ich mich nicht und spuckte.

Mia Vala

Nach John Knittel

«Huarabuab», rief er aus, indes er mit sehniger Faust einen Felsen ergriff und drohend emporhob. «Ich lasse mir derartige abfällige Bemerkungen von dir in Zukunft nicht mehr ins Gesicht schleudern! Ich bin dein Vattr! Ja, ja!»

Er lachte mit schwerer Stimme. Der einzige Umgang, den er sich in Zürich gestattet hatte, war ein blasses, stiernackiges Weib aus dem Sihlviertel gewesen, das ihm stark naturalistischerweise für die Summe von zwanzig Franken ihre Liebe schenkte.

«Ja», fuhr er fort, «ich, Jonas Lauretz, werde mir hinfort von dir, Buab, derlei nicht mehr bieten lassen, ja!»

«Ha, ha, ha! Ja, und die Art, wie du Muattr zu wiederholten Malen beleidigt hast – glaubst du, dies habe seinen Eindruck auf mein Gemüat verfehlt? Ja, ja, das Gewissen! Die Pfarrer erzählen davon und behaupten, es lasse einen im Schuldfalle keine Nachtruhe finden, aber ich werde mich darüber hinwegsetzen! Ja!»

Er stellte den Sägerahmen an, und die Glocke begann zu läuten:

«Bim – bim – bim – bim –!»

Erst dann ergriff er den uralten Eichbaum, den er in den letzten Tagen gefällt und mit dem Taschenmesser sorgfältig zugespitzt hatte, und stieß ihn seinem Vater ins Herz!

«Buab!» wimmerte Lauretz. «Habe ich Obenstehendes um dich verdient?»

«Ha, ha, ha, ha!» lachte Niklaus furchtbar, wie von einem grimmigen, furchtbaren, dämonischen Zwang gejagt.

«Bim – bim – bim – bim –!» läutete die Glocke.

Hanna rief: «Ich will dir gewiß keinen Knittel zwischen die Beine werfen, aber nicht nur du, Niklas . . ., auch ich will schwesterlich an dieser Tat teilhaben!»

Dann, mit geschlossenen Augen, zog sie ihre Busennadel hervor und stach blindlings zu . . .

«Nein, nur dieses nicht!» schrie der Gemordete. Aber die Glocke ertränkte seinen Protest:

«Bim – bim – bim –!»

«Ich sei, gewährt mir die Bitte», rief Frau Lauretz in diesem Augenblick, indes sie hochschwellenden Busens die für die Nachspeise vorbereitete Gabel ergriff und ihrem beinahe, aber doch noch keineswegs vollends entseelten Gatten in den Bauch rannte, «in eurem Bunde die dritte, ja, ja!»

Erst dann fiel sie ohnmächtig zu Boden!

Hanna rief aus: «Kraft! Saft! Rösti und Breusi, ja! Guat und Bluat!»

Sie war höchst naturalistischerweise inzwischen wahnsinnig geworden!

Aber das Läuten der Yzolla und das Rauschen der Glocke ertränkte auch dieses . . .

«Bimm – ! – . . . !»

Hot Cakes

The Mince (La Ratatouille)

In the manner of Jean Paul Sartre

> Let us see what words can do. I seem to be a flabby mass in which words are engulfed. But my attempted hatred towards myself was absorbed into my unsubstantiality. But I am. Ecce homo.
>
> *J. P. Sartre: The Reprieve*
>
> I am only vomiting phlegm.
>
> *J. P. Sartre: ibidem*

Friday, February 30th, at Lima, Peking, Ashby-de-la-Zouch, Versailles and Molotovgradinsk, people asked: «Is there going to be a new book by Jean Paul S.?» Charles Dupont, congenital lesbian, nose tilted, unwholesome ductless glands, malodorous eyes, Oedipus complex acquired at age 43, liquidated again at age 16, masturbated 14¼ times a week at an average for the 617 weeks following his third birthday, turned to the young shepherd who had snuggled up to him with a toothy smile (and very nice too), and contemplated the almost virginal curve of his buttocks. Was there going to be a new book by Jean Paul S.? He said: «Is there going to be a new book by Jean Paul S.?»

The youth, attractively smelling of sheep dung and the Infinite, replied: «Humanity replenishes itself. It will continue on its futile journey. Think of the transcendentalism of Kierkegaard.»

And Churchill said:

«It's the mud-arsers that are always so bloody

downhearted», sucking at his cigar, 10, Downing Street.

De Gaulle thought:

«Is there going to be a new book by Jean Paul S.?» He said: «Ecce homo.»

«Golly», remarked Anthony Eden. «My foot. Gosh.» He asked, with a generous yawn: «Is there going to be a new book by Jean Paul S.?» and the visitor replied: *«Abber jaha»,* to the philosopher-novelist in the bar of the Hotel Pont Royal, in German, which means: mais oui, or: you bet. *«Abber jaha,* there is no need for you to be downhearted, you have the most brilliant English translator, his French is as good as his German, whereas his German is as good as his French. *Du Schweinkopf, die Regierung hat entschlossen, bei mir bist du shön, ich hatte ein Kamerade.* Don't be existential about him, he is eine Pollyglottz!»

The philosopher said: «To clinch this almost unbearably thrilling conversation: I am a nonentity.» He thought: «I am an orphan.»

The garçon brought him another aperitif, removing the empty glass he thought: «Pauline despises me.» It was 14.40 in Paris, 13.30 in Ashby-de-la-Zouch, 7.45 in New York, in Cesarean Rome it was the Ides of March, 33 before Christ, in India Gautama Buddha was not yet born, he slept in the lap of time, the Ganges murmured, in Paris the philosopher read from the manuscript of his new novel, Churchill was asleep. His cigar burned a hole into the virginal curve of the buttocks, but the visitor just moaned and turned to the other side, he was asleep, the philosopher was still reading from his novel. Eden was asleep, the congenital lesbian turned the other cheek, he was asleep and thought: «I am asleep.»

The visitor stopped snoring and sat stiffly upright. He said: «Masterly, mon cher Maître. Musical. Beethoven. The Dospassionata, only more so. Relieved of superfluous full stops and paragraphs. And there is no philosophical substitute for pure German wool.» De Gaulle was asleep. The philosopher said: «I am only vomiting phlegm.»

The Moon Is Down

In the manner of John Steinbeck

Tonder bent to the old cook, with a strange glittering in his eyes. «Can you keep a secret?»

She did not look up from the carrots she was peeling, and said: «The question is not if I can keep a secret but if the secret can keep me.» She went on peeling, and breathed heavily, and whispered: «That's how we are made up here in this country.»

«Sure», he said, pondering. He hesitated, and went on: «I went out to the goat shed last night. I tied the goat to a hook, so she couldn't turn away and walk off the way you folks do, when I would talk to her.» His eyes were glittering, and he said in an undertone: «I must talk to someone. She was a nice goat, she reminded me of that school-mistress of my second cousin's when I was a babe-in-arms.» He added: «That hissing of the light gets on my nerves. It makes me think there's some dead fish whispering in the twilight.»

She said: «The twilight is just doing what it wants, and if our dead fish feel like whispering they just whisper.» She shook a very rigid finger in his face. «You can't stop that dead fish», she said angrily. «People aren't going to like it if you stop that dead fish. And I'm n't going to like it either. Its great-grandmother was the fish Kell Kaitlurd's financé's father got sick over, who used to repair the church clock in his time, and would have been sure to become an alderman if he had lived long enough.» She grew even angrier. «People are going to be mad if you make remarks on our dead fish.» She looked at him. «You don't understand Democracy.»

He said: «I love you. Spit in my eye.»

Mercifully, she did it, and went on peeling carrots. The light was alternatively hissing and glittering. So was he.

And when the sun set, darkness rose at the opposite side of the bare mountain slopes, and no sooner disappeared the darkness than the men knew: there is likely to be a new day. And when the snow melts there will be spring, they went on thinking. At least the newspapers say so. But you never know for sure.

He said: «Flypaper. I wanted to buy a toilet roll but they gave me a roll of flypaper. Man conquering another few yards of flypaper, and now he cannot get rid of it.»

«Sure», she said, in the dialect of those Scandinavian Fjords.

The light was as above. He whispered: «This tense atmosphere is positively Ibsen.»

«P'r'ps», she said sparsely. She sharpened the carrot she was peeling to a long, thin point, and probed it with her finger.

It was hard and deadly like a needle. Or like a dagger.

How Green Was My Valley

In the manner of Richard Llewellyn

How green was my Valley, oh there is green my Valley is all the time, and there was green it was at daytime, and at nighttime, too, indeed. But had I mentioned it to Prwhalla that night when we walked up to the mountains holding hands, she would have laughed it off and told me to go on with me. Or she would have told me to hisht and for shame, and if she had known any swearing she would have had that in, too. And her dear silken face was so pretty with her, though you could not see it in the darkness. And I would have told her I was in love with her, but I never knew I was, of course. There is many people would talk of love who have never known it, and in such mouths it is grossness, indeed.

«Have you had too much of that rich pie my Mama gave you, Prwhalla Gwydlygrystwyth?» I asked her, instead.

She was wanting to say she did, was Prwhalla, for if there is in Heaven better food than my dear dead Mama's pies were those golden days, I am in a hurry to be there, if I am not be thought wicked for saying so. And she would have said she loved me, if she had known. But there is neither Prwhalla did, that dark night. Oh how I remember her silence as she walked beside me, and the nightingales singing, and that good pie heavy in her stomach so very much. Oh why was it sixty-five years ago, and not yesternight? And why is she dead now?

«Do you believe in God, Merddyn Cadwalladr?» she whispered, and so pretty your moth would run. And she longing so much to be alone for a minute. But how was I to know, then? Oh days, oh nights, oh Valley!

«There is no room for pride in any man, Prwhalla Gwydlygrystwyth», I whispered with quiet, and moved I was, see. «All are born the same, and equal. Captain Gwyfd Gryffwydd is the same, and Cyffartha Llandwyddr is the same, and Hwffa Tydffyl Twft is the same, and the unborn children of Llwffyd Jones are the same, too, if you know what I mean. And there is that's the way we Welshmen are made to feel about such things», I added. And then I kissed her, and there is good it tasted that kiss, and there it still tastes good today, and she cried, and oh, there is a sadness inside me now to remember Prwhalla as she cried up there on the mountain, and there is nightingales were singing, and she is gone. And Gwyfd Gryffwydd is gone, and Cyffartha Llandwyddr is gone, and Hwffa Tydffyl Twft, too, and if the children of Llwffyd Jones are not gone, it is only because they were never born, and that is perhaps even sadder.

But there is man does not think of all that whilst he is akissing, is he? And there were the nightingales . . .

Fat and sweet is the voice of the nightingale. Such voices have the Cherubim. And a gentle madness comes of kissing, yet even so gentle, there is hot wish to hurt, though only to delight.

There is bend over to me she did, and whispered: «For remembrance», and with moisture in her eyes. And gave me off her bosom her best jewel, shaped just as a solitary pearl is shaped. But it was a solitary tear, all made of sugar. Oh there is beautiful.

As I write this down, I still wear that solitary tear in my buttonhole.

«Prwhalla Gwydlygrystwyth», I said that night with quiet, «I will call you Whalla.»

«Call me Vally», she whispered ...

Oh, how green was my Vally!

The Emerald Valley

In the manner of Virginia Woolf

«The valley is as an emerald», said Merdyn. «The valley's viridescence grows on me like the inaudible dialogue of a jasper with an aquamarine in the changing nuances of day and night.»

«The valley is silent», said Vhalla, «and your silence springs from the valley's. There is a fountain of silences, not disturbed by your word, nor by my condemnation. As we walk, I hold you by the hand. As I hold you by the hand, you do not disclose your heart's emotion directed towards my heart. You do not know it. My face shines in the darkness.»

«Emotion mentioned is desecration», said Merdyn. «If you partake of riches that tempt you with earthliness, they weigh you down. You are loth to give expression to your predicament. Some things, though earthly, will be welcome to my shadow if it meets them beyond the stars.»

«The valley's silent verdure is being broken by nightingales», said Vhalla. «You hear them, although I am no longer with you and this happened sixty-five years ago.»

«Sixty-five years ago you asked me if I believed in God», said Merdyn. «I was unconscious then of the true reply. I was unaware of the urge behind you.»

«You were», said Vhalla.

«All living creatures are born equal», said Merdyn. «I kiss you. Your kiss is good.»

«I cry», said Vhalla. «I cried. After those years, now, my kiss is but the fragrance of a recollection. The difference between those who since died and those unborn has lost its meaning.»

«But while the kiss lasts», said Merdyn, «it is not aware of it. It delights, yet hurts, yet delights, yet hurts. The nightingale's song is as a cascade of minute beryls re-echoing from the valley's pavement of emeralds. Its viridescence is of the rich sweetness of angels' voices.»

«This single tear, too, is made of sweetness», said Vhalla. «It will last you until you die.»

«It will last me», said Merdyn.

Vhalla said: «You may simplify my name. I shall be integrated in the verdure of Nature.»

Merdyn said: «You shall.»

Bekenne dich selbst

Stirb und werde

Nach André Gide

– vergnügten wir uns in Wirklichkeit auf andere Weise: wir hatten das, was man, wie ich späterhin erfuhr, «schlechte Gewohnheiten» zu nennen pflegt. Auf dem Nachhauseweg pflegten wir dann Frösche zu fangen, um ihnen die Beine auszureißen und an ihnen zu lutschen. Die noch lebenden Rümpfe warfen wir auf Ameisenhaufen und sahen zu, wie sie gefressen wurden. Auch lebendige Maikäfer aßen wir; sie krachten so angenehm zwischen den Zähnen.

Warum ich das erzähle? Oh, ich weiß, daß es ohne Interesse ist, und ich tue es nur, um das, was kommt, hinauszuzögern! Gern spränge ich mit einem Satze darüber hinweg, doch ich habe mir vorgenommen, mich keineswegs tugendhafter zu machen, als ich bin! – Es muß im nächsten oder übernächsten Sommer gewesen sein, wir lebten auf einem Landgut bei Plissé-sur-Plastron, und ich begegnete ihr zum erstenmal auf einer Waldlichtung. Sie war hellblond und hatte ungemein ausdrucksvolle Augen – das ist fast alles, was mir von dieser Ersten in Erinnerung geblieben ist. Sie hieß Marie-Beatrice, das weiß ich noch. Ihre Stimme klang melancholisch und ein wenig verschleiert, besonders während sie Harn ließ. Sie war eine Kuh in den besten Jahren, und es umgab unsere Beziehung von Anfang an mit einem romantischen Schleier, daß ich nie erfahren durfte, woher sie eigentlich kam.

Wir standen lange reglos, Wange an Wange. Ich bewundere heute meine Standhaftigkeit.* Aber war es wirklich Neugier, was mich zurückhielt, Marie-Beatrice zu umarmen? Zögerte ich noch auf der Schwelle dessen, was man «Sünde» nennt? Denn es konnte nicht lange dauern, daß aus unserer Selbstbeherrschung wilde Leidenschaft wurde. Ihr Körper war vielleicht glühend, aber meinen Händen erschien er so erfrischend wie kühler Schatten. Wie erstrahlte meine Freude im wundersamen Glanze des Abends! . . . Marie-Beatrices Fell leuchtete golden wie gelbe Ambra, ihr Fleisch war fest, ihre Formen (sie war zweieinhalb Jahre alt!) kindlich und voll zugleich.**

Übrigens weiß ich, wie sehr ich mir schade, indem ich dies und das Folgende mitteile; ich sehe voraus, daß man es gegen mich ausbeuten kann. Aber – ich will *wahrhaftig* sein und nichts anderes! (Im Namen welchen Gottes verbietet ihr mir, nach meiner Natur zu leben?) – Es muß im nächsten oder übernächsten Sommer gewesen sein. Meine alte Tante Madame d'Urfé (oh, ich habe sie noch gar nicht erwähnt!? . . .) hatte das Zimmer neben dem meinen. Ich hatte damals zum Geburtstag ein besonders gut geschliffenes Käsemesser bekommen. Das nahm ich eines Nachts und schlich hin-

---

* Nein! Ich hätte, um mein Zögern gegenüber Marie-Beatrice zu erklären, nicht Standhaftigkeit (die besitze ich nicht!), sondern meine Feigheit hervorheben müssen!

** Mein Freund Roger Martin du Gard, dem ich dies zu lesen gebe, wirft mir vor, daß ich niemals genug sage, sondern den interessierten Leser unbefriedigt lasse. Aber ich bin nun einmal ein kontradiktatorisches Wesen!

über. Ich kann nicht sagen, ob jemand mich unterrichtet hat oder wie ich das Vergnügen entdeckt habe, das ich beim Schlachten von Tanten schon in diesem unschuldigen Alter empfunden habe und auch heute noch stets empfinde. Die Extremitäten pflegte ich an den Gelenkstellen sorgfältig auszulösen und gesondert zu verpacken; dazu trieb mich eine gewisse natürliche Pedanterie und Grämlichkeit, doch wüßte ich heute kaum mehr zu sagen, ob es mir dabei nicht im Grunde hauptsächlich auf die *Geste* ankam. (Übrigens will ich meine Ethik keineswegs herausstreichen!)

Eine Photographie aus jener Zeit, da ich die erste Tante schlachtete, stellt mich in einem lächerlichen, karierten Kleidchen dar*, angeklammert an die Röcke meiner Mutter, mit böser Miene und schiefem Blick.

---

* Hier irre ich. Das Kleidchen war gestreift.

Mein Notizbuch

Nach Henry James

Datum unbekannt. Gestern beim *dîner* bei Lady B. neben Comtesse de Chaumont gesessen, die erwähnte, ihr Großvater mütterlicherseits habe einmal nach mehrjähriger Trennung einen alten Regimentskameraden, einen eingefleischten Junggesellen, wiedergetroffen und, das eine Veränderung seines maritalen Zustandes ankündigende Zeichen an seinem Ringfinger erblickend, seine Verblüffung nicht ganz zu verbergen vermocht; worauf denn der Freund, mit Bezug auf das goldene Reiflein, zwiespältig lächelnd einbekannt habe: «Trauring, aber wahr.»

Mir sofort aufgefallen, daß hierin vielleicht der Stoff für die kleine Geschichte von 7500 Wörtern zu finden wäre, die ich Miller für *Atlantic Monthly* versprochen habe. *Voyons un peu.* Der das *mot* sagt, ist nicht ein Regimentskamerad, sondern eine Frau, sagen wir gleich eine frühere Geliebte des ihr Wiederbegegnenden, oder nein, noch besser, er hat um ihre Hand angehalten, sie aber hat ihn, trotz gegenseitiger Zuneigung, ausgeschlagen, sie werde niemals heiraten, etc. pp. Und nun – *voilà.* Vielleicht auf autoritäres Gebot, weil sonst das Geschlecht ausstürbe. Der Gatte ist ein ungeliebter Vetter, sie hat ihn ihrem greisen Vater zuliebe geheiratet, nein, *disons* auf Befehl des Papstes – besser noch, der Ungewöhnlichkeit halber, des Dogen von Venedig. Das schließt aus, daß ich sie zu einer in Europa reisenden Amerikanerin mache, sie ist Venezianerin, am besten wohl gleich des Dogen Tochter. Also *historisch,* wenn es mir gelingt, Miller davon zu überzeugen, daß er einmal etwas Historisches nehmen soll, und zwar 20 000 Wörter, soviel brauche ich unbedingt, ich sehe das Ganze in zehn knappen Kapiteln, die meisterlich geschrieben sein müssen. Der Gatte ist kein Vetter, sondern am besten ein einflußreicher venezianischer Feldherr, am besten ein Ausländer, sagen wir gleich: ein Neger. *Ça va épater le bourgeois.* Die *mariage* wirklich plausibel zu machen, vielleicht doch 30 000 nötig. Mit der Ausgangssituation – «Trauring, aber wahr» – habe ich eine brillante *venue,* von der aus sich Erstklassiges entwickeln läßt. In diesem Sinne auch sogleich an Miller geschrieben und Zustimmung zu 40 000 Wörtern verlangt – zugegebenermaßen etwas mehr als die vorgesehenen 7500, aber dafür will ich auch nur das Vierfache des ursprünglichen Honorars. Er wird einverstanden sein, es ist zu seinem Vorteil!

Namen. Diana, Danae, Dorothea, Dido, alles zu *vulgaire.* Vielleicht Desdemona! Er, als Neger, vielleicht Hassan, Hussein, Ali, nein, klingt eher arabisch, er muß ein wirklicher Neger mit vollen Lippen sein, primitiv, doch edel, um den beabsichtigten *choc* zu erzielen.

22. Mai. Nicht *sie* ist es, sondern *er,* der «Trauring, aber wahr» sagt. Und zwar nicht in schmerzlich-zynischem, sondern in *tragischem* Sinne, *nachdem* er etwas Entscheidendes bezüglich seiner Ehe getan hat, am besten wohl gleich die Frau ermordet, *par exemple* aus Eifersucht. Sie ist *unschuldig,* eine züchtige Venezianerin, gottesfürchtig, täglich ihre Gebete verrichtend, etc.pp., aber er, in wilder afrikanischer Leidenschaft ... *Evidemment,* das ist die Lösung! Erst fragt er sie, ob sie ihr Nachtgebet verrichtet habe, dann erdolcht er sie trotz ihrer Unschuldsbeteuerungen, und dann erst sagt er, in tragischer Zusammenfassung der ganzen, großartigen Situation: «Trauring, aber wahr!»

Bleibt nur noch, es wirklich meisterlich zu schreiben, vielleicht etwas ausführlicher, *mettons* 150 000 Wörter.

Namen. Abu Hassan. Ali Baba. Halef Omar. Nein, er ist schon halb italianisiert, also Hassonio. Nein. *Othello.* Oder *Bordello.* Einer dieser beiden Namen!

24. Mai. Taktlose Antwort Millers. Zu lang! Zu teuer! Außerdem komme ihm vor, er habe Ähnliches schon einmal irgendwo gelesen! *Incroyable.* Nicht geantwortet und die *pièce* sofort Coleman für *Harper's Magazine* angeboten. Hierfür allerdings auf höchstens 10 000 Wörter zu reduzieren, was einfach ist. Bordello ist ein alter Regimentskamerad des *rapporteur* der Story und *erzählt* ihm die ganze Ehetragödie, sie hat sich eben erst ereignet, er kommt frisch von der Tat, was sich erst im vierten Fünftel herausstellt und einen erstklassigen Effekt gibt. Die ganze Dogengeschichte und das aussterbende Geschlecht kann dann wegbleiben, ebenso Desdemonas Unschuld, die in dieser Art einer meisterlich verknappten *conte* nur verzögernd wirkt. Der Neger hat seine Frau erdolcht, mit oder ohne Frage nach ihrem Nachtgebet, er erzählt es dem *rapporteur,* verabredet sich mit ihm für den Abend zu einer zweiten Zusammenkunft, erscheint aber nicht, da er sich inzwischen von der Unschuld der Getöteten überzeugt und daraufhin selbst entleibt hat. *En fait* sind dafür 6000 Wörter durchaus genügend, mehr nehmen *Harper's* nicht!

28. Mai. Harper's nicht interessiert. *Athenaeum* fragen mich, ob ich ihnen Anekdoten, im klassischen Stil extremster Verknappung, geben könnte. *Voyons,* ob sich die Bordello-Geschichte nicht dafür verwenden ließe. Ein kühner Gedanke, meisterhafte Konzentration fordernd, aber ich glaube, es kann gemacht werden. Der ganze historische Firlefanz hat natürlich wegzufallen, die Zeit ist, wenn nicht die Gegenwart, so doch die nahe Vergangenheit unserer Väter und Großväter. Ein französisch-aristokratisches Element wäre einzuführen, und der *rapporteur* – aber halt, warum soll nicht ich selbst es sein, dem die Geschichte erzählt wird? Zum Beispiel von einer französisch-aristokratischen Tischnachbarin bei einem *dîner* in einem englischen Adelshaus. *Excellent,* nun klappt es! Es ist der Großvater der Berichtenden, dem die Sache passiert ist, und zwar mit einem ehemals junggeselligen Regimentskameraden, der inzwischen – *en bref:* «Trauring, aber wahr!»

1. Juni. Angenommen. Zehn Mark.

Lieber Herr Desch,

Sie haben mich aufs tiefste enttäuscht. Was soll diese von Ihnen veröffentlichte, von meinem Freunde Neumann leichtfertigerweise Henry James zugeschriebene Bemerkung: «. . . am besten ein Ausländer, sagen wir gleich: ein Neger»? Mit einer weißen Frau? Und wie wird sich das auf die Statistik der Lynchjustiz in den Südstaaten Nordamerikas auswirken? Warum leisten sie Neumanns Hetze gegen eine Rasse, die ihm nichts getan hat, Vorschub? *Muß* er ein Rassist sein, so ist die einzige Feindseligkeit, zu der er, ein Jude gleich mir, moralisch berechtigt ist, ein diskreter Antisemitismus gegenüber sich selbst. *Ihr Victor Gollancz*

Der unterdrückte Teil der Tagebücher

Nach Franz Kafka (alias Max Brod)
und Max Brod (alias Franz Kafka)

Als ich Brods Zimmer betrat, den mir von ihm noch in jener bedeutsamen Stunde vor seinem Tode übergebenen Schlüssel nur zögernd benützend, da ich fühlte, ich hätte mich erst mit der jüdischen Kultusgemeinde und der Polizei ins Einvernehmen setzen sollen, löste die Leere des mir so vertrauten Raumes, seine Verstorbenheit, in mir eine Stimmung kaum bezähmbarer Verzweiflung aus. Der Koffer mit seinen Manuskripten stand tatsächlich an dem von ihm bezeichneten Platze, und als ich ihn aufschloß, lag der für mich bestimmte Zettel, mir ihre Vernichtung auftragend, an oberster Stelle. Ich las ihn und las ihn immer wieder, aber um die Ausführung wenigstens für ein paar Stunden aus einem mich selbst überzeugenden Grunde hinauszuzögern, schloß ich mich ein, und während nebenan die dicke Tochter von Brods Zimmervermieterin, Fräulein Segelfinger, auf dem Klavier zu üben begann, immer dieselben trostlosen Fingerübungen, die sie nicht zustande brachte, vielleicht weil ihr, wie ich wußte, ihr linker Mittelfinger abgefroren war, begann ich zu lesen; denn, so dachte ich, darf ich verbrennen, was ich nicht einmal kenne?

Gleich die ersten Blätter waren die Reinschrift des Anfanges des neuen Kapitels seines Romanes, von dem er mir erzählt, aus welchem er mir aber noch nicht vorgelesen hatte, und das oberste Blatt lautete:

«Reubeni», riefen sie, «Reubeni!» Der erste, mit zornbebendem Bart, holte weit aus, und ein Stein sauste gegen Reubenis ohnehin schon von Straßenkot befleckte Brust.

«Juden», rief er, «vergreift euch nicht an mir! Laßt uns zu der Jeschiwah eilen, wo wir die ganze Sache besprechen können!»

«Was gibt es da noch zu besprechen?» kreischte der kleine Feitel, der Schuhflicker, geifernden Mundes. Steine flogen von allen Seiten, die meisten von ihnen ihr Ziel treffend.

Reubeni fing zu laufen an.

«Er ist ein Amhorez!» rief Aron Mazzesbäcker und hob Steine auf, gleich mehrere auf einmal.

«Nicht bloß ein Amhorez, sondern meschugge!»

«Ein Goj!!»

Steine prasselten auf den Flüchtigen, und Mojsche Plotz, der Moil, spuckte ihm ins Gesicht, da er stolpernd das rettende Tor der Jeschiwah zu erreichen versuchte.

Aber jung Izig stellte ihm ein Bein, und er schlug schwer hin.

«Laßt ihn in Frieden», schrie der einbeinige Zoff. «Er ist nebbich auch nur ein Mensch!»

Tief ergriffen von dieser Szene, der letzten, die Brod schreiben sollte. Ihre dramatische Leidenschaft, ihr Feuer und zugleich ihre Jüdischkeit hätte ich nie erreicht, selbst wenn ich nicht vorigen Monat das Schreiben endgültig aufgegeben hätte.

Gleichzeitig von Gewissensbissen erfüllt, daß ich beim Mittagessen mich von meinem Vater einschüchtern ließ, noch einen dritten Teller Bohnen zu essen (aber auch meine Mutter blickte vorwurfsvoll, als ich zögerte!) – und nun diese Qual, während ich alle Gedanken sammeln sollte, um bezüglich Brods Selbstvernichtungswunsch zu einem Beschluß zu kommen. Mußte schließlich doch auf das Klosett, die ganze Zeit fürchtend, daß Fräulein Segelfinger inzwischen nebenan ihre Klavierübungen abbrechen und im Glauben, Brod sei heimgekehrt, herüberkommen könnte. Glücklicherweise tat sie es nicht und überhörte auch das Ziehen der Kette, bevor ich in das Zimmer zurückkehrte.

Dort zunächst Brods Rohentwurf herausgesucht, welcher der großartigen Szene zugrunde lag – der größte Teil des Koffers war mit solchen Rohentwürfen gefüllt. Dies gefunden:

Als R. aus dem Haustor trat, die beiden Aufschläge des beschmutzten Rockes über der Brust zusammenziehend, damit man nicht erkennen könne, daß er kein Hemd mehr besaß (er hatte es noch im letzten Augenblick dem Pförtner für seine kranke Tochter geschenkt, um Scharpie daraus zu zupfen, da ihre Wunde wieder eiterte), sah er sofort, daß er den Weg zu dem Lehrhause nicht unbemerkt durchmessen konnte, wie er es in seinem Traume gehofft hatte, denn mehrere seiner Stammesgenossen, der Schuhflicker, der Bäcker des ungesäuerten Brotes und der Beschneider, aber auch solche, die er nicht bei Namen kannte, stellten sich ihm mit

Schmähworten in den Weg, die er zum Teil nicht verstand, von deren Berechtigung und Angemessenheit er aber so sehr überzeugt war, daß er auch ihre Steinwürfe und sein Gefälltwerden durch ein vorgestrecktes Bein nur als einen Teil dessen empfand, was er durch die Schändlichkeit seines Zögerns verdient hatte.

Er war der Verzweiflung nahe, daß er jemals das Lehrhaus erreichen würde (dort hätte er ihnen sein Verhalten und das Gebot des Fremden im Vollmondlicht erklären können), als eine Stimme ausrief: «Laßt ab von ihm, er ist ein Mensch!»

Tief bewegt von dem ungeheuren künstlerischen Aufschwung Brods zwischen diesem jämmerlich dürftigen Entwurf und der prachtvoll dramatischen Endfassung. Erkannt, unter großen Zweifeln und qualvollen Anfechtungen (wobei meine Meditation auch weiterhin durch die vom Vater unbilligerweise aufgedrängten Bohnen und durch Angst vor einem Herüberkommen Fräulein Segelfingers getrübt wurde), daß ich kein Recht habe, Brods Wunsch nach völliger Vernichtung seines Werkes zu erfüllen. Ich werde wenigstens diese letzten meisterlichen Seiten Brods für die Nachwelt retten, indem ich sie Willy Haas zum Abdruck in den *Herder-Blättern* schicke, und ich werde für diesen Treubruch büßen, indem ich gleichzeitig Brods jämmerlichen Entwurf zu diesen selben Seiten Haas als meine eigene Arbeit anbiete, um meinen Ruf als einer, der einmal ein Schriftsteller werden wollte, endgültig zu zerstören und mich völlig zu demütigen.

Diesen Plan auch sogleich mit einer mir sonst nicht eigenen Tat- und Entschlußkraft ausgeführt und –

(Bricht hier ab.)

Die Bosheit Willy Haas'. Er hat Brods Reinschrift nicht abgedruckt, wohl aber die ihm zu meiner Selbsterniedrigung unter meinem Namen gesandte skizzenhafte Rohfassung – und diese versieht er dazu noch zynischerweise mit einer lobenden Notiz! Selbstmordgedanken. Bauchschmerzen. Augenschmerzen. Mich gezwungen, mit Fräulein Segelfinger zu sprechen, um ihr Brods angebliche Auslandsreise zu erklären, und dabei ununterbrochen von Ängsten gequält, sie müsse das Rumoren in meinen Gedärmen hören. Immer wieder fleckig errötend, so daß sie mich verwundert anblickte.

Schließlich *alle* in Brods Kiste gefundenen undruckbaren Entwürfe und verworfenen Skizzen unter meinem Namen an zahlreiche Redaktionen und *Die Schmiede* (den Verlag) gesandt, um meine Schuld Brod gegenüber durch völlige Selbstvernichtung abzubüßen, noch bevor ich Selbstmord begehe. Werde bis dahin durch mehrere Wochen die mir weitere Qualen auferlegende, weil, wenn schon nicht meinen Vater, so doch vielleicht trotz allem meine Mutter und die Schwestern bekümmernde Rolle spielen müssen, als wäre nicht Brod gestorben, sondern ich selbst.

Zahnschmerzen. Hämorrhoiden.

Die unbegreifliche Reaktion auf den Abfall und Auswurf von Brods Werk. Das Lobgeheul.

Beschluß, den ursprünglich für heute geplanten Selbstmord fürs erste noch aufzuschieben. Auch Zahn- und Bauchschmerzen gebessert. Verwirrendes Verlagsangebot an mich (nein, Brod), seine (nein, meine – nein, seine) Schriften (nein, die verworfenen Skizzen zu seinen Schriften) in einer von ihm (nein, mir) einzuleitenden Gesamtausgabe –

(Bricht hier ab.)

Hämorrhoiden verschwunden.

*

Heute, nach genau fünfundzwanzig Jahren, dieses vertrauliche Tagebuch wieder aufgenommen. Entwurf eines Vorwortes zu meinem neuen Buch verfaßt: *Franz Kafkas Glauben und Lehre.* Hier der Anfang:

In den fünfundzwanzig Jahren seit Franz Kafkas Tode ist er weltberühmt geworden. Wenn ich es heute für nötig erachte, der zehnbändigen Kafka-Gesamtausgabe und dem Standardwerk meiner Kafka-Biographie diesen neuen, der weltumspannenden philosophischen Bedeutung seines Werkes gewidmeten Band hinzuzufügen, so geschieht das nicht bloß dieser Bedeutung wegen («Wissen Sie, daß dieses Jahrhundert das Jahrhundert Franz Kafkas genannt werden wird?» schrie mir unlängst nach einem Vortrag über Kafka ein Hörer zu, und ich war bloß verwundert, daß *er* es wußte; *ich* wußte es) – sondern vor allem, weil die von Tag zu Tag anschwellende Kafka-Literatur zwar unfehlbar ihre Verbeugung vor mir macht, dann aber häufig an den Haaren herbeigezogene, sogenannte selbständige, unbefugte und mitunter sogar respektlose Mißdeutungen seines Wesens und seiner Weltgeltung –

(Bricht hier noch lange nicht ab.)

Kempinski

Geschichte eines Restaurateurs

Nach Emil Ludwig

Der glühenden Jugend Europas als Vorbild und Warnung.

– und schreibt fünf Stunden später an seine Wäscherin:

«Ich bitte Sie, die *gesamte* Putzwäsche zurückzubringen. Auch das noch Ungewaschene. Sie haben wieder ein Hemd verdorben. Ich werde Sie niemehr beschäftigen! Kemp.»

Das ist ein neuer Ton. Daimon, scheint es, ist nunmehr vollends Tyche gewichen. Er wird sie *niemehr* beschäftigen. Vielleicht denkt er daran, wie jetzt vor elf Jahren der Gemüsehändler Cotta ihm ein ähnliches Niemehr zurief. Was er, neununddreißigjährig, damals mit Gleichmut als hingeworfenen Fehdehandschuh aufgenommen, schleudert er jetzt, mit vollendetem Lustrum, als Fausthandschuh einer Angehörigen desselben sächsischen Volksstammes ins Gesicht, aus dem Cotta vor dreiundsechzig Jahren als Tochtersohn eines Handschuhmachers hervorgegangen ist.

Die Antwort läßt nicht auf sich warten. Die Wäscherin bringt das Verlangte und beginnt das Duell mit dem messerscharfen Satze: «Ich habe die Wäsche gebracht!»

So befindet man sich schon nach fünf Worten in mediis rebus. Aber Kempinski bleibt wortkarg. Er pariert mit Gelassenheit: «Danke.» Und nach einem vielleicht eigens für dieses Gespräch von ihm vorbereiteten Regal weisend: «Dort hinüber!» Er ist ein Fechter großen Formats.

So ist es denn auch die Wäscherin, die ihre Fassung verliert und sich in die Defensive gedrängt fühlt. Sie ruft aus: «Ich habe das Hemd *nicht* verdorben!» Und wieder vorstoßend: «Wahrscheinlich war schon früher ein Loch darin!»

Und da findet der nun doch aus seiner Selbstbeherrschung aufgescheuchte Kempinski das herrliche Wort, das von den zahlreichen Beschreibern dieser Szene übereinstimmend wiedergegeben wird. Zornflammend hebt er den weisenden Finger seiner ein wenig weibischen Hand und ruft: «Hinaus!» In diesem Augenblick sieht Kempinski – auch dies ist von Augenzeugen verbürgt – verteufelt napoleonisch aus, und zwar ähnelt er dem Kupferstiche, den Lukas Cranach mit der Unterschrift «Emilius Ludovicus, Kempinski historiae mundi» seiner Blattfolge «Vanitas» eingeordnet hat.

Mit visionärer Kraft sind hier Weg und Ausgang vorausgesehen. Der Himmel aber richtete es so ein, daß erst Cotta und Kempinski durch die Wäscherin ganz, dann das Hemd durch die Wäscherin halb, dann der Leser durch Kempinski, Cotta und die Wäscherin zu drei Vierteilen zugrunde gerichtet wurden. Doch was wäre die Folge gewesen, wenn jener Brief versehentlich statt an die Wäscherin an einen von Kempinskis Stammkunden, etwa an

Mussolini, Hoover, Kemal Pascha, Fuad, Stalin, Rothschild, Swedenborg oder den Menschensohn adressiert worden wäre? Hätte der für die Wäscherin bestimmte Brief Mussolini etwas zu sagen gehabt? Der Duce hätte sich vielleicht erinnert, daß in dem ovalsten Gelaß des Palastes, in dessen viereckigstem er amtiert, elfdreiviertel Jahrhundert früher Caracalla über Ähnlichem brütete. Wie schreibt Kempinski? Es ist nicht das erstemal. Sie hat *wieder* ein Hemd verdorben. Dieselbe Wendung wird er achtunddreißig Jahre später gegenüber seinem Biographen gebrauchen. Und unterschreibt: «Kemp.» Das Ende ist ihm nicht wichtig. Noch in so kleinen Symptomen zuckt die große Antithese seines Daimonions.

Fünf Wochen später erteilen die Patentämter dreier Erdteile dem neuen Eintopfgerichte «Kempinski-Götterspeise mit biographischer Reichseinheitstunke» den behördlichen Markenschutz.

Magda Goebbels

Nach Erich Ebermayer

> Noch während des Krieges liest Goebbels seiner Familie und seinen Gästen aus Neumanns Buch *Mit fremden Federn* vor, das er fast auswendig kennt. Neumanns ätzende Schärfe stand seinem eigenen Wesen zweifellos besonders nahe.
>
> *Ebermayer: Leben und Tod der Magda Goebbels, S. 103/104*

«Und damit genug!» sagt Goebbels und schließt das Buch. Mit der Verbeugung eines vollendeten Kavaliers schlägt er vor der Baarova die Hacken zusammen und lädt sie ein, ihm in seine Gemächer zu folgen, wo er ihr einige besonders ätzende Stellen vorlesen will ... ihr, und nicht der ihm ehelich angetrauten Gattin!

Diese blickt den beiden nach. Immer noch ist sie die einzige, die nichts weiß ... Es ist uns dokumentarisch überliefert, daß sie sich sogar in angeborener Vornehmheit an einen der Diener wandte und ihm befahl: «Bringen Sie dem Herrn Reichsminister etwas Käse auf seine Zimmer!»

Sie weiß: Goebbels ißt gerne Käse ...

Da kann Hanke, des Reichspropagandaministers Stellvertreter und vertrauter Freund, nicht länger an sich halten. Ein furchtbarer Konflikt zwischen Freundestreue und Kavalierspflicht tobt in seiner Brust, aber letztere siegt ... Impulsiv nimmt er seine Hacken zusammen und überreicht der Erblassenden eine sorgfältig vorbereitete alphabetische Liste, auf der neben dem mit grünem Bleistift unterstrichenen Namen der Baarova noch die Namen weiterer neunundzwanzig Geliebten des Ministers prangen . . . mit allen, hier gleich den Namen diskreterweise verschwiegenen Einzelheiten nicht nur des Wann und Wo, sondern auch des Wie . . .

Magda bricht zusammen.

Aber sie ist eine Weltdame . . . sie muß sich um ihre Gäste kümmern. Sie wacht sofort auf, noch immer die Liste in der zitternden Hand, und begibt sich mit einem damenhaften Lächeln auf die Toilette, wo – das weiß sie – die Zeitung bereitliegt.

Immer liest Goebbels die Zeitung auf der Toilette: das sei hier zum erstenmal historisch veröffentlicht. Frau Magda rechnet mit der ihr eigenen scharfen Kombinationsgabe damit, daß er auch diesmal, aus seinen Gemächern kommend, nach dem Blatte greifen wird. So schreibt sie mit Lippenstift quer über die erste Seite bloß die erschütternden Worte: «Der Führer wird mich rächen!!»

Goebbels soll bei ihrer Lektüre an Ort und Stelle ohnmächtig zusammengebrochen sein.

So findet ihn die Baarova. Sie bestimmt ihn, mit ihr durch einen Hinterausgang sofort das Haus zu verlassen, um sie nach Hause zu bringen.

Aber sie hat die Rechnung ohne ihren Gatten, den Schauspieler Froehlich, gemacht, der draußen wartet, da die beiden das Automobil besteigen wollen. Ein furchtbarer Konflikt zwischen beleidigtem Gattenstolz und mannhafter Vaterlandsliebe tobt in seiner Brust. Wen soll er ohrfeigen? Es ist der Tag von Stalingrad! Deutschland braucht seinen ersten Propagandisten! So beherrscht er sich mit ungeheurer Selbstzucht, schlägt die Hacken zusammen . . . und ohrfeigt lediglich seine Frau . . .

Goebbels versteht ihn . . . von Mann zu Mann. Als Kavalier und Deutscher hat er in dieser historischen Stunde nichts einzuwenden. Mit einer weltmännisch überlegenen Verbeugung wendet er sich auf den Fersen und geht allein wortlos ins Haus zurück, wo inzwischen auch Magda ihre Fassung wiedergefunden hat.

Nicht umsonst ist sie Buddhistin . . .

Es ist ihre tiefe Philosophie, die es ihr ermöglicht, daß ihr schon wieder der Schalk im Nacken sitzt. Es ist überliefert, daß sie diese ganze letzte Stunde damit verbracht hat, an Hand von Hankes Liebesliste alle erreichbaren Mätressen ihres Gatten anzurufen, um sie mit verstellter Stimme in seinem Namen zu Stelldicheins an allen möglichen und unmöglichen Plätzen in der Umgebung Berlins zu bestellen! Sie werden vergebens warten . . .

Erst dann wendet sie sich ihrem zurückkehrenden Gatten zu, und zutiefst in ihrem Weibesstolze verwundet, verlangt sie genaue geldliche Abmachungen für eine Scheidung. Sie will gerecht teilen. Das Haus, das Geld, die Aktien, die Möbel und die Kinder ihr – die Baarova ihm.

Erst in dem in prachtvollem Renaissancestil in erlesenem Nußholz mit schwellenden Seidenkissen ausgestatteten ehelichen Schlafzimmer vermag er sie von ihrem Vorhaben abzubringen . . .

«Aber nur, wenn du mir einige besonders

ätzende Stellen vorliest, Engelchen», sagt sie ersterbend. Sie will sich nicht so leicht ergeben...

Gut, er ist in dieser Stunde zu jedem Kompromiß bereit. Was schert es ihn, daß er dieselben Stellen noch vor einer Stunde der Baarova vorgelesen hat? In zynischer Kälte greift er zu dem Buche des seinem eigenen Wesen zweifellos besonders nahestehenden –

So lebten wir alle Tage

Nach Ferdinand Sauerbruch

Ich sagte bloß: «Hier stinkt es ja. Fenster auf!»

Der König erblaßte. Solch ein Ton war ihm in seinem ganzen, von Höflingen umschmeichelten und von Kitharistinnen weichgebetteten Leben noch nicht vorgekommen. Mühsam brachte er hervor: «Wie können Sie wagen –?»

Ich unterbrach ihn: «Halt deine Klappe und geh zu Bett. Dann kriegst du 'nen Einlauf, und morgen früh operiere ich. Parierst du nicht, so reise ich wieder ab.»

Zum maßlosen Erstaunen seiner Favoritin, einer prachtvollen Blondine, die mir einen allerlei versprechenden Blick zuwarf, gehorchte er sofort. Als ich ihn am nächsten Morgen auf dem Tische hatte und zunächst mit einem raschen Sauerbruch-Langschnitt von der Kinnwurzel bis an das Schambein offenlegte, sah ich sofort, daß meine intuitive Blitzdiagnose richtig gewesen war: Die Milz hatte sich in lappenförmiger Verbreitung um den Lungenstiel geknotet und bedrohte den Dickdarm; daher die Atembeschwerden. Der Prozeß war zu weit vorgeschritten: jeder Versuch einer klassischen Entmilzung, wie sie Virchow beschrieben hat, hätte zu sofortigem Platzen der Halsschlagadern geführt. Andererseits: wenn ich nicht binnen, sagen wir, allerhöchstens fünfzehn Sekunden eine andere Abflußmöglichkeit für den Bauchspeichel fand, geriet er dem Patienten in die allerhöchste

Luftröhre, und verschluckte er sich, so war die Welt um einen Monarchen ärmer.

Glücklicherweise, wie stets in solchen dramatischen Momenten, fiel mir etwas ein.

«Bring mir 'n Korkenzieher!» herrschte ich die Operationsschwester an.

Sie blickte mich fassungslos an, aber mein guter Schmidt, der meine Gewohnheiten kannte, stürzte sofort in mein Allerheiligstes, wo noch die geleerten Sektpullen von gestern abend standen. Mit dem blitzschnell desinfizierten Korkenzieher begann ich von der linken Niere her zu bohren. Ich erinnere mich noch an das fassungslose Gesicht des Leibarztes des Königs – da hatte ich schon die vena cava, die große Hohlvene, angeschlagen und... sofort schoß mir ein mächtiger Strahl prachtvollsten Speichels ins Gesicht! Ich hatte eine völlig neue Methode der salvio-hexametrischen Präemptoorgasmektomie entdeckt, die Hunderten, was sage ich, Hunderttausenden das Leben retten konnte!

«Und dafür hat mir seine Majestät noch ins Jesicht jespuckt», sagte ich, mich von dem immer noch aus der Wunde spritzenden Speichel reinigend, während der ganze Operationssaal sich in Gelächterkrämpfen wand.

Das ist nur *eines* der berühmt gewordenen Beispiele meines Humors...

Als mir Goebbels persönlich am nächsten Morgen neben dem Hausorden des für die Ostpolitik des Reiches so wichtigen Königs auch noch den Staatspreis und den Staatsratstitel überbrachte, ließ ich ihn draußen stehen und nahm das alles nur durch den Türspalt beinahe überhaupt nicht an.

«Goethe hat ihn gelobt»

Wenn man in Deutschland von einem Manne sagen will, er sei ein schlechter Dichter, sagt man: «Goethe hat ihn gelobt.»
Heinrich Heine

Ein Briefwechsel

Nach Dr. Jonas Lesser, Dr. Paul Fechter und Dr. e.h. Thomas Mann

Dr. Jonas Lesser im Literarischen Handelsblatt vom 22. August:

– weshalb ich es ganz besonders bedaure, daß diese isolierte Manuskriptseite von so unstreitig Thomas Mannscher Prägung erst auf meinen Schreibtisch gelangt, da mein Buch *Thomas Mann in der Epoche seiner Vollendung* gedruckt, veröffentlicht und hinter dem eben die polynesischen Inseln bereisenden Autor hergesandt worden ist. So sei sie hier wenigstens in einem Zeitungsaufsatze besprochen. Zunächst der Text:

«– und zur Entschuldigung führe ich am besten den Anfang eines Briefes Martini Lutheri vom Jahre 1542 an. ‹Ich bin alt, kalt, ungestalt, aber auch so läßt man mir keine Ruhe, man peinigt mich von Tag zu Tag mit einer Masse von Fällen und Schreibereien . . .› Das ist ein zutreffendes Bild meines Daseins – so wenig ich sonst mit Luthern gemeinsam habe, mit den ‹Fällen und Schreibereien› stimmt es, und auch mit dem äußerst trübseligen Blick, den er danach in Welt und Zeit tut. Nicht so bald werden Umstände kommen, wo die Menschheit der Erleichterung nicht bedarf; und das waren auch meine Gedanken, da ich, in meiner Sofaecke, es herzlich zu schätzen gewußt habe, wie Sie –»

Hier endet die Seite. Ich fand das Blatt in einem von mir im Antiquariatsbuchhandel erworbenen, übrigens höchst minderwertigen Romanbande «Und er küßte sie auf den Mund» eines Autors Sigismund Hopfenreiter. Wie aus einer Inschrift hervorgeht, stammt das Exemplar aus dem persönlichen Nachlaß des Verfassers, der nach einer kurzen und gleichgültigen Laufbahn vor mehreren Jahren starb. Er war vermutlich einer jener Autographenjäger, die an berühmte Männer mit der Bitte um Überlassung von Manuskripten oder Manuskriptteilen herantreten, und so ist wohl auch dieses Blatt Thomas Manns in seine Hände gelangt. Es handelt sich untrüglich um eine später ausgeschiedene Seite der Erstfassung von *Lotte in Weimar,* und zwar um jenes vergnügliche *levée,* da Goethe, in Antwort auf eine abschätzige Bemerkung seines Sohnes, Lottes Brief und die Schreiberin selbst in Schutz nimmt: er habe, in seiner Sofaecke sitzend, in im übrigen betrüblicher Stunde und Stimmung, die aufheiternde – weil an ein frühes Liebeserlebnis erinnernde – Zuschrift wohl zu würdigen gewußt. Zu untersuchen bliebe nur noch, *warum* Thomas Mann die reizende kleine Szene schließlich verworfen hat. Dafür gibt es hochinteressanterweise mindestens sieben versteckte Hinweise in *Joseph,* im *Dr. Faustus* und in seiner Beziehung zu Nietzsche, und zwar –

Dr. Paul Fechter

An die Schriftleitung des
Literarischen Handelsblattes

1. September

Sehr geehrte Herren,

in seiner Veröffentlichung einer verworfenen Manuskriptseite aus Thomas Manns *Lotte von Weimar* ist dem von mir schon seit 1945 wieder geschätzten Kollegen Dr. Jonas Lesser ein amüsanter Irrtum widerfahren. Ich habe keinen Grund zu bezweifeln, daß die herangezogene Seite tatsächlich in Thomas Manns Handschrift vorliegt; auch ihren Zusammenhang mit *Lotte in Weimar* hat der Kollege richtig erkannt; aber es handelt sich lediglich um ein Notizblatt des von mir wieder verehrten Autors anläßlich der historischen Vorarbeiten zu dem genannten Roman, und der von Mann hier auskopierte Text ist zweifellos einem Brief Goethes entnommen, gerichtet an den «trefflichen Belletristen und Taschenbuch-Editor» Stephan Schütze anläßlich der Veröffentlichung von dessen heute nur schwer zu findenden *Poesie-Thränen eines Versicherungs-Directhors,* Jena 1817. Dieser Brief ist verloren, aber er wird von Riemer und Eckermann erwähnt und stellenweise von Schützes Verleger in einem Inserate wiedergegeben. Thomas Mann wollte diesen ihm vermutlich so oder so zugänglich gewordenen Brief Goethes in *Lotte in Weimar* verwenden, sah aber schließlich davon ab, da «Lotte» schon 1816 nach Weimar zu Besuch fuhr, Schützes Buch aber von Goethe füglich erst im Jahre 1817 gelobt werden konnte. Ich weise in diesem Zusammenhange auf meine kürzlich erschienene Goethe-Monographie hin (Paul Fechter: *War Goethe ein Nationalsozialist? Nein! – eine Antwort auf Paul Fechters: «War Goethe ein Nationalsozialist? Ja!»*), die übrigens ebenfalls soeben hinter dem derzeit in Polynesien weilenden verehrten Dr. Thomas Mann hergesandt worden ist. Es wird wohl Monate dauern, bis Dr. Mann zu meiner Meinungsverschiedenheit mit Herrn Dr. Lesser Stellung nehmen kann, doch dachte ich inzwischen jetzt schon feststellen zu sollen –

Witwe Hopfenreiter

8. September

Geehrter Herr Schriftleiter des
Literarischen Handelsblattes,

Ihre w. Spalten betreffs meines gottsel. Gatten gelesen, erlaube ich mir Sie daran aufzuklären, daß selber lt. meines genauesten Erinnerns das betreffend rätselhaft abhandengegangene 2. Blatt eines an ihn gerichteten Briefes Herrn Dr. Thomas Manns stets mit Schmerzen vermißte, und war selbes ein Glückwunschschreiben gelegentlich seines Romanes *Und er k . . . . sie auf den Mund,* welchen selber selbem zugeschickt und selber in hohem Tone anerkannt & welcher schmerzliche Verlust des bezüglichen Mittelblattes zweifelsohne zum frühen Tode meines sel. Gatten beigetragen, wegen der Aufregung. Ich bitte Sie dieserhalb, Ihren Journalisten Herrn Dr. Lesser ergebenst aufzutragen, daß er mir selbes zurücksende & zeichne ich hochachtend, Witwe Hopfenreiter

Dr. Lesser und Dr. Fechter

14. September

Sehr geehrter Herr Schriftleiter,

wir halten es für angemessen, unsere Meinungsverschiedenheit bezüglich einer Manuskriptseite aus Thomas Manns *Lotte in Weimar* beziehungsweise aus dem Goethe-Schütz-Briefwechsel ohne Aufgabe unserer individuellen Standpunkte vorläufig und sozusagen notständlich zurückzustellen, um mit ungeteilter Autorität dem Unfug der Zuschriften entgegentreten zu können, die in Ihrer letzten Samstagnummer zu veröffentlichen Sie die befremdliche Taktlosigkeit hatten.

Wir glauben dabei die «Erinnerungen» der Witwe des Fortsetzungsromanverfassers Hopfenreiter bezüglich des angeblich von ihm vor einer stattlichen Anzahl von Jahren verlorenen Blattes mit dem Schweigen übergehen zu können, die sie vom Standpunkt exakter literarischer Forschung verdienen. Uns interessiert lediglich der Zusammenhang zwischen diesem Briefe und dem von Ihnen ebenfalls veröffentlichten der immerhin nicht ganz unbekannten Autorin Antonina Schmalzapfel, Paris, die mit soviel Erregung versichert, die strittige Seite entstamme nicht einem Brief Herrn Dr. Thomas Manns an Hopfenreiter anläßlich von *Und er küßte sie auf den Mund,* sondern einem Brief Herrn Dr. Thomas Manns an sie selbst anläßlich der Zusendung eines Widmungsexemplares ihres Buches *Aspasia oder Die Brunst von Byzanz, mit einem Anhang selbsterprobter Kochrezepte.*

Es wirft ein sonderbares Licht auf Frau Schmalzapfels Anspruch, daß auch sie den ihr angeblich vorliegenden Brief nicht textlich wiedergibt, sondern nur die aus ihm von ihrem Verleger für Inseratenzwecke zitierte Passage «Ich habe es, in meiner Sofaecke, herzlich zu schätzen gewußt, wie Sie, kundige Sybille, selbst einem Manne meiner sonst durchaus nicht galanten Natur mit Hilfe Ihrer Kochrezepte das in ihnen Vorgezauberte, wenn auch ungenossen, anmutig und zugleich bedeutend nahezubringen vermocht haben».

Diese vorgebliche Briefstelle beweist für den literarhistorisch Geschulten unmittelbar, daß sie *nicht* in einem Briefe Herrn Dr. Thomas Manns bezüglich des Romanes *Und er küßte sie auf den Mund* ihren Platz gefunden haben kann, schon einfach deshalb, weil erstens in diesem Romane kein einziges Kochrezept vorkommt, und zweitens Herrn Dr. Thomas Manns berühmte gesellschaftliche Korrektheit es schlechtweg ausschließt, daß er Sigismund Hopfenreiter als eine Sybille, also eine mythologische Person weiblichen Geschlechtes, angesprochen haben sollte.

Dr. Lesser, Dr. Fechter

Dr. e.h. Thomas Mann

Alakiki, in den Freundschaftsinseln,
Pazifischer Ocean, 9. September

Lieber und verehrter Herr Dr. Lesser,

Sie haben, selbst in Ansehung des zweimonatigen Brieflaufes zwischen Ihrer und meiner Arbeitsstube, seit einer nun schon beinahe sträflich langen Weile auf meinen Dank für Ihr Werk *Thomas Mann in der Epoche seiner Vollendung* warten müssen, und zur Entschuldigung führe ich am besten einen Brief Martini Lutheri aus dem Jahre 1542 an: «Ich bin alt, kalt, ungestalt, aber auch so läßt man mir keine Ruhe, man peinigt mich von Tag zu Tag mit einer Masse von Fällen und Schreibereien . . .» Das ist ein zutreffendes Bild meines Daseins – so wenig ich sonst mit Luthern gemeinsam habe, mit den «Fällen und Schreibereien» stimmt es, und auch mit dem äußerst trübseligen Blick, den er danach in Welt und Zeit tut. Nicht so bald werden Umstände kommen, wo die Welt der Erleichterung nicht bedarf, und das waren auch meine Gedanken, da ich, in meiner Sofaecke, es herzlich zu schätzen gewußt habe, wie Sie, lieber und hochverehrter Herr Dr. Fechter, in Ihrer besagten, so sehr vergnüglichen Goethe-Doppelmonographie *War Goethe ein Nationalsozialist?* es verstanden haben, Ihre Gestalten mir, einem sonst nicht allzu lobesbeflissenen Leser, anmutig und zugleich bedeutend näherzubringen. Haben Sie meinen Dank dafür!

Ihr ergebener

Thomas Mann

Telegramm – Thomas Mann

an Dr. Jonas Lesser, mit Kopie an Dr. Paul Fechter: bedaure portosparsüchtige eigenmächtigkeit erbwalterisch beflissener universaltochter bitte sinngemäß auseinanderlesen nichts für ungut zweiseitig händedruck.

thomas mann

Dialektisch völlig verfahren

Die Entschaltung

Der Vorstand des
Gesamtdeutschen Unpolitischen
Schriftstellerverbandes
Pankow

Streng vertraulich! Lesen, zerreißen, die Papierfetzchen in den Mund werfen und hinunterspülen!

«... die alten Methoden einfach nicht mehr genügen, um dem westlichen Rattenschwanz von Vorurteilen gegen die von uns ausgestreckte Friedenshand unerbittlich das Genick zu brechen. Die Genossen werden darum aufgefordert, die eigentlich für dieses Herstellungsjahr programmlich vorgesehene Anspornung des Aktivismus im Zukkerrübenanbau sowie auch das ironische Niedrigerhängen weichlicher Wünsche nach mehr Verbrauchsgütern zwischenzeitig zu unterbrechen beziehungsweise etwa schon halbfertige Arbeiten derart umzustellen, daß sie dem obigen vordringlichen außenpolitischen Ziele zugute kommen, wobei besonders zu erinnern ist, daß dem lächerlichen Lügengewebe des Westens, als herrschte bei uns eine Gleichschaltung oder gar Scheu, unsere eigenen Einrichtungen freimütig zu kritisieren, gnadelos alle Knochen zu brechen sind. *Der Ost-Mensch ist frei!* Wir erinnern in diesem Zusammenhang an den nur ganz vorübergehend von provokatorischer Seite zum Schweigen gebrachten Genossen Sostschenko, der mit seiner meisterlichen Kurzgeschichte vom Affen, der nach einer Besichtigung der Sowjetwelt freiwillig in den Käfig zurückkehrt, schlagartig gerade jene ostmenschliche Freimütigkeit und Kritikfreudigkeit unter Beweis gestellt hat, die eben jetzt außenpolitisch –

– Anregungen und Fertigarbeiten binnen längstens acht Tagen bei sonstiger Suspendierung abzuliefern.»

Nach Friedrich Wolf

«. . . ein glücklicher Zufall, daß sich im Nachlaß des verschiedenen Nationalpreisträgers das Fragment eines Dramas findet, das in seherischer Voraussicht gerade das Thema dieser Sostschenkoschen Kurzgeschichte . . .

. . . der Welt zeigen, was Sostschenko *wirklich* meinte. Besonders die folgende entscheidende Szene . . .»

Knutschenko: Der Professor!

Professor Arslock (eintretend, schon im Kittel): 'n Tag, Genossen. Alles bereit zur Operation?

Schwester Nastasja: Hier in Leningrad sind wir immer operationsbereit.

Arslock (auf Pupille): *Das* ist die richtige Gesinnung. (Auf den Operationstisch mit dem Affen zutretend:) Nanu?

Schwester: Der Affe hat ersucht, nicht narkotisiert werden zu dürfen.

Knutschenko: Nach seiner Rundreise durch die Sowjetwelt, in die es ihn unwiderstehlich aus seinem Zwinger herausgetrieben hat, ist sein Wissensdurst unstillbar. Er will *sehenden* Auges in einen Sowjetmenschen emporhybridisiert werden.

Schwester: Bin doch auch ich einst eine bloße Kaulquappe ohne jedes soziale Verantwortungsgefühl gewesen, bis Genosse Lysenko mich in seinem Gartenteiche entdeckt und sich meiner Genes unermüdlich angenommen hat.

Arslock: Kinder, und von diesen unseren friedliebenden wissenschaftlichen Großtaten nimmt der Westen einfach keine Notiz! (Ergreift die Instrumente): Na nu mal los!

Schwester (ihre Waffe aus der Schürze holend): Man müßte ihnen mit so 'nem Revolver diese Erkenntnis unserer friedliebenden Absichten ins Hirn *schießen,* wenn sie nicht anders hören wollen.

Arslock: Sie sind zu feurig, Genossin Schwester.

Knutschenko (auf Pupille): Man *kann* nicht zu feurig sein, Genosse Professor.

Schwester: Und dabei hat mir Lysenko anvertraut, daß Genosse Stalin persönlich der eigentliche Entdecker all dieser wissenschaftlichen Fortschritte ist.

Arslock (auf Pupille): Das sowieso.

Schwester: Ohne ihn wäre ich noch eine . . .

Knutschenko: Stalin *und* Lenin!

Arslock: Augenblick. Knutschenko, hat der Affe eben was zu Ihnen gesagt?

Der Affe (sich auf dem Operationstisch halb aufrichtend): Genossen! Ich habe es mir überlegt. Mein Drang, in einen Sowjetmenschen emporhybridisiert zu werden, ist unwiderstehlich. Aber geschieht es jetzt, zeugenlos, so wird die Lügenpropaganda des Westens es niemals glauben. Ich werde daher das Opfer auf mich nehmen, fürs erste noch in unsern Zoologischen Garten, der übrigens dank der unerbittlichen Planung durch Genossen Stalin der modernste der Welt ist, zurückzukehren, bis ...

Arslock (auf zwei Pupillen): Bis der Frieden gesichert ist!

Der Affe: Bis die kriegshetzerischen Kreise des amerikanischen Monopolkapitalismus vor Scham zusammenbrechen!

Schwester (ihn losschnallend): Jawohl!

Der Affe (beginnt sich zu kratzen).

Vorhang

Nach Anna Seghers

– die mir zur Begutachtung zugesandte Dramenszene des verewigten Genossen Wolf für *stofflich* sicherlich geeignet, aber wenn wir den Westen von der Neuausrichtung unseres Kunstaktivismus überzeugen wollen, so liegt der Schlüssel dazu in der *Form.* Gerade der von uns früher irrigerweise verworfene Klassizismus –

– hoffe ich, daß der Vorstand die Gelegenheit wahrnehmen wird, den mir von gewissen Genossen angehängten Spitznamen «Kleist mit roter Tunke» oder kurz «Kleist mit Soße» als unsozialistisch zu brandmarken und streng vertraulich zu verbieten.

Hier meine Fassung:

Der Schimpanse Leo war so genannt in höhnischem Gedenken eines sonst schon vergessenen faschistischen Agenten namens Trotzki. Als er eines

Abends aus dem Leningrader Zoologischen Garten ausbrach, tat er das nicht etwa, weil es ihm dort schlechter ergangen wäre als, sagen wir, einem westdeutschen Arbeiter. Er tat es aus dem allen höheren Kreaturen eigenen Drang, es dem Sowjetmenschen an Selbständigkeit und verantwortungsfreudiger Initiative gleichzutun. Er erfuhr aus einem überhörten Gespräche zufälliger Passanten, des Maschinenschlosser-Aktivisten Iwan Iwanowitsch Iwansky und seiner Braut, einer Krankenschwester an der Chirurgischen Abteilung der Marx-Engels-Universität, daß der berühmte Professor Arslock an eben jenem Abend infolge unvorhergesehenen Ausfalls eines im übrigen gleichgültigen Patienten eine noch unbesetzte Operations-Viertelstunde habe. Der Abend war mild, das Chirurgische Institut nicht allzu fern, das Sichunterdieleutemischen für einen Menschenaffen, infolge der sprichwörtlichen Diskretion des Sowjetmenschen und seiner Gewöhntheit an Friedensdelegierte aus aller Welt, von keiner ernsthaften Entdeckungsgefahr umdroht. Als sich der Schimpanse eine halbe Stunde später bei Professor Arslock melden ließ –

– schon auf dem Operationstisch lag, umsorgt von dem Professor, seinem Gehilfen, der Krankenschwester, die unter markigem Dreigesprach ihre wissenschaftlichen Anstalten trafen. Da besann er sich doch noch eines Besseren. Sozusagen schon in blitzhafter Voraus-Sowjetvermenschlichung des ja noch aus dem Affenhaften emporzuedelnden Gehirnes, erfaßte er dialektisch die propagandistische Auswertungsmöglichkeit des an ihm Geschehenden und rief aus: «Genossen, ich kehre unlysenkot, ungearslockt, im Interesse der friedliebenden Volksdemokratien in den Käfig zurück, der gleich allen anderen sowjetischen Käfigen ein *freiwilliger* Käfig ist!»

Sie blickten ihn an. Sie blickten auf das Bild des Großen Genossen an der Wand. Sie standen da, erschüttert.

Hochachtungsvoll

Anna Seghers

Nach Stephan Hermlin

– dialektisch *völlig* verfahren. Ich gebe der Genossin Seghers vollkommen recht in allem, was sie über die derzeitige Notwendigkeit der Herausstellung klassischer *Formen* sagt; aber *stofflich* liegt die Szene des verewigten Nationalpreisträgers falsch. Die propagandistische Linie ist korrekt, aber direkt. Wir müssen uns, westliche Methoden kopierend, viel langsamer heranpirschen. Was vor allem zu bekämpfen ist, ist die lächerliche westliche Vorstellung, daß wir (a) prüde, und (b) humorlos seien. Das, in Kombination mit der von der Genossin mit Recht geforderten *Form,* kann am besten an einem völlig *unpolitischen,* dabei aber zugleich humoristischen und bourgeois-frivolen Thema unter Beweis gestellt werden. Ich habe mich daher entschlossen, die berüchtigten Verse der «Wirtin an der Lahn» in meine eigenen proletarisch-klassischen Metren umzudichten. Ich denke dabei zunächst nicht an die erste Strophe, in der behauptet wird, daß in der offenbar hauptsächlich von Transportarbeitern aufgesuchten Wirtschaft das Lautenschlagen der Betriebsleiterin ihre Hörer aus für volksdemokratische Menschen unerfindlichen Gründen dazu veranlasse, mit ihren eigenen Geschlechtsmerkmalen Fühlung zu nehmen, sondern an jene in noch grellerer Weise monopol-kapitalistische Zustände entlarvende dritte, die von einem Schlächter handelt. «Wenn den die Geilheit packte, so sprang er auf den Ladentisch», heißt es dort. Und es wäre vor volksdemokratischen, kulturell ans Beste gewöhnten Ohren einfach nicht auszusprechen, was er mit dem Gehackten tat! Meine Fassung lautet:

Aus der Ballade von der
Erträumten Herberge an der Lahn

O du Besitzerin! Selbst der besoldete
Schlächter
Ist dir ein Sonderling und nicht mehr ein
Gerechter.
Zitt're, wenn den Entrückten, vom Wahne
Gepackten,
Priapos selbst auf den Tisch reißt: der
tragisch Verblendete
Siehet Helena in jedem Gehackten.

Genossenschaftlichst,

Hermlin

Nach Arnold Zweig

– absurd und abgeschmackt. Da sollte man doch erst *mich* fragen. Schon im Jahre 1931, als relativ jungem Mann, fiel mir auf einer Fußwanderung von Kyritz stromabwärts durch das Tal der Knatter in einer Arbeiterherberge eine für den weniger Geschulten unwichtig aussehende Notiz in der *Roten Fahne* in die Hand, überschrieben *«Schlächtergeselle durch Hungerlohn in sexuelle Verzweiflung getrieben»*, die mir wieder einmal blitzartig die Erkenntnis vermittelte, hier sei der Kern einer Fabel. Ich mußte bloß durch die dort angeprangerte Wirtin auf Geheiß der Brauherren, denen sie seit dem Tod ihres Mannes zinsknechthaft verschuldet war, den der KPD-Mitgliedschaft verdächtigten Schlächtergesellen Föötz fristlos auf die Straße setzen lassen – – Höhepunkt wie folgt:

Aus dem Roman «Das Beil an der Lahn»

«Nanu, das ist ja Herr Föötz», sagte der Straßenbahnschaffner Pöppelmann, seinen Schritt verhaltend. «Was machen denn Sie hier draußen vor der Tür auf der Straße? Sie sieht man ja sonst drinnen im Wirtshaus zu dieser Tageszeit.»

«Na ja, Pöppelmann», sagte Föötz. «Kannst mich auch noch Kamerad und du nennen, in Erinnerung unserer gemeinsamen Heldenzeit damals, 1914 bis 18, und wenn sich das damals Kaiser nannte statt Führer, so ist das ja doch Jacke wie Hose, Faschist ist Faschist, hoffe ich denn doch, auch wenn du jetzt schwachsinnigerweise bloß zur SPD gehörst. Deshalb stehe ich doch auch für dich als Streikposten hier draußen und lasse es mir nicht nehmen, 'nen alten Kameraden zu warnen, in der Hoffnung, daß er doch noch den Weg zurück zur proletarischen Solidarität im Sinne des Weltfriedens finden wird, und den werden wir durchsetzen, komme was komme. Also, Pöppelmann, und das kannst du gleich auch den anderen Genossen von der Straßenbahnergewerkschaft zuflüstern – in dieses Wirtshaus geht ihr besser nicht mehr. Und *müßt* ihr schon 'rein, weil die neuen Machthaber die Gemeinde-Gemeinschaftsküchen verboten haben, um den privatkapitalistischen Brauherren noch weitere Gewinne zuzuschanzen – müßt ihr also 'rein, so ist ein alter Waffenkamerad vom Weltkriegs-Unteroffizier August Föötz ein wenig vorsichtig mit dem, was er ißt!»

Pöppelmann zwinkerte heftig, wie immer, wenn er einem dieser hühnenhaften KPD-Männer direkt ins Auge blicken sollte. Waren doch tolle Kerle, diese Kommunisten. Stand der Föötz da als Einmann-Streikkette um das Wirtshaus! Vielleicht sollte man sich doch mal versuchsweise so 'ne KPD-Versammlung anhören? Wird gemacht!

«Vorsichtig mit dem, was man ißt?» fragt Pöppelmann. «Was soll man denn dort drinnen nicht essen?»

Föötz sagt: «Genosse, von den Frikadellen läßte besser die Hand!»

Das spricht für sich selbst, sollte ich denn doch hoffen.

Arnold Zweig

Die alten Kämpfer

Die Protokolle der Weisen von Bonn

Aus: Schwarze Chronik

Nach Lord Vansittart

Ich komme zur Sache und zu meinem Punkt. Hier ist er: Die Deutschen haben rote Haare und sind Kellnerinnen. Für jeden, der das leugnet, lüfte ich meine Augenbrauen; nicht meinen Hut.

Im Jahre 1906 fuhr ich über die Nordsee, in einem deutschen Schiff. Die Sonne schien, die See war blau, Vanilleeis wurde serviert. Die Frauensperson, die es servierte, war eine Kellnerin. Sie hatte rotes Haar. Als ich mich ihr näherte, hörte ich sie sprechen. Sie sprach deutsch!

Kaum hatte sie meine nur allzu unschuldige Jugend wahrgenommen, da begann sie mich auch schon auf höchst unziemliche Weise zu beschimpfen, ohne daß ich ihr dafür den geringsten Grund gegeben hätte. Ich hatte lediglich eines ihrer Eise zu mir genommen und nicht bezahlt!

Ich floh nach einem verschwiegenen Ort, und da ich mich dorthin verfolgt sah, hatte ich meinen demütigenden Rückzug bis in meine Kabine fortzusetzen. Ich schloß die Tür und hoffte, verschont zu bleiben. Aber der Mensch erwehrt sich deutscher Tücke nicht, indem er seine Kabinentüren zuschließt! Das gelang ihm noch nie, in diesen letzten zweitausend Jahren. Schlangengleich schlüpfte die Person durch das Schlüsselloch und verbrachte mit mir die Nacht, während derer sie mir in einem

Redefluß, der sich aus Anstandsgründen nicht im Drucke wiedergeben läßt, alle deutschen Geheimnisse enthüllte. In jener Nacht wurde ein unschuldiger Jüngling umgeschmiedet zu strengem Mannes-, zu politischem Beratertum. In jener Nacht erfuhr ich von ihr, nebst anderen Dingen, die nicht hierhergehören, nicht nur alle Geheimnisse der Protokolle der Weisen von Bonn, sondern auch den ganzen streng geheimen Deutschen Weltversklavungsplan! Er ging zurück bis auf das Jahr 2413 vor Christo. Seither, 859mal im ganzen, stürzte er immer wieder die Menschheit ins Verderben!

Jawohl, diese deutsche Tücke gab es seit jeher, wie ich im Zuge tiefschürfender historischer Studien erkannte. U-Boote hatten sie schon zu Römerzeiten. Tacitus schrieb: «Quamquam sunt sub aqua, sub aqua maledicere tentant» – sie schimpften noch unter Wasser! –, welches Zitat von den Weisen unterdrückt, von mir jedoch hiemit erbarmungslos ans Licht gezogen wird. Tacitus hat sich ausgekannt! Oder Cicero. Zu Anfang seines Gallischen Krieges schreibt er: «Quorum omnium fortissimi sunt Belgae, quod a cultu atque humanitate longissime absunt.» Die Belgier waren also am weitesten entfernt von Kultur und Menschlichkeit? Aber ihre nächsten Nachbarn waren die Deutschen! Es ist klar, was der römische Stilist andeuten wollte. Auch Cicero kannte sich also aus. Die Deutschen kennen nicht die Bedeutung des Wortes Wahrheit. Ich bewahre in meinem Archiv die eidesstattliche Erklärung eines Mannes mit tadellosem Leumund, der auf einer Automobilfahrt ein Bataillon deutscher Truppen überholte, die einstimmig im Marschgesang behaupteten, sie führen gegen England – während das Ziel ihres Fußmarsches in Wirklichkeit eine Stadt namens Kötzschenbroda in Sachsen war!

So könnte ich das ganze Halsband deutscher Perfidie aufreihen, Perle um üble Perle, und jede so überzeugend wie der Rest. Aber ich tu' es nicht. Auch wird man mich nicht dabei ertappen, daß ich ihre sogenannte Kultur bewundere. Wenn ein Kakadu in seinem Schnabel eine Nuß zerknackt – staunt diese inzwischen die Farbe seines Schwanzes an?

Die Vansittartschrift

Antwort eines deutschen Deutschen

Nach Hans Grimm

Kurator des Nationalen Belangmuseums,
Abteilung Fossilien, Lippoldsberg an der Weser

Zu Ende des Orlogs, 1945, flatterte in mein stilles Dorf ein Schriftwerk, betitelt *Schwarze Chronik,* voll wahrheitsstrebenden Ingrimms. Dieser Ingrimm schien mir die Gleichgewichtsschwebe der Spruchgerechtigkeit des Dargetanen gefährlich zu gefährden. Ein hoher Amtsträger war der titelblättrig angesagte Verfasser. Der Name des maßgeblich beamteten adligen Herrn, Vansittart, hatte mir schon immer als ein Falkenruf verwandt-geistigen Stiefvettertums ins Ohr geschlagen. Ich las seine Darbietung mit brennenden Augenbrauen. Gleichzeitig pochten allnächtig Hunderte – Sippenverwandte, Hochgebildete, wenn auch Verhemmte, die nach dem Dichter-Kaufmann und Bestellten Wart der Nationaltümlichen Belangaufheberei für Steingewordenes Hans Grimm hinhorchen – an meine Hintertür, um mir zu bedeuten, jenem englischen Engländer solle ein deutscher Deutscher antworten.

Ich zögerte. Der hoch Beamtete war ein vielbeschäftigter Mann. Und war ich auch schon in zartem Knabenalter mit Bewilligung des Hofes von St. James als Vorläufiger Unteranwärter der Verkaufssparte einer Käsehandlung der Londoner City geheuert und eingeschworen worden, so war ich doch nach Deutschland zurückgekehrt. Aber gerade diese Zweisamkeit rassen-rassischen Deutschenglischtums konnte mir sowohl sprachkennerisch wie auch allgemein tümlich beim Schlagen einer Seelenbrücke zustatten treten. So sagte ich nicht nein.

MEIN LORD! *Ein* Wort in Ihrer Schrift hat *einem* deutschen Deutschen vor allem das Herz bewegt: Sie klagen «die» Deutschen an; nirgends sagen Sie: «alle». Die? haben so manche unter uns gegrübelt, weseraufwärts und weserseitwärts. Wen?

MEIN LORD! Die Besten und Stillen hierzulande haben nicht verkannt, *welche* unter uns Sie wesenheitbeschreiberisch im Auge führen, wenn Sie jene zugegebenermaßen für uns tief beschämende Vanilleeisgeschickeswende zu Papier runen. Die tief *un*deutsche Forderung nach Entgelt für Atzung; die unvornehm aufdringliche Sinnenlust; die Protokolle jener mit *dieser* Benamung *nicht* existierenden Weisen; selbst der von Ihnen zu eindringlichem Gleichniszweck gekorene Kakadu, der *kein* deutscher Vogel ist, sondern zuallernächst im Südostwinkel des Mittelmeeres gefunden wird.

MEIN LORD! Die Sie in Ihrem weltweit hochberühmten Scharm durch die Blume anklagen, sind *nicht* wir aus hundert blutenden Wunden wundblutenden *deutschen* Deutschen!

Jedoch – Schrifttümliches, schwarz auf weiß Gegriffeltes solle ich Ihnen vorlegen und nicht das gefühlsame Auftrotzen unserer stolzblütig gedemütigten Herzen, wurde mir zugeraunt. Mir liegt der Brief eines mir schwesterehelich sippenblütigen Herrenreiters vor, eines adligen Mannes, der mit seiner ebenfalls adligen Frau und fünf Kindern, alle fünf adlig, in durch Zeitbedingnis verdürftigten Umständen dahinfristet. Er schreibt mir: «*Sie,* Herr Nationaltümlicher Belangrat, müssen den hochbeamteten Verfasser jener Schwarzen Chronik aufklären! Er beruft sich wider uns auf Tacitus: weiß er denn nicht, daß der Mann nach rassenmaßgeblicher Forschung Teitelbaum hieß? Cicero hingegen hieß in Wirklichkeit Cohn – und das war auch der ächte Name des Karl Marx!»

MEIN LORD! Ich zitiere nur. Aber ich frage Sie: wem nützt, was frommt, wo zweckt es, wenn Juden herangezogen werden, gegen uns weiße Männer zu zeugen, indes wir mitten in unserer Nibelungenschlacht zur Rettung westlicher Kultur infolge eines schmerzlich stiefvetterlichen Dolchstoßes in den Rücken mit unserer Brüste Blut die Erde düngen, welche Ihrer Volksheit *und* der unsern zu *gerechter* Halbteilung als heiliges Vermächtnis von *gemeinsamen* Vorvätern gralgleich angeerbt worden ist? Ich berufe mich hier auf mein eigenes Werk *Volk ohne Raum,* in welchem des Helden greiser Ohm diesem erschütternderweise zuruft: «Raum für den deutschen Deutschen *und* den englischen Englischmann hat die Erde, Cornelius Friebott!»

MEIN LORD! Kein einziger unter uns hat gewußt, was das ist: ein Konzentrationslager. Konzentration ist ein Welschwort, das unserem Sprachgebrauch nicht zutönt. Und ich rune hier an den Rand: auch Krematorium ist kein deutsches Wort. Ich war nie ein unkritischer Schwertträger des hohen Führers und Reichsverwesers. Aber ich habe es stets beklagt, daß selbst der *anständigen* Juden jüdisches Judentum es ihnen unmöglich zu machen schien, die geradezu religiöse Innigkeit des *ächten* Nationalsozialismus und die Zwangsnotwendigkeit ihrer Entleibung, wenn auch auf eine *feine* Weise, verantwortungsfreudig zu bejahen. Daß die volksnotige Ausscheidung des höhnischen jüdischen Spaltpilzes statt dessen mit österreichischer *Unvornehmheit* geschehen sein soll – dafür haben die Besten in diesem Lande den Betroffenen korrekterweise ihr Bedauern ausgedrückt. Eine Selbstdemütigung, die ihnen weniger großmütig Denkende *nicht* verziehen hätten!

MEIN LORD! *Wir* haben vergeben und vergessen und wollen an die ganze Sache überhaupt nicht erst noch einmal erinnert sein! Wem nützt, wo frommt, was zweckt es dann noch, zwischen Ihnen und uns zu verneinen, daß der Jude gerade die Arglosesten unter unseren unverdorbenen Jungmännern heimtückisch dazu verleitet hat, sich ihm gegenüber zu Taten einer brauchtümlichen Abwehr hinreißen zu lassen, die gerade der *deutsche* Deutsche –

Der Orkan

Stalinpreisroman

Nach Ilja Ehrenburg

Frederique zuckte die Achseln. «Gewiß, wir kennen hier in Frankreich beinahe ebenso hohe Ideale der Humanität wie Sie in der Sowjetunion – aber warum sollte ich in den Regen hinausgehen und mich womöglich noch bei den Deutschen unbeliebt machen, nur um ein paar Kinder zu retten, die unter dem erziehungs-verweigernden Einfluß unserer monopolkapitalistischen Kohlen- und Stahlbarone ohnedies nur zu typischen französischen Kleinbürgern aufwachsen würden, die, gleich mir selbst, zu degeneriert wären, um dem nächsten Angriff der Hitlerfaschisten die Spitze zu bieten?»

Fedor Iwanowitsch biß schweigend die Zähne zusammen, daß seine mächtigen Kiefermuskeln sich durch die Haut abzeichneten wie Taue. Er konnte dieser typisch westlich degenerierten Haltung gegenüber kaum länger an sich halten. Draußen vor den Fenstern des Cafés ließen sich die Fritzen inzwischen nicht stören, einer nach dem andern hackten sie den Kindern der eben gemeuchelten dreiundachtzig französischen Arbeiter die Händchen ab, um sie ihren deutschen Doggen zum Fraße vorzuwerfen, damit sie sich an den Genuß von Menschenfleisch gewöhnten – sollten sie doch mit dem nächsten Transport an die russische Front versandt werden! Und während die eine Hälfte des Wehrmachtsbataillons hiemit beschäftigt war, zerrte die andere schon die sich verzweifelt wehrenden, in manchen Fällen jedoch aus dem Augenwinkel eine Einladung blinzelnden Frauen aus dem Zuchthause hinaus auf den Boulevard, um sie im Chore zu vergewaltigen. Mehrere ehrwürdige Greisinnen sowie mindestens vierzehn Tote waren unter ihnen – aber was machte das den Fritzen aus, die Greisinnen hatten sich in ihren Personaldokumenten in typischer Eitelkeit jünger gemacht, und die Toten, die während der Nacht gestorben waren, waren noch nicht als solche registriert! Sie waren Nummern. Hauptsache – die Nummern stimmten!

«Ha, ha, ha», rief Hauptmann von Pritzewitz. «Was hat denn jene prachtvolle Rotblonde, die sich so kühn gegen alle Umarmungen zur Wehr setzt, an ihrem Handgelenk? Das ist eine Uhr, und dazu noch genau von der Art, um die meine Waltraute mich in ihrem letzten Briefe gebeten hat . . . außer Strümpfen, sechs Pelzmänteln und mehreren Kunstschätzen aus dem hierortigen Museum! Unteroffizier von Schulz, hacken Sie der Frau die Hand ab und bringen Sie mir sie her . . . *mit* der Uhr!»

Da aber konnte Fedor Iwanowitsch nicht länger an sich halten. Eine Uhr – das ging zu weit. Die Kiefermuskeln unter seiner Haut waren zu Oberschenkeldicke angeschwollen, so sehr hatte er kämpfen müssen, um sich zu beherrschen. In diesem Augenblick aber rief ihm der einzige nicht westlich degenerierte, sondern hünenhaft gebaute Franzose im Café zu: «Fedor Iwanowitsch, kommen Sie mit, ich bin Kommunist!»

Einen Augenblick später klirrte es schon. Fedor und der Genosse hatten zunächst den als williges Werkzeug der barbarischen Eroberer berüchtigten Ober gepackt und durch das splitternde Fenster dem draußen mit einem teuflischen Grinsen über die Damenuhr gebeugten Hauptmann von Pritzewitz an den Kopf geworfen, daß er krachend zusammenbrach.

«Rettet euch», rief er verscheidend seiner Mannschaft zu. «Ein Russe kommt!»

Im nächsten Augenblick war der Boulevard menschenleer. Einsam, in der Panik im Stich gelassen, lag nur die Uhr und –

Berlin, Berlin, Berlin

Nach Curt Riess

Aus den Kritiken:
. . .! . . . . .!! . . . .!!!

– und so ging ein Seufzer der Erleichterung weithin hörbar durch die Westberliner und vor allem die hart in Anspruch genommenen Berlinerinnen, als sie sich eines Morgens den schwer geprüften Schlaf aus den Augen rieben, um statt der roten Soldateska – wen zu sehen? Die breithüftigen, schmalschultrigen Hünen der 82. American Airborne! Der Jubel wollte kein Ende fassen, Rosen und andere duftende Gegenstände regneten aus allen Fenstern auf die strammen, athletisch und doch gutherzig gebauten Regimenter der Vertreter des American Way of Life hernieder, Polizei war überhaupt nicht mehr nötig, sehr im Gegensatz zu den Schergen des Kreml, die nichts konnten als vergewaltigen und hierauf demontieren, während die hünenhaften und doch blendend schmalgebauten Helden der American Airborne und anderer ähnlicher Eliteregimenter nicht nur die von den Asiaten und ihren deutsch-kommunistischen Speichelleckern klaffend aufgerissenen Wunden mit verschwenderisch eingetroffenen Lebensmittelvorräten, Speck und dergleichen, stopften, sondern auch die von den mitleidlosen, selbst an alten Frauen und zarten Kindern vergriffenen Vergewaltigern des Kreml höchstwahrscheinlich geschlechtsinfizierten Berlinerinnen erst in ganzen Lastkraftwagenladungen der Heilung zuführten, um sie sodann als Bräute heimzuführen.

Man hatte zugegebenermaßen ein wenig energisch zugreifen müssen, um das wenn auch etwas lang zur Selbstbefreiung gezögerte, aber doch wenigstens stets antikommunistische deutsche Volk von Hitler und seinen Leuten zu befreien; auch war es vielleicht ein Fehler der strahlend jugendlichen amerikanischen Helden, sich in solch innerdeutsche Angelegenheiten – wenn auch gezwungen! – hereinzumischen, statt es dem gesunden deutschen Volkssinne zu überlassen, mit dem geschlagenen Führer auf die Dauer selbst ein Mütchen zu kühlen, und so gab es auf beiden Seiten allerlei zu vergeben und vergessen, aber das war bald geschehen. Auf dem alsbald ohne jedwegliche amerikanische Anregung wie ein spontaner Aufschrei zustande zu bringenden «Kongreß für kulturelle Freiheit» rief Arthur Koestler aus: «Lasset uns eine Nacht der Langen Messer aller Intellektuellen der Welt schmieden!» Melvin Lasky, ebenfalls ohne jede amerikanische Finanzierung, eilte mit anfeuernden demokratischen Zurufen von Gruppe zu Gruppe. Die Begeisterung wollte kein Ende sehen, und hätte nicht die eigene westlich-demokratische Polizei die prachtvoll schmal und doch breit gebauten Kongreßteilnehmer davon abgehalten, sofort in spontaner Kampfformation die Grenze der ostzonalen speichelleckerischen Schergen zu überschreiten und die Sowjetunion mit einem gerechten, nur im äußersten Provokationsfalle atomaren Straffeldzuge zu überziehen –

Sauerkraut

Nach Ernst von Salomon

Der amerikanische Major nahm wieder die Liste auf, während mein Nebenmann, der dreiundneunzigjährige Professor der Botanik, immer noch von den wie Hyänen heulenden G.I.s mit Fußtritten in den Unterleib traktiert wurde. Aber er schrie nicht mehr; er war ohnmächtig geworden.

Der Major las den nächsten Namen: «Sauerkraut!»

Das sei ich, sagte ich kühl.

Er hatte einen Witz machen wollen; nun, angesichts des unerwarteten Widerstandes eines einzelnen Mannes, hob er verblüfft seine schwergeäderten Säuferaugen. «Sie heißen Sauerkraut?»

«Nein», sagte ich knapp. «Aber Sauerkraut ist ein amerikanischer Schimpfname für uns Deutsche. Und wenn ich als Deutscher angesprochen werde, sage ich allemal: ‹Hier.›»

Die G.I.s wollten sich auf mich stürzen – «mak snell», riefen sie einander aufmunternd zu –, hielten aber inne, als sie die tiefe Verwirrung des Majors, dem die Schamesröte in die Wangen gestiegen war, bemerkten. Leise murmelnd traten sie zurück; sie ließen sogar von der jungen Säuglingspflegerin ab, die sie unter Gejohle und obszönen englischen Bemerkungen, welche ich jedoch fließend verstand, nackt ausgezogen hatten – nur weil einer der Schnuller, die sich in ihrem Kinderheime fanden, ein gar nicht von ihr, sondern von einem sechs

Wochen alten Findling in den Gummi geritztes Hakenkreuz aufwies. Selbstverständlich hatte ich eben dies durch mein tollkühn blasiertes Verhalten herbeiführen wollen, und das Mädchen schien das wohl zu verstehen, denn wortlos, zwischen zusammengepreßten Lippen, warf sie mir einen dankbaren Blick zu.

Nur der grinsende Leutnant, den ich an einem weißroten Bändchen als einen in amerikanischen Diensten stehenden Polen erkannte, versetzte mir einen furchtbaren Schlag auf die rechte Backe. Der ist Linkshänder, dachte ich eiskalt, ohne ihm die Freude zu bereiten, auch nur mit der Wimper zu zucken. Statt dessen sagte ich fließend in tadellosem Englisch: «You are no gentleman!»

Verzweiflung über dieses nüchterne Urteil, die er vergebens hinter künstlichem Gelächter zu verbergen suchte, war in seinen rotgeränderten Augen zu lesen. Er schrie auf englisch: «Kill him!» Zu deutsch: «Obgleich ich, wie ihr alle, ein Kenner und Bewunderer seiner auch fremdsprachig erschienenen Werke bin – tötet ihn!»

Im nächsten Augenblick taten sie auch schon ihr Bestes, mich mit ihren lächerlich unwirksamen Gummisohlen zu Tode zu treten, aber ich rief ihnen zu: «Die SS trat strammer!»

Sie wurden fahl vor Verlegenheit.

An diesem Tage wurden von den fünfundzwanzig im Lager internierten deutschen Nonnen siebenundzwanzig vergewaltigt – die G.I.s riefen dabei: «Mak snell!» Die achtundzwanzigste starb am Marterpfahl, und am nächsten Morgen lieferte man sie den Russen aus – trotz ihrer empörten Proteste. Ein gleich uns allen in die Sache vom 20. Juli 1944 prominent verwickelter General bekam einen Kolbenstoß, nur weil er dem amerikanischen Lagerkommandanten ins Gesicht gespuckt hatte. Der greise Insektensammler, in dessen Herbarium man eine in Sliwowitz eingelegte Hakenkreuzotter gefunden hatte, wurde gezwungen, das betreffende Gefäß zur Neige zu leeren – unter «Mak snell!»-Rufen der G.I.s.

In der Nacht traf ich den jüngern Kern, den von der Rathenausache, auf der Latrine. Er fragte: «Wo sind eigentlich die anderen Jungs?»

Einer sei General bei Tschiang Kai-schek, gab ich ihm Auskunft, und der andere Admiral bei Perón.

«Die Erzbergerleute sind bei Franco», verkündete Kernchen.

«Und die Scheidemannmänner?» fragte ich, für einen Augenblick nicht ohne Bitterkeit. «Die müssen wohl warten, bis die Amerikaner sie anstellen! Manche von ihnen leben in ärmlichsten Verhältnissen!»

«Das taten sie schon unter dem Österreicher», meinte der kleine Kern.

«Hör zu.» Ich erhob mich von der Latrine. «Du mußt ausbrechen. Du hast noch eine Zukunft hinter dir.»

Ich wollte ihn fürs Leben zurückgewinnen! Ich preßte ihm die Hand ... schweigend ... so sehr war sogar ich für einen Augenblick übermannt.

Übrigens zwitscherte eben irgendwo eine konservativ-ironische, aber doch noch immer nicht un-deutschnationale Nachtigall.

Besonnte Finsternis

Nach Arthur Koestler

Dann kam es – das Klopfsignal an der Mauer: *Fühlst du es auch?*

Rubaschow atmete schwer. Dann klopfte er mit seinem Kneifer: *Ob ich was fühle?*

Nummer 402 antwortete sofort: *Heute nacht werden politische Meinungsverschiedenheiten glattgestellt ... Hinrichtungen.*

Weißt du die Namen? fragte Rubaschow.

Nummer 402 klopfte mit etwas anderem ..., vielleicht mit seinem Ellbogen: *Reden wir von etwas anderem. Wann hast du zuletzt mit einer Frau geschlafen?*

Vor drei Wochen. Schneeweiße Brüste. Hätten genau in Champagnerkelche hineingepaßt.

So ist's recht, ha-ha, klopfte Nummer 402, vermutlich mit seinem Knie. Plötzlich fuhr er fort: *Engelsgesicht, mein Nachbar, Nummer 401, wurde gestern gefoltert. Aber nicht sehr.*

Rubaschow fühlte einen leichten Schweiß auf seiner Stirne. *Wie?* fragte er, indem er zart und leise mit seinen Zehen klopfte.

Sofort kam die Antwort: *Nichts Besonderes. Sie haben ihn bloß mit Honig bestrichen und in einen Bienenkorb gesetzt, nachdem sie die Bienen durch Brandreden politischer Kommissare wild gemacht hatten. Dann verbrannten sie seine Ohren, bissen seine Nase ab und kastrierten ihn zu den Klängen der Internationale langsam mit einem Dosenöffner. Das ist alles. Daraufhin gestand er. Gib das weiter an Nummer 404.*

Gehorsam trat Rubaschow an die gegenüberliegende Wand und klopfte mit seinen Schuhen die Meldung an Nummer 404 weiter: *Engelsgesicht zu Geständnis gebracht mittels Bienenstockzeremonie und Nasenbiß.*

Er eilte an die andere Wand zurück, wo Nummer 402 wieder zu klopfen begonnen hatte, vermutlich mit seinem Kinn oder dergleichen: *Sie führen ihn jetzt vor.*

Wen? Rubaschow zitterte.

Koestler. Gib es weiter.

Rubaschows Beine wurden plötzlich schwer. Er lehnte sich an die Wand und klopfte durch zu Nummer 404, mit seinem Kopfe: *Arthur Koestler, der unter dem Namen McCarthy die Gesammelten Werke Trotzkis schrieb ... Koestler Megalominimax wird vorgeführt.* Rubaschows Kopf fuhr fort, an die Wand zu klopfen; so sehr war er erschüttert.

Nummer 402 klopfte: *Sie kommen jetzt. Koestler von den beiden staatlichen Oberhenkern geführt. Dahingeschleppt. Furchtbar. Nummer Eins persönlich kommt hinten nach, um Verhör zu überwachen. Stell dich an Spion und schau hinaus. Trommle. Gib's weiter.*

Rubaschow trommelte an die Zellentür. *Jetzt!!* Er preßte sein Auge an den Judas.

Den Korridor entlang hörte er sich nahende Schritte, begleitet von schleifenden und gleitenden Geräuschen auf den Fliesen. Rubaschow trommelte gleich allen anderen an allen Zellentüren ... ein Schlagen mit Fäusten, Ellbogen, Knien, Köpfen ..., hohl klingend wie Urwaldtrommeln.

Plötzlich tauchten schattenhafte Gestalten in sein Blickfeld: Koestler, zwischen den beiden Hauptstaatshenkern der Sowjetunion – ungeheuren

Männern in Uniform mit breiten Revolvergürteln. Koestler hielt sie unter den Armen. Sie hingen schlaff von seinem Griffe nieder, ihre Beine schleppten hinter ihnen her, ihre Schuhe schleiften über die Fliesen. Sie hatten offenbar noch vor einer kurzen Weile versucht, sich freizumachen, aber jetzt stöhnten und jammerten sie nur mehr. *«Uoh»,* stammelten sie, *«nein, wir haben nie im Leben deinen Namen gehört, warum sollten wir dich erschießen?»* Speichel rann ihnen übers Kinn.

Koestler schleifte sie dahin, mitleidlos. *«Ihr müßt»,* zischte er. Jetzt, als er an Rubaschows Spion vorüberkam, stellte sich heraus, daß er im Handgemenge verwundet worden war, von einem Dolch oder scharfgespitzten Bleistift. Ein dünner Strahl Tinte spritzte aus der Wunde.

Nur ein paar Sekunden..., da war das furchtbare Spukbild schon weiter den Korridor entlanggeglitten. Nur ein langes Stück nachschleppenden Bindfadens war noch zu sehen, das an Koestlers Gürtel befestigt war. Ans Ende angebunden, so daß er über die Fliesen des Korridors geschleift ward..., da war Er selbst. Nummer Eins!!

Er war aus Pappe.

Rubaschow hämmerte: *Warum? Warum?*

Nummer 402 antwortete sofort: *Stalin* verfolgt ihn... immer!!*

Aber eben da ertränkte das große Trommeln seine Klopfsignale. Rubaschow klopfte mit allem, was er hatte. Besonders mit seinem Arsch.

---

* *Druckfehlerberichtigung:* Statt «Stalin» lies «Malenkow»**.
** *Druckfehlerberichtigung:* Statt «Malenkow» lies «Chrustschow».

Auf andere Art so stramme Richtung

Nach Johannes R. Becher

Freundschaft ist: dem Freund auch zu sagen, wenn er aus dem Munde riecht.

J. R. Becher: Auf andere Art so große Hoffnung, Tagebuch, S. 34

– großartige Melodie dazu einfiel.

Nach Hause, und weiter an Gesamtausgabe der Gedichte gearbeitet. Warum schließe ich gewisse alte, inzwischen volksfern gewordene Gedichte aus? Gerade *weil* ich in offenem Gegensatz stehe zu jenen Übereifrigen (obgleich von redlichstem Willen Erfüllten!) auf unserer Seite, die alles regimentieren wollen. Ich kann es mir leisten, ohne Regimentierung Gedichte wie dieses hiemit ins Grab zu legen:

Zementblaue Fahne. Reihenschluß gefestet.
Azure stürzen linkswärts Tritt und Schritt.
Berlin, Berlin! Der Röhrenhals von Fremdgeld
glanz-gemästet,
O Totenmarsch, asphaltenst unser mit.

Ins Grab damit! – Auf Heimweg auch noch K. aufgesucht. Ihn verstört gefunden über durch eigene Torheit heraufbeschworene Situation. Über die größten Lyriker des Jahrhunderts zu schreiben, ohne Stalin zu erwähnen! Wird hoffentlich nie bezweifeln, daß *ich* zu ihm stehen werde. Treue um Treue. Ihm vor einigen Monaten mit schriftlicher

Widmung geschenktes Buch zurückentlehnt, mit taktvoller Ausflucht. Glücklicherweise schon dunkel, als weggegangen.

Zu Hause ungeheurer Packen Briefe von Kindern aus Johannes-R.-Becher-Schule. War zu verachtenswert blasiert, sie auch nur zu zählen. Jeder echte Werktätige hätte gezählt! (Es waren fünf.) Brief eines Dreieinhalbjährigen:

«Josef Stalin, ihn stelle ich mir als Lehrer einer Jungenklasse so vor: Mit schmunzelndem Gesicht, das er auch bei seinen Sorgen nicht verliert, steckt er seine Pfeife an und sagt: ‹Also, liebe kleine Bürger unseres Staates, heute sprechen wir mal vom Frieden. Da gab es schon vor vielen Jahren einen Mann, der hieß Lenin, der war der Freund eurer Vatis und Muttis und kämpfte unerbittlich bis auf den letzten Mann, daß es Frieden gäbe, und ihr alle und ich und die vielen anderen Vatis und Muttis wollen und werden Schulter an Schulter bis zur letzten Patrone das verwirklichen, was unser Genosse Lenin gelehrt hat.›»

Erstaunlich, für einen Dreieinhalbjährigen! Wo gibt es derlei im Westen? Die reifende Idee des Friedens.

Ehrende Aufforderung, demnächst anläßlich eines Tee-Empfanges des Präsidenten den Trinkspruch zu halten. Mir sofort etwa folgende Gedanken gekommen: «Ihnen, Herr Präsident, gehört der *Glaube* des deutschen Volkes, weil Ihnen seine Liebe und Hoffnung gehört. Es gehört Ihnen seine *Liebe,* denn Sie sind der Besitzer seiner Hoffnung und seines Glaubens. Und seine *Hoffnung* gehört Ihnen, weil –» Etwa in diesem Sinne weiter. Dann:

«Da hat mir ein Zweieinhalbjähriger erst heute morgen einen Brief geschickt, in dem er schreibt: ‹Unseren geliebten Präsidenten Pieck, ihn stelle ich mir als Lehrer in einer Jungenklasse –›» In *diesem* Sinne. Auf Stalin *und* Lenin Bezug nehmend. Die dichterische Erweiterung.

Das «Lied von der Blauen Fahne» über Nacht wie im Traume großartige Fortschritte gemacht. Plötzliche Visionen einer *Veredelung* des gestern vielleicht doch ein wenig voreilig weggeworfenen expressionistischen Gestammels. (Wir verwerfen nicht, wir veredeln!) Erste Strophe:

Die Fahne hoch, die Reihen fest geschlossen.
Mit blauer Fahn' marschiert die Efdejott.
O Deutschland, das Wallstreet und Bonn
gemeuchelt und erschossen,
Marschierst «Links» und «Links» im gleichen
Schrott und Trott.

Die letzten Worte vielleicht noch gelegentlich etwas zu retuschieren? Vielleicht nicht ganz volkstümlich genug. Inzwischen Eisler am Telefon vorgelesen, dem sofort eine großartige Melodie dazu einfiel. Rundfunksendung arrangiert.

K. versucht später, bei mir vorgelassen zu werden. Schmerzlich, durch seine Taktlosigkeit gezwungen zu sein, ihm sagen zu lassen, ich sei verreist. Er hat alles selbst verschuldet! Dennoch weiter schmerzliche Hoffnung, er weiß, ich stehe ihm seelisch nahe, wenn auch von fern.

Heute wieder jener Arbeiter, der kürzlich als Aktivist ausgezeichnet wurde. Sein Betrieb hatte gestrige Radiosendung meiner «Blauen Fahnen» *stehend, mit erhobener Grußfaust* angehört, dann aber beschlossen, mir Verbesserungen des Liedes vorzuschlagen, die auf stärkere Betonung des *Friedens* Gewicht legen. Diese Verbesserungen künstlerisch kaum annehmbar, wenn auch markig und rührend. Dennoch: vielleicht haben sie recht, was meine Säumigkeit bezüglich des Friedens anlangt?

Heute die furchtbare, die alles zerschmetternde Nachricht: Stalin ist nicht mehr. Beschlossen, einen ganzen Monat nicht wieder zu schreiben.

*

Schmerzliche Wiederaufnahme. Malenkows Rundfunkrede, bourgeoise Liebedienerei und Heldenverehrung verdammend. Richtig, richtig!!

Auf dem Weg zu Präsidentenempfang für kurze Minute zu K. hinaufgegangen, um ihm gewidmetes Buch zurückzubringen. Zusätzliche Inschrift: «Treue um Treue!» Immer schon sehr für ihn gewesen!

Toast für Präsidenten. Großer Erfolg. Nach der von allen Anwesenden mit sichtlicher Rührung aufgenommenen Passage über Treue, Liebe, Hoffnung etc. fortgefahren: «Und nun will ich Ihnen aus einem zufällig gerade heute morgen empfangenen Briefe eines eindreivierteljährigen Aktivisten vorlesen. Da schreibt er: ‹Das Zentrale Komitee der Kommunistischen Partei, das stelle ich mir als Lehrergruppe in einer Jugendklasse so vor: mit schmunzelnden Gesichtern stecken sie sich ihre Pfeifen an –› »

Pieck mir nur schweigend die Hand gepreßt.

Später auf dem Heimweg mir endlich die im Sinn der Kritik jener Arbeitergruppe neugefaßte erste Strophe meiner «Blauen Fahnen» eingefallen:

Der Friede hoch! Die Reihen fest geschlosselt.
Die Efdejott marschiert, blau bis ins Herz.
Der Friede, den Wallstreet und Bonn erdrosselt,
Marschfried im Friedensgeiste friedenwärts.

Letztes Wort der ersten Zeile vielleicht noch etwas sozialistisch-realistischer zu bearbeiten; aber wunderbare letzte Zeile! Plan eines offenen Briefes an den Druckfehlerteufel, etwa: «Lieber Genosse Drucker, nein, es heißt *nicht* ‹marschiert›, sondern ‹marschfried›! Erscheint es nicht auch Ihnen, lieber Genosse, daß *unser* Marschieren etwas anderes ist als das der anderen, mit ihren McCarthys? *Sie* marschcarthen unerbittlich von Stufe zu Stufe – *uns* aber laßt marschfrieden!»

(Einfach: man muß bloß ein Dichter sein. Aber eben ein *Dichter.* Ich wiederhole: ein DICHTER!)

Die neue Strophe am Telefon Eisler vorgelesen, dem auch sofort eine großartige –

Theatralisches Panoptikum 1

Othello

Nach Noël Coward

Othello: Hast du zur Nacht gebetet, Desdemona?

Desdemona: Bitte, Othello. Wie du willst. Nenn mich nur weiter Desdemona, wenn du unbedingt möchtest, daß mir übel wird. Das tut es, seit ich denken kann. Meine Gouvernante mußte bloß sagen: Des-de-moh-nah! Wirkte immer sofort. Außerdem zwang sie mich, Spinat zu essen. Ich hasse Spinat. Du auch? Man sollte Eltern verbieten, ihren Kindern solche Dinge anzutun.

Othello: Ihnen Spinat zu geben oder ihnen Gouvernanten zu geben, die ihnen Spinat geben?

Desdemona: Ihnen Vornamen zu geben, die fünf Silben lang sind.

Othello: Vier Silben.

Desdemona: Sei nicht rechthaberisch. Selbst wenn es vier Silben sein *sollten,* sind es um drei zu viel.

Othello: Es *sind* vier Silben. Aber es kommt nicht mehr darauf an. Tut mir leid, Desda, du sitzt hier auf deinem Sterbebett.

Desdemona: Wie schrecklich. Willst du ein Engel sein und mir diesen Tiegel halten? Aber gib acht, das Ding ist flüssig. Meine neue Nachtcreme. Die himmlischste, die ich je hatte. Zwölf Mark fünfzig, von Tokaderm. Bespritz dich nicht. Hast du gesagt: Sterbebett?

Othello: Ja, Des. Er stellt den Nachtcreme-Tiegel vorsichtig auf den – Nein. Pardon. Das ist die Regiebemerkung. Herr Bölke!

Regisseur: Die Regiebemerkung mache ich! Nochmal, bitte. Von «Sterbebett».

Desdemona: Bespritz dich nicht. Hast du gesagt: Sterbebett?

Othello: Ja, Des.

Regisseur: Er stellt den Nachtcreme-Tiegel vorsichtig auf den Toilettentisch links, kreuzt dann nach rechts und zieht aus der Hüftentasche seines etwas zu wohlgebügelten Anzuges einen Revolver, den er heimlich auf dem Tischchen halb rechts deponiert. – Weiter bitte.

Desdemona: Du siehst aber wirklich aus, daß man sich fürchten könnte, Ot. Willst du was trinken?

Othello: Nein, danke.

Desdemona: Schade. Falls du wünschst, daß ich vor meinem Hinscheiden noch ein paar Geständnisse mache –

Othello: Ja, fein, schieß los.

Desdemona: Ich habe immer nur dich geliebt –

Othello: Na, ich bitte dich! *Diese* Tour –

Desdemona: Du hast mich unterbrochen. Ich habe immer nur dich geliebt, und wenn ich je Cassio an mich heranließ – *nur,* weil der unterste Teil seines Rückens dem deinen glich. So schlank, so stark, so entzückend sonnenverbrannt wie –

Othello: Sonnenverbrannt?

Desdemona: – wie sonst nur bei dir und Jago.

Othello: Jago *und* Cassio –?

Desdemona: Wir Frauen lieben stets den einen in dem andern – und den andern in dem einen. – Brillant, was?

Othello: Ganz Oscar Wilde.

Desdemona: Warum nicht? Eine Kleinigkeit nachgewildet, aber doch auch ein Beträchtliches vorgegoetzt.

(Läutet. Tür.)

Stubenmädchen: Madame wünschen?

Desdemona: Ich glaube, Monsieur braucht jetzt was Starkes für seinen Magen.

Stubenmädchen: Sofort, Madame.

(Tür.)

Othello: Wie sonderbar!

Desdemona: Was?

Othello: Als du mir zum erstenmal was zu trinken anbotest: wenn ich schon damals ja gesagt hätte, statt nein?

Desdemona: Dann hätte ich schon damals geklingelt, das Stubenmädchen wäre schon damals gekommen, und ich hätte keine Zeit gehabt –

Othello: Wie wäre das also gewesen?

Desdemona: Wart, machen wir. – Herr Bölke!

Regisseur: Ja?

Desdemona: Sei so süß, Liebling, gib uns noch einmal die Regiebemerkung.

Regisseur: Othello stellt den Nachtcreme-Tiegel auf den Toilettentisch, zieht dann heimlich einen Revolver –

Desdemona: Das genügt! – Othello, du siehst aber wirklich aus, daß man sich fürchten kann. Willst du was trinken?

Othello: Ja!!!

Desdemona (klingelt, ruft): Einen starken Schnaps für Monsieur.

Stubenmädchen (aus der Ferne): Ich komme sofort, Madame.

Desdemona: In diesem Fall bleibt mir natürlich

keine Zeit, dir irgendwelche Ehebrüche zu gestehen. – Ich war dir stets treu! . . .

Othello: Entsetzlich. – Bleibt mir zum Zweck der dramatischen Steigerung höchstens noch –

Desdemona: Ha, halt, was tust du denn da, laß den Revolver sein. Nicht in deinen Mund!

Othello (kauend): Reg dich nicht auf, Des, er ist aus Schokolade. Toblerotti, eine Mark fünfzehn, mit Geschmackswahl; à la Vanille, oder à la Haarpomade. – Versuchen?

Desdemona: Wenn ein Mann heutzutage noch einen Revolver zieht, ist entweder der Revolver kein Revolver oder der Mann kein Mann. – Gut, was?

Othello: Unerträglich. Da bleibt nur eines –!

Desdemona: Halt!

Othello: Der Revolver ist echt!

(Schuß.)

Desdemona: Ah! Er hat sich wirklich erschossen.

Othello (sterbend): Als – Pointe –!

Desdemona: Und der Teppich ist eben vom Reinigen gekommen!

(Tür.)

Stubenmädchen: Da sind die Schnäpse, Madame.

Desdemona: Zu spät! Um einen Dialogsatz zu spät, Sie Gans. – Othello! Stirb mir nicht so rasch. Und wenn der Schokoladerevolver echt gewesen wäre und der echte aus Schokolade, und du infolgedessen –? Oder wenn der Revolver mit Nachtcreme geladen gewesen wäre und statt dessen der Nachtcreme-Tiegel mit –? Oh! Er stirbt!

Stubenmädchen: Wie ungeheuer dramatisch. (Einschenken.) Darauf muß ich mir einen genehmigen.

Vorhang

Othello

Nach Karl Schönherr

Othello: Hast dein Nachtgebet g'sprochen, Desdevroni?

Desdemona: Desdevroni nennst du mich? Daß eins ganz krank wird bis in die innersten Eingeweid'. Die fromme Klosterschwester, die mich aufgezog'n hat – *die* hat mich so g'nannt. (Aufschrei.) Den Eltern sollt' man so was verbieten!

Othello (finster): Daß s'dich von einer *Frommen* haben aufziehen lassen?

Desdemona (heiß): Der lange Nam'! Schier unchristlich kommt man sich vor damit. Da muß sie einem ja mitten im Leib sitzen, die Sinnlichkeit.

Othello (schwer): Vroni, das Bett, auf dem du da sitzen tust – schau's dir an, das Bett. (Aufflakkernd:) Weißt du, was das da für ein Bett ist?

Desdemona: Hast sie vielleicht nicht mit mir geteilt – die Schuld – in dem Bett?

Othello: Wird heut noch dein Totenbett sein!

Desdemona: Totenbett? Ha! (Sich sammelnd:) Halt den Topf. (Unwiderstehlich:) Halt den Topf!

Othello: Was ist das für ein Topf, Weib? Ist was Flüssig's drin.

Desdemona: Hast es erkannt, das Flüssige? Ist das heilige Salböl. Tust da vielleicht nicht erzittern, Mann?

Othello (dumpf): 's Salböl . . .

Desdemona (stark): Hat eins ein Recht darauf, daß es

seine Salbung hat, bevor daß es niedergemetzelt wird.

Othello: Weib, an dir metzelt sich's nicht so leicht.

Desdemona: Leicht genug! Und jetzt kannst es auch haben, das Eingeständnis von dem, warum jeder Stadtfrack oder Gendarm mich einen Weibsteufel heißen mag.

Othello (finster): Heißt dich selber vielleicht was anderes, Desdevroni? Hätt'st sie eben nicht treiben dürfen – die Unzucht mit dem Casserl.

Desdemona (leidenschaftlich): Mit dem Cassier! Von der Landeshypothekenanstalt ist er – hast das vergessen? Und wie hätt'st die Hypothek gezahlt auf unser Häus'l, wenn ich ihn nicht umgarnt hätt' mit meine Liebeskünst'?

Othello (schwer): Der Cassier ist tot.

Desdemona: Tot? Tot! Unschuldig war er! Da war ohnehin nur der Cassier auf dem Schuldschein von meiner Brunst. Nur der Cassier – außer dem Jager.

Othello (auffahrend): Der Jager auch?

Desdemona (heiß): Hab' ja müssen! Hätt' dich ja ins Zuchthaus gebracht, der Jager – dich, den Wilderer.

Othello (noch schwerer): Weib, auch den Jager hab' ich schon totg'macht.

Desdemona: Mann, hast denn keinen Gott?
(Ferne Glocken.)
Horch! Wenn's Aveläuten so von die eisigen Berggipfel herunterklingt – da *muß* eines ja doch einen Gott haben, Mann.

Othello (finster): So wie du den Teufel hast.

Desdemona: Ah! Was ziehst denn da heraus aus deiner

Lederhosen, so einfach vor dem ganzen Publikum?

Othello: Das ist der Hirschfänger, mit dem ich sie beide um'bracht hab'. Und hiatzt –

(Getümmel.)

Desdemona (keuchend): Schmeißt mich auf den Tisch? Wieso schmeißt mich denn auf den Tisch? Wie ein' g'fangenen Gemsbock, dem was du die Kehl' durchschneiden willst – Wilderer. (Gleisnerisch:) Mit dem Hirschfänger traust dich, Feigling. Aber mit der nackten Hand daß du über meinen brünstigen Leib hinfahrst, wie ich da waffenlos vor dir lieg' – das traust dich nicht!

Othello: Trau' ich mich nicht? Oho! (Ächzend:) Trau' ich mich nicht?

Desdemona (stockend): Daß einem schier die volle Sinnlichkeit durch die Gebeine rieselt.

Othello (ächzend): Weib, an dir – da hat einer einmal was zum Anhalten dran.

Desdemona: Ah! Was machst denn? Giab's Messer weg!

Othello: Kehr's ja nur gegen mich selbst!

Desdemona: Nein! Jesus Maria! Oh, hat er sich richtig selbst entleibt.

Othello (verröchelnd): Auf einen Toten mehr oder weniger kommt's jetzt schon nicht mehr an.

Desdemona (dämonisch zusammenbrechend): Und das ganze bluatige Bluat über der guaten Stuab'n! – (Groß, rauh:) Jetzt gebt's mir ein' Schnaps!

Vorhang

Emperor Othello

Nach Eugene O'Neill

Othello (whistles shrilly, with his fingers in his mouth).

Desdemona (softly): I do wish you wouldn't make me jump so awful much, Oathel. Ev'ry time you pop in.

Othello: Has you say yer night priers, Dessie? 'cause you better give me credit fo' dat I'se none o' dose no-count fool bushniggers dat ain't got brains enuff to know how ter b'have when killin' a lady.

Desdemona: You wanna get me scared stiff by yer monkey-shinin', don't yer. But howd'ye look, for Chrissake! Yer eyes arollin', an' ye're gnashin' yer teeth like that allegiter C'pt'n Smithers brought home from vige th'other day.

Othello: Sho' I'se a good un' at rollin' eyes. I use t' be de finest eye-roller o' the United States. Yes, suh!

Desdemona: I reckon there ain't no use sayin' nothin' more. I ain't committed no sin 'xept wantin' you . . . that way.

Othello: Oh yea? Look-a-heah, white woman. Does you think I'se a natural bo'n fool? You kin bet yo' whole money on one thing. Dis baby know what he say, dat's a fac'! What 'bout dat best quality silk sca'f I'se been grabbin' off dat fat'eaded trader I bumps off? And you give it to dat lousy ig'nerant skunk, Cassio or whate'er his outland'sh name be.

Desdemona: Oh, Oathel. He jus' m'st 've found it. Jus' ask 'im, Oathel.

Othello: Him won't give no answers, lady. Not on yo' life! I'se done him in, sho!

Desdemona: Waal, you shou'n't 've done that.

Othello: How come ye sheddin' tears if h'd'sn't mean 'nything t'you, hussy? You kin bet yo' socks dis time I leave ye a dead hussy fo' sho'.

Desdemona: Don't. Better send me 'way 'stead of 'avin' th' trouble with th' corpse an' death certificate an' all, see? An'way if you r'lly feel ye can't stop y'self... why jus' today?... No good? Waal, then at least let's 'ave tea first!

Othello: No kiddin'. (Kills her, shootin' from the hip.)

Desdemona (dyin'): Gosh.

Emilia (comes in): What ye done? Ye rotten good-for-nottin' murderer? Ye fat'eaded bloomin' pig of an idiot? Ye lousy syphilitic dirt of a castrated old 'orse that's too bloody stinkin' to be used for dog's food 'cause no veterinary surgeon would allow any decent dog to...

Othello unter dem Milchwald

Nach Dylan Thomas

1. Stimme (sehr leise): Aufhören, wo es aufhört. Es ist Abend geworden in der kleinen Stadt, abendlabender Labe-Abend. Sst! Die Babys schlafen. Sogar die Raben haben ihre schlappen Flappen schon zur Nacht gefaltet in der eingelullten, umstummten Stadt. Sst! Hörst du sie atmen? *So* atmen

2. Stimme: Die Babys. Die Raben. Herr und Frau Oberpostrat Schwannecke.
(Entsprechende Geräusche.)

1. Stimme (poetisch): Und die Gerüche. Die Akazie riecht. Im vierten hohen Glasgefäß im Schranke des Apothekers Richards riecht Lindenblütentee. Das Baby des Bäckers Brown riecht nach Babypuder und sonst noch was und träumt von Sternen in den Fernen. Von Gestirnen über Firnen. Von Stornen, die sich in Bornen spogeln. Auf der Gondel, auf unserer schlafschattenhaft verflatternden Lagune, sagt Myfrawny Meier aus Bückeburg

Fr. Meier: Hugo! Hach, kannst du hören, wie es s-t-inkt?
(Eine Pause.)

1. Stimme: Auch unser Briefträger Alles-Dalles tut Ähnliches: Er atmet ebenfalls.

Alles-Dalles (tut es).

1. Stimme: Hastig. Er schläft nicht. Er steigt die Treppe hoch, im Palazzo des Gemeindeadmirals

O'Thelly. Mrs. Desdemonica O'Thelly würde ihm wie sonst immer die Briefe abnehmen, um sie zuerst zu lesen, aber diesmal –

(Schwer schnarchende Frauenstimme.)

2. *Stimme:* – ist sie ein wenig eingeschlummert, zu einem schwalbenflatterzarten Nickerchen. Zu O'Thelly sagt inzwischen Alles-Dalles

Alles-Dalles: Ich bringe einen Brief an Sie von Jago Jones, er teilt Ihnen in ihm streng vertraulich mit, daß er mit seinem Fernrohr Cassidy Pritchard auf dem Gipfel der Dogana von Cadr-Idris beobachtet hat, wie er sich in ein Taschentuch

Cassidy Pritchard (schneuzt sich).

Alles-Dalles: Es war ein Taschentuch aus Kunstseide mit der Aufschrift

Das Taschentuch: Herzliche Grüße aus Aberystwyth.

Alles-Dalles: Und jetzt fragt Sie Jago Jones: Ist das nicht das Taschentuch, das Sie zum vorigen Eisteddfodd der Myfrawny O'Thelly gegeben haben – und wie kommt es dann zu Mr. Cassidy? – Was tun Sie da mit Ihren Zähnen?

O'Thelly (knirscht).

1. *Stimme:* Man hört sie knirschen.

(Pause.)

2. *Stimme:* Myfrawny Desdemonica O'Thelly schläft inzwischen weiter ihren Schwalbenflügelflatterschlaf.

Desdemona (schnarcht).

1. *Stimme:* Sie hat zum Abendbrot Ente mit Bratkartoffeln gegessen und zu viel Rotkohl, und der Rotkohl sagt zu der Myfrawny

Rotkohl: Ich trenne mich nicht von dir.

2. Stimme: Die Ente aber schmiegt sich an ihren Traum und flüstert

Ente: Kennst du mich noch? Ich bin die mit dem Watschelgequatschelquackgekacke. Als die Magd mit dem Messer kam, habe ich einen falschen Schritt getan.

1. Stimme: Die Kartoffeln aber sagen bloß in ihrer Kartoffelsprache

Kartoffeln: Umpf.

2. Stimme (leise, poetisch): Umpf, im Magen der schlafschlatterschnatternden, der schnarchbarchent-überzwarchten Myfrawny Desdemonica, indes ihr Mann, Gemeindeadmiral O'Thelly, über dem Knigge für feine Umgangsformen beim Gattinnen-Killen brütet. Der Knigge sagt

Knigge: – niemals ohne vorherige gesellschaftliche Konversation, in diesem Sonderfall womöglich über ein religiöses Thema, zum Beispiel –

1. Stimme: Infolgedessen

2. Stimme (poetisch): Infolgedessen

1. Stimme (noch poetischer): Infolgedessen

Desdemona (schnarcht, bricht ab. Im walisischen Rhythmus): Ah! Was ist in dich hineingefahren, Mr. O'Thelly, daß du mich weckst? Ich bin heute für dich nicht zu sprechen, ich hab' zuviel gegessen. Ich hab' geträumt!

O'Thelly (Rhythmus wie oben): Schlafen, vielleicht auch träumen.

Desdemona: Wo bleibt deine Bildung, Mr. O'Thelly? Das ist aus einem anderen Stück.

O'Thelly: Hast du auch schon richtig dein Nachtgebet aufgesagt, Mrs. O'Thelly?

Desdemona: Aah!!

1. Stimme: Sie ist eben von ihm umgebracht worden.

2. Stimme: Die Ente in ihrem Magen ist von der O'Thellyschen Köchin umgebracht worden, sie heißt Gwendolyn Lloyd-Richards – nicht die Ente, sondern die Köchin selbst.

1. Stimme (leise, stimmungsvoll): Auch die Kartoffeln sind von Gwendolyn Lloyd-Richards umgebracht worden.

2. Stimme (noch stimmungsvoller): Desdemonica O'Thelly ist gar nicht von Mr. O'Thelly umgebracht worden, sondern von seinem Minderwertigkeitskomplex.

1. Stimme (singend): Weil er ein Schwarzer ist!

2. Stimme Dabei sagt unser Briefträger Alles-Dalles, der es doch wissen muß, im Wirtshaus (Wirtshauslärm.)

Alles-Dalles: Er ist nicht einmal ein echter Schwarzer, ist er nicht einmal.

1. Stimme (dunkel): Und was sagt O'Thelly selbst?

2. Stimme: Er sagt es zu Emylin Jones-Owen, die Mrs. O'Thellys Kammerzofe war, und hereingekommen ist, um ihm wegen des vielen Blutes auf dem Teppich Vorwürfe zu machen. Er sagt

O'Thelly: Ich bin gar kein echter Schwarzer. Mein Urgroßahne hat der Prinzessin Gwynffrydd Llangyuddbyw einen gewissen Vorschlag gemacht, worauf sie sagte, bevor sie ihm das gewähre, könne er warten, bis er schwarz wird! So ist er schwarz geworden, samt Kind und Kindeskind!

1. Stimme: Schwarz – schwarz. Auch die Nacht wird inzwischen schwärzer und schwärzer.

2. Stimme: Nur Myfrawny Emilyn nimmt Mr. O'Thellys Rechtfertigungsversuche nicht an und besteht darauf, fortzufahren

Emilia (schimpft auf walisisch. – Ein Schuß).

1. Stimme (trocken): Peng! Hat er sich selber umgelegt.

2. Stimme (poetischer und poetischer): Aufhören, wo es aufhört. Aus dem Milchwald über der Stadt steigen die Nebel in die nachtschattenhaftene Nachtbenebelung, wie Traumtränen über das stolpernde Holperpflaster unter die schattennachtschattenden satten Ratten von Jones-Richards und Roberts-Pritchard in den umglumpften Untersturz, und das Blut lurrt in den kurzen Wurzeln der Schläfer. Die tiefe Nacht des schiefen Wachtmeisters ist ganz sacht. Die Fachtung über der schlafbehafteten Befrachtung des Eia-Popeia-bereiften Schlafhafens der Hafenschläfer –

1. Stimme (flüsternd): Und in diesem Sinne weiter – und weiter – und immer weiter. Ssst!

Theatralisches Panoptikum 2

Wir gähnen auf Wardot

Nach Samuel Beckett

Emanuèle: Da sind Sie.
Roquecoin: Bin ich? Meinen Sie?
Emanuèle: Sie sind Roquecoin!
Roquecoin: Roque –?
Emanuèle: Roquecoin, Eckenfels. Oder Felseneck.
Roquecoin: Oder Roquecoin. Umarmen wir uns!
Emanuèle: Oder einander?
Roquecoin: Die einander umarmen, umarmen nicht sich selbst.
Emanuèle: Aber die sich selbst umarmen, umarmen einander nicht.
Roquecoin: Hat das Wardot gesagt?
Emanuèle: Wer ist Wardot?
Roquecoin: Das weiß ich nicht. Ich weiß nur: wir gähnen auf ihn.
Emanuèle: Kamen Sie nicht her, um auf Cunots Mutter zu gähnen?
Roquecoin: Ich erinnere mich an nichts. Sind Sie Cunots Schwester?
Emanuèle: Wer weiß, wessen man was ist?
Roquecoin: Wer weiß, warum man wozu?
Emanuèle: Wer weiß, wessen man was ist?
Roquecoin: Wer weiß, warum man wozu?
Emanuèle: Wenn Sie Ihre Hose ausziehen – ich werde sie plätten und betreuen, als wär's ein Stück von mir.
Roquecoin: Hose, ah, hier, helfen Sie mir, au, nein, oh, jetzt, voilà! – Aber die Evangelisten ha-

ben keine Hosen ausgezogen. *Gott* hat keine Hosen!

Emanuèle: Hat Herr Wardot eine Hose?

Roquecoin: Das weiß man nicht. Vielleicht hat Cunots Mutter eine Hose?

Emanuèle: Das wird man nie erfahren.

Roquecoin: Nie?

Emanuèle: Oder immer.

Roquecoin: Ist das dasselbe?

Emanuèle: *Mir* ist es dasselbe.

Roquecoin: Verzeihen Sie, haben Sie eben etwas gesagt? Ich war eingeschlafen.

Emanuèle: Zu früh! Zu früh! Oder zu spät?

Roquecoin: Vielleicht weiß das Wardot.

Emanuèle: Vielleicht wissen Sie selbst es, wenn Sie Wardot sind. Wie sieht er aus?

Roquecoin: Er hat einen langen Bart.

Emanuèle: Alles, was Sie selbst sagen, hat einen langen Bart. Aber Sie sind es nicht. Wir sind nicht er.

Roquecoin: Wir gähnen nur auf ihn.

Emanuèle: Ich werde jetzt fortgehen.

Roquecoin: Sie werden fortgähnen?

Emanuèle: Ich werde jetzt fortgähnen, um Cunots Mutter zu sagen, daß Sie da sind.

Roquecoin: *Wenn* ich es bin!

Emanuèle: Umarmen wir einander!

Roquecoin: Uns!

Emanuèle: Einander! Kuß!

(Kuß. Schritte ab. Gähnen.)

Roquecoin: Wir gähnen auf Wardot!

(Es plätschert. Dann Schritte.) Wer kommt dort? Traue ich meinen Augen? Da kommt Cunot!

Cunot: Roquecoin!

Roquecoin: Bist du es?
Cunot: Nein.
Roquecoin: Ich bin es auch nicht.
Cunot: Was hast du da eben getan?
Roquecoin: Ich mußte nur mal bloß rasch.
Cunot: Im Treppenhaus? Was du suchtest, ist am Ende des Ganges rechts.
Roquecoin: Ich habe mir eine Melodie gepißt. Hör zu!
(Er tut es.) Wäre es am Ende des Ganges rechts gewesen?
Ich hatte den Lichtschalter nicht gefunden.
Cunot: Wie der linke Schächer.
Roquecoin: Der linke Schächer? Hat der auch –?
Cunot: Auch er im Finstern. Auch er das Licht nicht gesehn.
Roquecoin: Nicht du hättest kommen sollen, sondern deine Mutter!
Cunot: Bin ich nicht meine Mutter? Ist nicht jeder von uns seine Mutter?
Roquecoin: Hast du Hosen an? Ja, dann bist du sie.
Cunot: Hand in Hand hätten wir uns aufhängen sollen! Am Eiffelturm! Schon bevor dies alles begann. (Gähnt:) Entschuldige, weißt du, auf wen wir gähnen?
Roquecoin: Ich sage es nicht. Nein, ich sag' es nicht. Sag auch du es nicht!
Cunot: Hat Herr Wardot es gesagt?
Roquecoin: Hör auf, hör auf, hör auf, hör auf! – Ob er was gesagt hat? Gib mir eine Rübe.
Cunot: Oder einen Radi.
Roquecoin: Eine Rübe oder einen Radi.
Cunot: Oder eine Rose.

Roquecoin: Wenn man eine Rose zu Ende ißt, schmeckt sie schlechter als am Anfang.

Cunot: Wenn man dagegen einen Radi –

Roquecoin: Was?

Cunot: Nichts! Ich sag' es nicht.

Roquecoin: Deine Mutter hat keine Hose, aber die Tante meines redlichen Schusters hat die Blattern. Das hat Langenscheidt gesagt. Dialog Methode Langenscheidt!

Cunot: Kommt da wer?

Roquecoin: Nein, da geht wer. Ich!

Cunot: Adieu! – Du bleibst?

Roquecoin: Mein Stiefel! Au. Der Absatz. Da, paßt nicht. Zu groß!

Cunot: Je größer der Stiefel, desto größer der Absatz.

Roquecoin: Gestohlen! – Man müßte wissen, ob gestern heute war. Aber vielleicht ist hier bloß dort? Ist *jeden* Donnerstag erst Montag?
(Schritte.)
Jemand kommt schon wieder!

Cunot: Meine Mutter!

Mme. Tristot: Guten Tag. Wer seid ihr?

Cunot: Wardot hat es gesagt. Die Zeitung hat es gesagt. Wir sind die Fratellinis, aber auf Kotz.

Roquecoin: Auf Kotzkotz.

Cunot: Auf Tiefkotz.

Mme. Tristot: Denken Sie bloß.

Roquecoin: Lieber nicht. Ich hatte einen alten Onkel, der dachte den ganzen Tag. Dann stellte sich heraus –

Cunot: Nein, erzähl es nicht.

Roquecoin: Dann stellte sich heraus, er dachte hinter seiner denkfurchigen Denkerstirn –

Cunot: Erzähl es *nicht!*

Roquecoin: Er dachte: soll ich jetzt zuerst meine Zeitung lesen und dann scheißen oder soll ich zuerst scheißen und dann meine Zeitung –?

Cunot: Nein!

Mme. Tristot: Denken Sie selbst!

Roquecoin: Ohne Hut?

Mme. Tristot: Da haben Sie Ihren Hut.

Roquecoin: Obwohl beziehungsweise gerade weil infolge der existentionellen Erkenntnisse von Kierkesartre und Heidegaart die Un-Existenz infolge des – absolut! durch den Hut gesprochen! – infolge des Langenscheidtschen Wider-Tiefsinns beziehungsweise obtrotz – obtrotz! – der langen Scheide des langen Scheideweges der Verdacht eines akuten Falles von Tiefen-Synonymitis mit Gähnsymptomen nicht von der Hand zu weisen gewesen worden hätte

Mme. Tristot: Still!

Cunot: Genug!

Roquecoin: – oder auch eben gerade! Zum Trotz! zum Kotz! zum Tiefkotz! – der Tiefstiefel sein Hinabwässerchen in die Sickeranlage des Kierkegaartens mittels der Stiefeltypologie der Tiefenpsychologie nicht nur hinabgekeltert –

Cunot: Kusch!

Roquecoin: – sondern auch hinaufgestuft ins Heideggerisch-Kosmische die Sartresche Pessimistik gerade *infolge* der Langenscheidtschen Synonymerkrankung der Tante –

(Krachen.)

Mme. Tristot: – erschlage Sie!

Roquecoin (angeschlagen): – die Feder der Tante

zwar *nicht* dem Gähnen des Sehnens positiv-negativ, aber doch wenigstens negativ-positiv – (Krachen.)

Roquecoin (verzweifelte Ausrufe unter Schlägen): Nichtsdestotrotz! Nicht post triste, sondern propter! Heidegger! Unbeschadet des vorangehend Folgenden! Existentionell! (Knall.) Tief! Mief! Schlief! (Lautes Krachen; verröchelnd:) Schief!

(Stille.)

Cunot: Und – was – jetzt?

Mme. Tristot: Jetzt spielen wir's von hinten nach vorn!

Vorhang

Frau Ehre

Nach Hermann Sudermann

v. Felseneck (tritt ein).

Emma (erhebt sich und legt den Strickstrumpf beiseite).

v. Felseneck: Ich muß um Vergebung bitten. Der Diener wies mich in diesen Salon. (Mit einer Verbeugung:) Horst Baron Felseneck-Stolzenstein. Es war Frau Kommerzienrat Trestow, die ich, der Jugendfreund ihres Sohnes Kuno, hier anzutreffen erwartete.

Emma (lebhaft): Kunos Jugendfreund?

v. Felseneck (beiseite): Holla! Bläst der Wind aus dem Loche? (Laut:) Mein Fräulein, verzeihen Sie meine Unkenntnis. Nie sprach mir Kuno von einer Schwester.

Emma (errötend). Schwester? Ich bin nicht die Tochter des Hauses. Ich bin die Tochter eines armen, doch ehrlichen Mannes in Kötzschenbroda. Einer edlen Regung im Herzen des verstorbenen Kommerzienrates verdanke ich es, daß ich in diesen Räumen aufgezogen wurde.

v. Felseneck: Nicht Sie, mein Fräulein – diese Räume sind dem Herrn Kommerzienrat hierfür Dank schuldig!

Emma (mit dem Finger drohend): Sie sind ein Schelm.

v. Felseneck (mit einer Verbeugung): Mein Fräulein...

Emma: Nun aber will ich Frau Kommerzienrat von

Ihrer Anwesenheit in Kenntnis setzen. (Rasch ab gegen die inneren Gemächer.)

v. Felseneck (auf und nieder gehend): Dieses Prachtmädel hat er mir verschwiegen. Ob es mir wohl gelingen wird, die Kommerzienrätin zu dieser Verbindung zu überreden? Ob Mutterliebe stärker ist als Familienstolz? Es muß gewagt werden! Habe ich doch schon gefährlicheren Aufgaben gegenübergestanden.

Kuno (stürzt herein): Horst!

v. Felseneck: Du hier, mein Junge? Du solltest doch erst in einer Stunde kommen!

Kuno: Es hielt mich nicht mehr in dem fremden Hotelzimmer. So nahe der Heimat! Ich mußte! Ich entschloß mich . . . ich eilte . . . ich flog . . .

v. Felseneck (beiseite): Nun kenne ich, was er – in allen Ehren natürlich – seine Heimat nennt. (Laut:) Ruhig Blut, Junge!

Kuno: Ruhig Blut! Oh, Horst, seit du mich, den noch nicht Zwanzigjährigen, damals aus den Klauen des Spieltischteufels befreit hast . . .

v. Felseneck: Sprechen wir nicht davon. Ich tat meine Pflicht. Übrigens hast du deinen Dank abgestattet, als du mir während unserer Reise durch Afrika mehrfach das Leben rettetest.

Kuno: Was bedeuten ein paar wohlgezielte Schüsse gegenüber dem, was du für mich getan hast? Muß ich dich daran erinnern, daß du mir nachher jenes kleine Kapital vorstrecktest . . .

v. Felseneck: . . . das du durch Ausdauer, Fleiß und Rechtschaffenheit binnen weniger Jahre verzehnfachen konntest! Nochmals: sprechen wir nicht davon! Und nun geh, mein Junge, in deine alten Zimmer hinüber ... du wirst ein Wiedersehen feiern wollen ... mit den alten Räumen ... (beiseite) und nicht nur mit ihnen.

Kuno (rasch ab durch den Vorraum).

v. Felseneck (auf und nieder gehend): Sie kommt. Achtung, v. Felseneck, alter Herzensjäger. Halali!

Frau Kommerzienrat Trestow (kommt aus den inneren Gemächern): Herr Baron Felseneck?

v. Felseneck (mit einer Verbeugung): So nennt man mich in diesen nördlichen Breiten, die ich einst meine Heimat hieß. In Bombay nennen sie mich Auparistaka, das heißt: der weise Bruder. Am Togosee heiße ich Tiu Okala – der gütige Löwe. Auf den mexikanischen Ranchos höre ich auf den schlichten Namen Cuacho – der Herr. Und zu Tunis heiße ich Kaisch.

Frau Trestow: Was heißt das?

v. Felseneck: Das zu sagen verbietet mir meine Bescheidenheit. Es heißt: schöner Mann.
(Pause.)

Frau Trestow: Und – mein Herr ... was führt Sie zu mir?

v. Felseneck: Das verständlich zu machen, Frau Kommerzienrat, muß ich ein wenig weiter ausholen. Es war zu der Zeit, als ich kaum gehen konnte, daß die schützende Hand ... (erschüttert) meiner Mutter ... durch das unerbittliche Schicksal von mir gerissen ward.
(Er kann nicht weitersprechen.)

Frau Trestow (auf ihn zu): Baron ...

v. Felseneck (wieder gefaßt): Es war zu der Zeit, als ich kaum gehen konnte. Seither habe ich gehen gelernt ... Manche Damen behaupten sogar – ich ginge zu weit ...

Frau Trestow (mit dem Finger drohend): Sie sind ein Schelm, Baron. Doch wer in diesem Tone von seiner Mutter spricht, hat sich den Weg zum Herzen *jeder* Mutter schon erschlossen. Ich bin Mutter, Baron! ... Doch wir wollen den Tee drüben im kleinen Salon nehmen. In der lauschigen Plauderecke am Kamin. Reichen Sie mir Ihren Arm!

v. Felseneck (beiseite): Gewonnen! Gratuliere dir, Kuno, zu deinem Freunde! (Laut:) Frau Kommerzienrat ... (Er reicht ihr den Arm.)

Frau Trestow: Mein Herr ...

v. Felseneck (beiseite): Halali!

(Beide rasch ab.)

Vorhang

Zorniger junger Sudermann

Nach John Osborne

Tür. Schritte.

MacFelseneck: Na, grüßen Sie doch wenigstens. Aber nein, ich heiße ja bloß MacFelseneck, so einen wie mich muß man ja nicht grüßen, was? (Kreischend:) Ich will gegrüßt werden!!

Emmy (sanft): Dann dürfen Sie sich eben nicht mit dem Hintern voran ins Zimmer hereinschieben. Wollen Sie Tee?

MacFelseneck: Ich will Anerkennung meiner Menschenwürde! Des einen Mannes Hintern ist des anderen Mannes Gesicht! Aber das verstehen Sie nicht, Sie Kuh. Den Tee *ohne* Zucker. Bitter! – Kunos Mutter da?

Emmy: Wer sind Sie denn? Wirklich vorgestellt haben Sie sich nicht. Warum bohren Sie eigentlich in der Nase?

MacFelseneck: Aus Erbitterung! Ich hoffe bloß, Sie verfallen nicht in den katastrophalen Irrtum, mich für einen Gentleman zu halten? Mit dem Hintern voran bin ich lediglich eingetreten, weil meine Hose vorne bekleckert ist. Da haben Sie die volle Wahrheit. (Schreiend:) Aber der Wahrheit sind Sie nicht gewachsen!

Emmy: Ziehen Sie sie aus.

MacFelseneck (überhöflich): Wahrheiten zieht man in meinen gesellschaftlich minderwertigen Kreisen nicht aus, Mylady!

Emmy (einfach und warm): Aber Hosen! Sie gehört tatsächlich gereinigt und geplättet.

MacFelseneck: Ausziehen?

Emmy: Jawohl. Doll realistischerweise. Das Eisen ist noch warm.

(Geräusch: Hosenausziehen.)

MacFelseneck: Da haben Sie sie!

Emmy: Deshalb müssen Sie sie mir doch nicht gleich an den Kopf schmeißen. (Plätten. Pause.) Kunos Mutter suchen Sie?

MacFelseneck: Sollten Sie seine Mätresse sein – erwähnt hat er Sie nie. Nur damit Sie sich keine Schwachheiten einbilden. (Kreischend:) Mehr Tee! Doppelbitter!!

Emmy: Nur immer mit der Ruhe.

(Geräusch: Einschenken.)

MacFelseneck: Das plätschert wie eben früher, als ich höflicherweise vor dem Eintreten gegen die Mauer des Treppenhauses meine Notdurft verrichtete. Das schockiert Sie wohl?

Emmy: Wieso? Kuno tut das stets. Mit Mätresse ist das übrigens so eine Sache. Er hat mich immer gehaßt, weil ich das erstemal noch eine Jungfrau war!! Er betrachtete das als einen Betrug! Übrigens – bin – ich – schwanger. Aber das sag' ich ihm natürlich nicht.

MacFelseneck: Das Schwein imitiert mich.

Emmy: Da haben Sie Ihre Hose wieder.

MacFelseneck: Wenn Sie dafür ein Danke erwarten sollten – da hätten Sie sich schon einen freundlicheren Herrn aussuchen müssen. Reichen Sie mir Ihren Busen! Oder, nein, geben Sie mir lieber eine Zigarette. (Kreischend:) Schmeißen Sie sie mir nicht zu, sondern geben Sie sie mir . . . als wär' ich ein Mensch!!! – Ich lächle rätselhaft und gieße mir eine weitere Tasse Tee ein. Ach so, das war eine Regiebemerkung.

Emmy: Na, ich werde jetzt wirklich gehn und der Alten sagen, sie soll sich so was wie Sie einmal ansehen.
(Tür.)

MacFelseneck: Allein! Da kann ich wenigstens mein echtes Gemüt durchschimmern lassen! Es ist einfach nicht wahr, daß ich an Stelle einer Seele bloß ein paar Pubertätspickel habe! Niemand weiß es – im Geheimen hüpfe ich mit den Eichhörnchen auf einem Mondenstrahl auf und ab – hopphopphopphopp. Wenn niemand zuschaut, treibe ich Unzucht mit einem Goldfisch! Pipipipipipi.
(Tür.)

Kuno: Da bist du ja, Scheißkerl.

MacFelseneck: Deine Alte sollte doch kommen, was machst denn *du* hier, du Trottel – jetzt, statt im nächsten Akt?

Kuno: Die Sehnsucht, weißt du. In jenem gewissen Sinne.

MacFelseneck: Du bist so versessen auf den Beischlaf wie andere Leute aufs Fressen. Wäre ich nicht so blödsinnig gewesen, dir für deine schmutzigen Geschäfte hundert D-Mark zu leihen, die ich mir demnächst noch zurückzuholen gedenke, so würde ich dich jetzt in die Fresse hauen – grundlos! –, daß dir die Zähne in Doppelreihen auf der Gegenseite hinausspazieren – mitten in die Natur!

Kuno: Und so etwas habe ich im Urwald das Leben gerettet! Ich bereue es jeden Tag. Weißt du, was du mich kannst?

(Getümmel, Rauferei.)

Kuno (fortfahrend): Sau! Au! Sau! Au! Sau!

MacFelseneck (kreischend): Ich will eine Zigarette! Ich will *jetzt* eine Zigarette!!

Kuno: Da. Verreck daran.

MacFelseneck: Ich hab' keine Zündhölzer!!

Kuno: Reib dich an dir selbst!!!

(Neuerliches Getümmel.)

Kuno (fortfahrend): Au! Au! – Ah, jetzt hab' *ich dich*. Noch eine feindselige Handlung und ich trete dir die ganze Sache zu Brei. Naturalistisch.

MacFelseneck: Es würde die Menschheit um die Fortpflanzung ihrer edelsten Blüte bringen. (Kreischend:) Gib mir noch Tee!!

Kuno (wieder friedlich): Was hast du denn eben getan, wie ich gekommen bin?

MacFelseneck: Gedichtet, Monsieur, wenn Sie nichts dagegen haben. Halten zu Gnaden, ich bin ein Dichter! Ein Schangsong. Die ersten Zeilen hatte ich schon.

(Singt:)

Was bei mir gilt, sind nicht die Moden,
Bei mir gilt nur ein Tritt in die untere Partie,
In die buntere Partie,
In die muntere Partie –

Weiter hab' ich es noch nicht. Du hast mich unterbrochen, du Dreckskerl.

Kuno: Großartig! Laß meine Zeitung in Frieden, ich will sie noch lesen.

MacFelseneck: Außerdem habe ich schon den Refrain. Setz dich nicht auf meinen Stuhl. Der Refrain ist wie Urwaldtrommeln.

Kuno: Laß hören.

MacFelseneck (singt und steppt):

Mahagony Mahagony Johnny Arsch Arsch Arsch.

Kannst du die Urwaldtrommeln hören, wie sie in der Ferne verhallen? (Dumpf:) Arsch Arsch Arsch Arsch Arsch. – Wahrscheinlich bist du zu blöd dazu.

Kuno: Genial!

MacFelseneck: So genial ist *alles,* was ich dichte.
(Schritte.)

Kuno: Da kommt meine Alte.

Frau Trestow: Ich hab's gehört. Bravo, bravo! Stark! Halbstark!

Kuno: Das ist der Saukerl, Mama, den ich seinerzeit für ein menschliches Wesen hielt. Ich wünsche dir guten Appetit zu ihm, ich haue ab. Vorgeblich, um meine Mätresse zu vergewaltigen, in Wirklichkeit aber, um ein paar junge Birken zu streicheln oder etwas dergleichen.
(Schritte. Tür.)

MacFelseneck: Man reiche mir ein Kissen, in das ich schluchzend mein Gesicht vergraben kann! Er stiehlt meine Pointen! *Ich* bin das zarte Gemüt in der beschissenen Schale!

Frau Trestow (warm): A propos beschissen – wenn Sie jetzt etwa Ihr Hemd ausziehen wollen, könnte ich es waschen oder plätten oder sonstwas.

MacFelseneck (kreischend): Ich habe nie eine Mutter gehabt!!

Frau Trestow: Legen Sie Ihren Kopf an meinen Busen.

MacFelseneck: Ah. Ihr Busen ist wie ein Bordell in

Benares oder in Bückeburg. Er schwillt wie der Bizeps eines Matrosen, der in einem Eskimodorf auf offenem Marktplatz einer Wette zuliebe laut zählend sechzehn Negermädchen hintereinander entjungfert hat, und da das Publikum schreit, es seien nur fünfzehn gewesen, sagt er kalt lächelnd: Gut, dann fangen wir nochmals von vorne an!

Frau Trestow: Doll. Sie zorniger junger Mann. Worauf haben Sie denn eigentlich so einen Zorn?

MacFelseneck: Das geht Sie einen Dreck an. Ich weiß es nicht. – Wissen Sie, was ich möchte?

Frau Trestow: Aber doch nicht eben jetzt und hier?

MacFelseneck: Nein, was ich *wirklich* möchte? Ich möchte mich einmal so richtig vor der Brust packen, ah, wissen Sie, so *richtig,* und mich schütteln, und mir selbst ins Gesicht spucken, damit es sich einmal herausstellt, wer mehr zum Kotzen ist: ich – oder ich!

Vorhang

Theatralisches Panoptikum 3

Der fröhliche Schweinberg

Nach Carl Zuckmayer

Es dämmert. Babettchen kommt mit Knutschius hinter dem Misthaufen hervor, sie streift sich das Kleid über die Knie hinunter, Annemarie kommt mit Gunderloch aus der Ligusterlaube, er schließt seine Hose, aus der Buchsbaumhecke kriechen Klärchen und der junge Zuckmayer, der sich die Hosenträger anknöpft.

Klärchen: Das hat ausgegebe.

Der junge Zuckmayer: Die Sonn steigt! Ein gesegnet Jahr.

Klärchen: Die Obstbäum hänge so voll wie die Zitze von hundert Ziege, die man zu melke vergesse hat.

Der junge Zuckmayer: Und wie die Weinberg dampfe! Wie junge Roßäpfel.

Klärchen (innig): So prall und braun.

Der junge Zuckmayer (löst wieder die Hosenträger): Ich muß austrete. (Er verschwindet hinter der Buchsbaumhecke. Man hört es plätschern.)

Klärchen: Die Weinberg steige! Und wie die Sonn dampft! (Man hört es weiter plätschern.) Der Rhein! Wie wenn der liebe Herrgott selber die Backe hätt' vollgesoge mit weiß silberne Wein und spuckte ihn von die Alpe bis nach Holland rüber!

Der junge Zuckmayer. (Man hört es immer noch plätschern.)

Klärchen (versonnen): Das füllt e ganze dritte Akt.

Der junge Zuckmayer (ist hinter der Buchsbaumhecke hervorgekommen und knöpft sich die Hosenträger an): Klärche! Is es nu gerettet, das deutsche Theater?

Klärchen: Es ist!

Der junge Zuckmayer: Dampf! Kampf! Krampf! Kraft! Saft! (Er zwickt sie in den Popo.)

Vorhang

Geh nicht zu El Suhrk

Ein Hörspiel

Nach Günter Eich

> – noch andere Möglichkeiten, die der Rundfunk bietet, besonders die Aufgliederung der Sprache nach Räumen durch akustische Mittel ... haben neue Formen der dichterischen Aussage ermöglicht. Günter Eich hat dieses Spiel persönlich zur Buchveröffentlichung ausgewählt.
>
> *El Suhrkamp Verlag*

Lehrerin (raumlos): Ich bin die Lehrerin Adele Zipperer, oder genauer, ich war sie bis vorige Woche, bis eines Tages ...

(Raumwechsel. Widerhall wie in einem Kaffeehaus.)

Der Oberlehrer Wotruba (brüllt wie ein Löwe): Uaaah!

Die Lehrerin (Stimme, als ob sie auf dem Fenstersims säße und in den Sternenraum hinausspräche): Das ist der Oberlehrer Wotruba, der mein Vorgesetzter und Kollege war, bis vorige Woche der in der Schulausgabe von Brehms Tierleben abgebildete Löwe ...

(Man hört es blättern.)

Lehrerin: Er trat aus dem Buch und nahm die Gestalt Wotrubas an, während er diesen, das Buch mit einem Herbarium verwechselnd, zwischen den durch sein Heraustreten leergewordenen Seiten wie eine Pflanze zum Trocknen preßte.

(Raumwechsel. Man hört es trocknen.)

Lehrerin: Der Löwe Wotruba aber ... (Der Schall des Sternenraumes verwandelt sich in den eines Rundfunksenderaumes, der wie ein Sternenraum schallt.) ... Wotruba aber, der Löwe Wotruba ... (Raumlos:) Ich war nämlich mit ihm verlobt! ...!

(Raumwechsel.)

Wotruba: Es ist die Nachtigall und nicht die Lerche.

Die Lehrerin (Raumwechsel, als spräche sie durch die Nase): ... dabei war er immer so'n feiner Mann gewesen! Aber jetzt, wegen dieser geringfügigen ornithologischen Meinungsverschiedenheit ...

(Man hört, wie Wotruba sie verschlingt.)

Lehrerin (raum- und zeitlos): Glücklicherweise saß ihm die Löwenhaftigkeit launisch-dichterisch im Magen, so daß ich, dort angelangt, mich ihrer bemächtigen und mich nun meinerseits atemraubend spannenderweise in einen Löwen verwandeln konnte, was mich in die Lage versetzte, Wotruba ..., ich meine den Löwen ..., nein, ich meine vielleicht doch Wotruba ..., nun meinerseits zu verschl ... (Brüllt:) Uauaah!

(Raumwechsel. Es klingt hohl. Man hört es verschlingen.)

Zuhörerin Frau Irmgard Runkel (am Funkgerät): Wie pötisch!

Herr Runkel: Wer?

Frau Runkel: Dieser Eich. Diese Aufgliederung der pötischen Sprache nach von der modernen Lyrik immer schon geforderten pötischen Räumen ... dieser Eich ist ein richtiger Pöt! Wie der mit seiner Phantasie Pferdchen spielt ...

Herr Runkel (pedantisch): Po-et.

Frau Runkel: Widersprich mir nicht! Ich bin nämlich die inzwischen verwandelte Lehrerin Zipperer, die ihrerseits der Löwe Wotruba ist!

(Sie verschlingt ihn. Raumwechsel, es klingt wie die Toilette. Man hört, wie sie ihn in das Becken spuckt.)

Herr Runkel (vergurgelnd): Uuahuah!

(Er hat sich nämlich inzwischen in den Löwen Wotruba-Zipperer verwandelt, aber sie hat rechtzeitig die Leitung gezogen. Man hört es rauschen.)

Der Dichter: Wie es rauscht.
Wie im Walde.
Warte nur, balde …

(Es rauscht weiter.)

Die Verurteilung des Brechtbertus

Nach Bertolt Brecht

13.

Das Verhör wird fortgesetzt.

Der Sprecher des Totengerichts: Und der Totenrichter besieht den Prüfling traurig.

Totenrichter: Erzürne uns lieber nicht weiter mit deinen Triumphen.
Hast du keine Zeugen
Für irgendeine Schwäche, Mensch?
Entsinne dich deiner Schwächen, Schatte, ich rate dir.

Sprecher: Und der Schatte, einst ein Buchleser, fragt was.

Der Bücherleser: Hat er seine Metaphern gesetzt,
So daß sie wie blühende Sträucher waren?

Sprecher: Und die Schattin, einst eine Bettlerin, fragt was.

Die Bettlerin: Hat er seine Gedichte
Geschrieben, um Gedichte zu schreiben,
Wie jener trunkene Mann aus
Frankreich, Villon –
Gesungen, wie der Vogel singt?

Sprecher: Und der Schatte, einst ein Philosoph, fragt was.

Philosoph: Ist er vor der Sklaverei des Geistes
Entflohen, westwärts,
Und hat nicht seinen Nacken gebeugt
Vor den Mächten der deutschen Finsternis?

Sprecher: Da fragt auch die Schattin, einst eine Nonne, was.

Nonne: War Gott in seinem Werk?
Sprecher: Der Sprecher des Totengerichtes antwortet den Fragenden: Ja! Ja! Ja! Ja!
Bücherleser: Er sei begnadigt!
Sprecher: Schattin Bettlerin?
Bettlerin: Ah ja, in den Himmel mit ihm!
Sprecher: Philosoph?
Philosoph: In den Himmel!
Sprecher: Und sie blicken alle auf die Schattin, einst eine Nonne, da ist ein Schweigen, und dann sagt sie –
Nonne: Zu Gott!
Sprecher: Zu Gott! Ja, zu Gott!

Anmerkung. Nach der Erstaufführung in der Berliner Staatsoper, welche in Ansehung ihres Erfolges vom Ministerium für Volksbildung schon unmittelbar nach Fallen des Vorhangs zur einmaligen Probeaufführung ernannt wurde, hat der Verfasser auf Grund eingehender Diskussion mit sich selbst spontan und ohne jegliches Drängen die folgenden kleinen Änderungen eingeführt.

Erstens: Der Bücherleser ist gleichzeitig Aktivist in den Roten Stahlwerken, Stachanowgrad. Die Bettlerin ist die lediglich als Bettlerin verkleidete Partisanin Ludmilla Pawlitschenko; sie trägt am Gürtel hundertzweiundachtzig hitlerfaschistische Skalps. Der Philosoph ist ein von zwei Links- und drei Rechtsabweichungen gesäuberter MVD-Mann und Rosenzüchter. Die Nonne ist eine der kapitalistischen Exploitation entrissene ehemalige Prostituierte, jetzt Hühnerzuchtgemeinschaftssiedlungssekretärin, die ihre Eiernorm zu 275 %

erfüllt hatte, bevor sie einer Faschistenkugel zum Opfer fiel.

Zweitens: Statt «ja» lies in jedem Falle «nein» («njet»).

Drittens: Da in der alten Fassung der aus undialektischen Gründen freigesprochene Brechtbertus musikalisch zu wenig zu Worte kam, lautet der Schluß jetzt:

. . . .

Genossin Ehemalige Prostituierte, jetzt Eieraktivistin:
Zu Stalin!*

Der Sprecher Wischinskus: Nein!!

Brechtbertus: Nein!!!

Wischinskus: Er hat in der Voruntersuchung ein freiwilliges Geständnis abgelegt.

Brechtbertus: Ich habe völlig spontan ein freiwilliges
Geständnis abgelegt, daß ich
Eine faschistische Bestie bin, eine niedrige.

Wischinskus: Eine niedrige faschistische Bestie?

Brechtbertus: Ein verdammenswertes faschistisches
Monster,
Das aus Eitelkeit
Unsozialistisch-realistische Metaphern gebraucht hat,
Bourgeois ästhetenhaft degeneriert,
Als williges Werkzeug eines französisch-kapitalistischen Agenten
Namens François Villon!

Wischinskus: Er bekennt.

---

* *Druckfehlerberichtigung:* Statt «Stalin» lies «Das Zentralkomitee der Partei».

Schatte Genosse Aktivist: Er bekennt!
Schattin Genossin Partisanin: Er bekennt!!
Schatte MVD-Rosenzüchter: Er bekennt!!!
Schattin Eierstachanowitin: Er bekennt!!!!
Brechtbertus (begeistert): Ich bekenne ferner,
Daß ich vorsätzlich
Nicht nach Ost, sondern nach Westen floh,
Um mich als williges Werkzeug anzubieten
Der monopolkapitalistischen Sozialdemokratie
Und den Wallstreet-Trotzkisten,
Zwecks künstlerischer Unterminierung
Der DDR.
Wischinskus: Und des MVD?
Brechtbertus: Der DDR und des MVD.
Wischinskus: Und der SED?
Brechtbertus (verzückt, Rezitativ mit Tanz):
Der DDR und des MVD
Und der SED
Und der DDR
Und der ganzen USSR, USSR, USSR!

Vorhang

Die Ruhr

Nach Albert Camus

> Mir ist speiübel. Ich will fliehen. Ich begreife nichts.
>
> *Camus: Belagerungszustand (Die Pest)*

Der Komet (erscheint nochmals, in umgekehrter Richtung, über dem Himmel).

Ein Kind: Schon wieder ein Camus!

Mutter (verbessernd): Ein Komet!

Achter Mann: Komet!

Dritter Mann (Echo): Komet!

(Der Komet rattert riechend sehr weit nach links.)

Chorführerin: Welche Krankheit bringt er uns diesmal? Die Pest schon wieder?

Fünfte Ziege: Nein, die Ruhr. Den Durchfall.

Vierter Mann: Psst!

Zweite Frau: Psst!

Chor: Psst. Psst! Psst!!

Die Sekretärin (Der Tod) (erscheint schon wieder): Man lasse mich höflicherweise unbehindert an die Abendkasse. *Ich* bin *nicht* symbolisch, sondern bloß die Vollstreckerin.

Chorführerin: Die Vollstreckerin.

Chor (murmelnd): Vollstreckerin ... Vollstreckerin.

Viele Stimmen (aufrauschend): Was vollstreckt sie?

Die Sekretärin (eine Pfändungsurkunde herausziehend): Bloß dieses da.

Zwölfter Mann (zu vierzehnter Frau): Mir ist speiübel. Ich will fliehen. Ich begreife nichts.

Der Kassierer: Das Spiel der Agonie beginnt. (Er windet sich auf dem Boden.)

Chor: Weh! Der Durchfall!!

Der Komet (rattert fluchtartig davon).

Sechste Ziege (hinter ihm herrufend): Komet!

Kind: Camus!

Chorführerin: Symbol!

Chor (Echo, verröchelnd): Claudel! Claudel!

Vorhang

Verschlissene Gesellschaft

Nach Jean Paul Sartre

Drei Embryos in Kinderwagen.

Jean Paul: Wo wir sind, ist klar.

Estelle: Es gibt also wirklich einen Sammel-Warteraum, in dem wir warten müssen, bevor wir –?

Jean Paul: Bevor wir zur Welt kommen. Sprechen Sie es ruhig aus. Und warum nicht? Der Gedanke, bloß einen Warteraum vernichten zu müssen, um aller Existenz ein Ende zu machen, hat seine Lockungen.

Gustave: Psychoanal hochinteressant.

Estelle: Diese Renaissance-Kinderwagen, in denen wir liegen, irritieren mich.

Jean Paul: Und wann – wenn die Frage nicht indiskret ist – gedenken Sie geboren zu werden?

Estelle: In drei Tagen. (Abwesend:) Meine Eltern bereiten eben alles für die Privatklinik vor. Vater hat Geld von der Bank geholt. Eben zählt er es. Meine Mutter scheint ein wenig Angst zu haben.

Gustave: Das Datum meiner Geburt ist noch ungewiß. Ich sehe lediglich meine zukünftige Mutter. Sie hat mich noch nicht einmal bedacht. Ich bin durch einen verwaltungstechnischen Irrtum hier.

Jean Paul: Suchen Sie Ihre Mutter mit allen Mitteln zu überreden, daß sie sich Sie noch einmal überlegt, Monsieur. Aber was hilft es? Die Menschen haben nun einmal ihre Freude dran. (Nach einer

Pause, abwesend:) Ich werde in genau neun Monaten zur Welt kommen. In ganz genau neun Monaten.

Estelle: Was sehen Sie, Monsieur?

Jean Paul: Sprechen wir nicht davon! – Immerhin, meine Väter können sich sehen lassen. Warten Sie mal, sie haben die Brieftaschen draußen in ihren Überröcken gelassen. So kann ich mir wenigstens ihre Visitenkarten ansehen. Der erste ist offenbar ein Däne. Warten Sie mal, jetzt kann ich's lesen. Kierke-gaard.

Estelle: Und der andere?

Jean Paul: Einen Augenblick. (Enttäuscht:) Ah, un Boche. Heid – einen Augenblick. Heidegger. Warum lachen Sie, Mademoiselle?

Estelle: Entschuldigen Sie. (Lacht:) Weil Ihre Frau Mama Ihnen gleich zwei Väter gibt.

Jean Paul: Drei. Da hat noch so ein Tänzer dazwischengefunkt.

Gustave: Wie heißt er?

Jean Paul: Nihilijinski.

Estelle: Und was gedenken Sie zu werden, Monsieur?

Jean Paul: Gymnasialprofessor.

Gustave: Und sonst nichts?

Jean Paul: Und sonst nichts. Manche Gymnasialprofessoren haben es mit der klassischen Philologie. Warum sollte es einer nicht ebensogut mit dem Nihilijinskismus haben?

Gustave: Psychoanal außerordentlich interessant.

Estelle: Was ich werden soll, kann ich noch nicht sehen.

Jean Paul: Einfach. Sie werden selbstverständlich

eine Dirne, die an Säuferwahnsinn zugrunde geht, der natürlich durch Ihre chronischen Krampfadern etwas beschleunigt wird. Deshalb wird ja auch Ihre Geliebte aus Verzweiflung Selbstmord begehen.

Estelle: Meine Geliebte?

Jean Paul: Warum nicht? Natürlich nur, soweit Sie sich nicht der Sodomie hingeben. Mit einem Dackel.

Gustave: Psychoanal ist das ganz außerordentlich –

Estelle: Gibt es denn hier kein Riechsalz? Man vergeht vor diesem – Nachbar, euer Fläschchen!

Jean Paul (unerbittlich): Außerdem werden Sie Plattfüße haben!

Estelle (wird ohnmächtig): Ahh.

Jean Paul: Ich möchte meine Mutter vergewaltigen!!

Gustave (schwach): Plüschoanal ist das geradezu existentionell.

Estelle (erwachend): Monsieur, Ihre Windeln! Was haben Sie da gemacht?

Jean Paul: Tut nichts, machen wir weiter!

Bumerang

Diese Parodie habe nicht ich geschrieben, sondern mein junger Freund Friedrich Torberg. Ich finde sie schlecht und höchst unfair.

Alt-Aussee, 1932 *R. N.*

Mein junger Freund Torberg ist inzwischen um 18 Jahre älter geworden. Ich finde seine Parodie auf meinen inzwischen empörenderweise verschollenen Meisterroman miserabel.

Cranbrook, Kent, 1950 *R N.*

Inzwischen weitere 12 -- ah, wohin soll das führen, mein junger Freund Torberg? – Und die Parodie ist noch immer schlecht!

Locarno-Monti, 1962 *R. N.*

Die Macht

Nach Norbert Neumann

– so daß ein höherer Beschauer, dem wir alles das vorzulegen hätten, dies überzeugungskräftig wortreich Vorgebrachte, vertrackt ersonnen zu keinem andern Behuf als zu dem, eben jene Wirrnis in eben jenem Beschauer hervorzurufen – daß er also, sage ich, sich angesichts solchen in zu viel Leben Verstricktseins die Frage vorlegen würde (Zulässigkeit leicht israelitischen Tonfalls bei höheren Beschauern aus dem Pentateuch abgeleitet und als vorhanden unterstellt) – die Frage nämlich: Wos will er?

Nun sehen wir ihn uns aber einmal etwas näher an, dem diese Frage gilt. Da geht er, blankzähnig und federnden Ganges (Ganges, mußt du wissen, ist gleichzeitig auch ein Fluß in Indien, Benares liegt an seinen Ufern, oder Kalkutta, wer könnte das auf der Stelle so genau sagen, Träumer sind wir allesamt, verläßlicheren Informationen Zugetane mögen bei Bonsels oder Hanns Heinz Ewers nachblättern, uns interessiert es weiter nicht) – da geht er also, mittenwegs der Straße, o diese flammenvoll lockende Gefahr, aber es fährt gerade kein Auto, weit nicht und breit nicht, er ist heute in schlechter Form – da geht er, geht: in ein Literatencafé, die Frau wird er dort treffen, die liebe Frau, die unlängst «vögeln» gesagt hat, bums, da hast du es stehn. Brustwarzen sind ihr zu eigen – zwei Seiten oder gar zweieinhalb lassen sich über diese Brustwarzen schreiben, daß dir übel wird vor dem bloßen Vorhandensein von Brustwarzen am weiblichen Körper, corpus feminae, wie der Lateiner sagen würde, wenn er's sagte, er sagt's aber nicht.

Da geht er also, offenen Augs, er sieht, daß Häuser stehen und Wände, das Gelbgelbgelbe über ihnen, das sind Plakate, und dort die beiden Herren, ihre Väter haben sie gezeugt, dann sind sie gestorben, an Zuckerharnruhr, beziehungsweise an Knochentuberkulose – doch wollen wir das so genau gar nicht wissen, wir wissen viel interessantere Dinge, wir haben ja, wenn auch nicht gerade die Adelsschule zu Tiflis, so doch das Realgymnasium besucht, und vielleicht fallen dir dazu ein paar Sätze aus der Religionsstunde ein, uwewaldecho uwekochreschoh uwegasreschoh. Oh, manches ist uns kund, da, das Seidigseidene schau, Mädchenbeine sind es, huschhusch wuwu ich bin so sinnlich, und nun wieder die beiden Herren dort, da neigt der eine sich zu des andern Ohr, wäre uns näher hinzuhorchen verstattet, so hörten wir, wie er flüstert: «Sie haben einen Toilettefehler!» Wir aber entsinnen uns eines chiffrierten Telegramms und wissen, daß da jetzt mindestens eine Tscherwonzenfälschung ausgeknobelt wird, da kannst du Gift darauf nehmen, Gift, du bekommst es im Schleichhandel, Herr Louis de Gaspard, alias Mihail Garkasoff, alias Eisig Teitelbaum, derzeit, wir erinnern uns, wohnhaft im Hotel «Zum Goldenen Lamm», Wien, zweiter Gemeindebezirk – er wird es dir verschaffen, Strychnin, Veronal, Morphium, Koks, Briketts, wieviel du willst, zwei Waggons, vier Waggons, da kannst du Gift darauf nehmen – aber das sagten wir schon. Dunkdunkle Zusammenhänge werden offenbar auf solche Art – und da soll eins nicht gebläht gebläht sein von so viel Wissen und Überlegenheit und soll nicht aufprotzen damit – aber siehst du dann genauer hin, so ist alles nur Bluffbluffbluff. Ihm freilich war es in die Hand gegeben, das große Geheimnis, om mane padmi hum, er gebot über DIE CHUZPE und wußte zu handeln mit ihr – und da ging er, offenen Auges, und merkte vielerlei und dachte: was mir alles einfällt dazu, entsetzlich, ich bin ein geplagter Mensch.

Abblenden, Überschneidung. Ich bin ein geplagter Mensch, dachte zur selben Zeit in seiner Wohnung Herr Xavlinger, oder, wie wir ihn schon lange nicht genannt haben, der Leser X, ich bin ein geplagter Mensch, was ich da alles lesen muß, entsetzlich, dieser Robert Neumann, er weiß zu viel. Seine allseitige Informiertheit ist eine seiner forensischen Stärken!

Auch ist er vielleicht Besitzer eines Lexikons.

Zur Ästhetik der Parodie

Wenn ich «Kikeriki» sage: habe ich den Hahn parodiert? Das war nicht Parodie, sondern Nachahmung. Erste These: Diese ist nicht jene.

Wenn ich Schillers «Glocke» auf sächsisch aufsage (was Gott verhüten möge): habe ich Schiller parodiert? Nein. Die Sachsen? Nein, ich habe sie bestenfalls nachgeahmt. Was also habe ich Schiller angetan? Ich habe ihn mit Hilfe einer «Versachsung» hinunternumeriert, ich habe ihn «umgekleidet» – Travestie und nicht Parodie. Zweite These: Jene ist nicht diese.

Was uns interessiert, ist: der Hörer lacht. (Nicht ich; der Hörer.) Was macht ihn lachen? Sein erstes Lachmotiv ist die Spießerfreude am zweckfremden Material, die «Alte Unsachlichkeit», die sich in Schlächterfenstern an Hitlerköpfen aus Schmalz erfreute. (Hier deutet ein Wegweiser seitab nach links – nein, nach rechts – in den Bezirk des Kitsches. Ich versage mir das Einbiegen in diesen Seitenpfad.)

Das andere Lachmotiv dieses Lachers über die sächsische «Glocke» ist die Wiedersehensfreude, die Lust des Erkennens. Ich beobachtete einmal anläßlich eines flammenden Sonnenuntergangs drei fette Damen, da sie aus einer Berghoteltür ins Freie segelten; die erste schwenkte eine präsentierende Polsterhand über das Panorama der violetten Täler und roten Gipfel hin und deklamierte: «Augenblick verweile – und dann sterb'n!» Die beiden anderen lachten erkennerisch. (Mich selbst kostete es einiges Nachdenken, ehe mir einfiel: «Werd' ich zum Augenblicke sagen –»)

Die Zitatenfreude des Spießers weckt immer dieses Lachen: Signal der Erfüllung einer bildungsmäßigen Identifizierlust – verwandt der Lust des erfolgreichen Rätselraters. Von ihm deutet ein anderer Wegweiser aufwärts, aus dem Flachland, genannt Humor, in die zerklüfteten Hügel, genannt der Witz.

Weist also ein gangbarer Weg aus der Ebene, dieses Gebirg hinan? Kein unüberbrückbarer Abgrund dazwischen – hie Weltbejahung, dort Verneinung um jeden Preis? Ist der Unterschied nur graduell – quer über ein Zwischenfeld, genannt Ambivalenz? Wir wollen uns das noch einmal ansehen. Humor aus der Kriegszeit:

> «Wer nie sein Brot mit Tränen aß,
> Wer nie durch kummervolle Nächte
> Vor einem Bäckerladen wartend saß,
> Der kennt euch nicht – usw.»

Wieder, wie bei der sächsischen «Glocke»: wem wird da zu Leibe gerückt? Nicht Goethe, sondern dem Ernährungsminister. Genau das aber, diese Nicht-Identität des legitimen Inhabers der zum Geschoß verwendeten Form mit dem, auf den geschossen wird, macht das Produkt zu einem humorigen, zu einer Nicht-Parodie. Damit haben wir zum erstenmal eine positive Aussage: Parodie schießt auf einen Mann mit der Waffe seiner eigenen Form. Das ist ihr besonderes Mittel der Aggression. Und das, zwecks weiterer Klärung, führt uns zurück zum Witz.

Hier ist einer. Ich sage: «Wie konnte der Meier das tun? Ein Mann aus einer so hochachtbaren Familie!» Sagt ein Wissender: «Ja. Wenn das sein gottseliger Vater wüßte, würde er sich im Zuchthaus umdrehen.» – Hier gleich ein anderer: «Die Müllers – einen Mercedes 300? Wie können sie sich das leisten?» Sagt ein anderer: «Darüber gehen die Meinungen auseinander. Die einen sagen, der Mann hat viel verdient und sich dabei etwas zurückgelegt. Die anderen sagen, die Frau hat sich etwas zurückgelegt und dabei viel verdient.»

Die Beispiele (altehrwürdige, reif für diesen Akt der Anatomie) zeigen die Technik des Witzes besonders klar. Jemand hat da etwas ausgelassen. Die Aussage hat ein Loch, über das der Erzähler hinwegspringt. In gerader Aussage, ohne Loch und Sprung, wäre der Witz kein Witz, sondern etwas ganz anderes. Nämlich im ersten Fall eine Aggression und im zweiten Fall eine Zote (also wiederum eine Aggression). Tatsächlich hat für den Primitiven schon die geradlinige Aggression («er ist ein Saupreuß', ein Jud', ein Schwuler; sie ist eine Hur'») den sicheren Lacheffekt. Für den Differenzierteren erzeugen den Lacheffekt erst das Loch und der Sprung. Er ist damit ein naher Vetter des Lachers über das gelöste Rätsel und des Lachers über das erkannte Zitat. «Loch und Sprung» aber, das Indirektmachen, ist genau das, was man «Sublimierung» nennt. Der Witz bietet unsereinem die Möglichkeit, über Aggression und Zote zu lachen, ohne uns dieses Lachens schämen zu müssen. Er ist unser ästhetisches Alibi.

Aus all dem ergeben sich zwei Definitionen. Die erste: Humor ist diffuser Witz, ein Witz ins Blaue, er hat leicht gutmütig sein, da er nicht wirklich schießt oder nicht wirklich zielt. (Zur Beruhigung seiner Verteidiger: ich bin kein Humorist.)

Und zweitens: Parodie ist ein Witz, der die für den Lacheffekt nötige Verzögerung des intellektuellen Orgasmus dadurch erzielt, daß er die indirekte Aussage von «Loch und Sprung» ersetzt durch eine indirekte Aussage mittels der dem Opfer geraubten Form. Wozu noch kommt, daß die spezifische Aggression diesmal keine persönliche ist (oder sein sollte), also nicht Beleidigung oder Zote, sondern eine ästhetische. Also Kritik.

Es versteht sich danach von selbst, daß das Lob des Laien für den Parodisten, seine Parodie könnte unbemerkt unter den Werken des zu parodierenden Autors stehen, in Wirklichkeit kein Lob ist, sondern ein Tadel. (Wie man ja hier überhaupt erst zeigen müßte, wie *schlecht* viele Parodien sind – einschließlich vieler meiner eigenen Parodien.) Trotzdem benützt die Parodie – ich sollte sagen: *meine* Technik der Parodie – die Nachahmung immer wieder als Mittel zu einem Zweck. Sie schleicht sich dann mit Hilfe der zunächst harmlosen Mimikry in die Welt des literarischen Opfers ein, sie schreibt zunächst einen Absatz «mit fremden Federn», sie segelt ein Stück «unter falscher Flagge» – aber erst wenn in weiterer Folge das so gestohlene Idiom dazu verwendet wird, das Opfer zu attackieren, zu entlarven, in die Luft zu sprengen: erst durch diese un-gutmütige, un-humorige Aggression wird, was als Nachahmung begann, am Ende zur Parodie. Technisch ausgedrückt: der Parodist hat die Nachahmung als «Aufhänger» für seine Parodie benützt.

Sonderbare Gleichgewichtsgesetze, die sich dabei ergeben; eine sonderbar vielschichtige Wechselbeziehung zwischen Person und Sache, zwischen Gesinnung, Gehalt und Form. Es scheint, daß man einen Teil der Substanz porträtgetreu stehen lassen muß und nur den Rest parodistisch steigern oder verzerren darf. «Unter-parodiert» man, mit zuviel Porträt und zu wenig Verzerrung, so ist das Ergebnis nicht Parodie, sondern Ulk. «Über-parodiert» man, mit lauter Verzerrung unter Auflösung des Porträts, so ist das Ergebnis nicht Parodie, sondern Pasquill.

Unter all diesen Komponenten bleibt die *Form* von magischer Wichtigkeit. Es scheint, daß der Grad der Formung darüber entscheidet, ob ein Werk von heute auf morgen untergeht oder von Dauer ist. Nur das Geformte besteht. Und ich füge hinzu: nur das Geformte ist parodierbar. Genauer: es gibt da obere und untere Grenzen. Für das literarische Werk höchster Vollendung ist die Form ein undurchdringlicher Panzer – der Parodist kann da nicht heran. «Über allen Gipfeln ist Ruh'» kann ich auf sächsisch aufsagen, ich kann es humorig hinunternumerieren – in den Panzer einschleichen, um Autor und Produkt von innen her in die Luft zu sprengen: das kann ich nicht. Das Meisterliche ist nicht parodierbar. Und die untere Grenze: In der Sphäre des Miserablen herrscht auf eine vertrackte

Weise eine ähnliche Situation. Nur ist es hier nicht die Fugenlosigkeit des Panzers, sondern das Nichtvorhandensein eines jeglichen Panzers, was dem Parodisten die Intervention unmöglich macht. (Schießpulver ohne Hülse gibt keine Explosion.) Da ist nichts mehr geformt, da liegt alles nackt zutage, da gibt es nichts mehr zu entlarven. Versuche einer und parodiere «Mein Kampf»! Das ist so unmöglich wie im Fall von Goethes Gedicht. Woraus folgt: Die Jagdgründe des Parodisten sind das Zwischenreich zwischen Gut und Schlecht.

(Wozu noch kommt: Parodierbar ist nur der Mann, der sich ernst nimmt. Nicht parodierbar: der Humorist und der Parodist. Außer er wäre so dumm, daß seine Dummheit schon wieder parodierbar wird.)

*

«Mein Kampf» ist also nicht parodierbar; aber es gibt einen Ausweg.

Wenn ich «Kikeriki» sage: daß ich damit den Hahn nicht parodiert, sondern nachgeahmt habe – das habe ich festgestellt. Habe ich vielleicht den Hahn *zitiert?* Doch wohl auch nicht. (Es fehlt der *Sinn.*) Dennoch war es, glaube ich, diese Erwägung, die mich zum erstenmal dazu veranlaßt hat, mit dem Zitat zu experimentieren.

Die Verwendung der Nachahmung als Trojanisches Pferd, als «Aufhänger» für die Parodie, haben wir gesehen. War ein Zitat echt und typisch, so mußte es logischerweise einen noch authentischeren Schlüssel zu der Tür bieten, durch die der Parodist sich einschleicht – als wenn er bloß die Melodie seines Opfers nachmusizierte. Ein Beispiel: meine in diesem Buche abgedruckte Parodie auf Hans Leip. Der erste Absatz ist gar nicht von mir, sondern ein Zitat aus Leips Roman:

«Oihoi!

Peilte ich aus den Luken gegen den Dämmerwind: auf den Sänden in Lee stand die Brandung. Schon flogen Seil und Treil unter die Marsen, die krengten wie blake Kerlsköpfe über dem Prielgischt, der auf den Sänden bebte wie flandrische Hemdsäume.»

Erst was nun kommt, ist nicht mehr von Leip:

«Oder ich pliekte die Kellung. Dann hechte der weiße Kascht von den Rellingen – oihoi! ahu! – bis in die plitschende Wohlung der Spunten und hinauf, zurück, hoho, weit über das leeke Tachtersegel bis an die höchste Pulkflagge am Spiek.»

Nun, und so weiter. Eine Parodie mit einem Zitat als Aufhänger also. Erst die Parodie hat das Zitat «entlarvt» – was übrigens beweist, daß Leips Buch beträchtlich über dem Niveau derer steht, die man nicht parodieren kann. «Mein Kampf» kann man nicht übersteigernd verzerren – einfach deshalb, weil einem das kein Mensch mehr glauben würde. Aber man kann sehr wohl sagen: «Hör zu. Folgendes, wörtlich, hat dein Führer geschrieben.» Das ist dann glaublich, so unglaublich es klingen mag, das tut seine Wirkung und hat seinen Witz. Das ist eine Waffe: Zitat statt Parodie. In der Sphäre der literarischen Unterwelt hat der Parodierer sein Recht verloren, und der Zitierer tritt an seinen Platz.

Bleibt die Frage: Wozu? Ist es der Mühe wert,

diese Unterweltler zu demaskieren? Es ist bestimmt nicht der Mühe wert, wo es sich um privaten Dilettantismus handelt. Wenn ein junger Jüngling oder ein altes Mädchen Herz auf Schmerz reimt und dafür im Tantenkreise bewundert wird, so sind das stille Freuden, die niemand stören will. Durchbricht aber diese Bewunderung den Tantenkreis, erfaßt sie die weite Welt, setzt sie falsche Wertskalen, errichtet sie falsche Denkmäler, gebärdet sie sich als eine neue Lebensphilosophie: so ist das zwar immer noch nicht von literarischem Belang, wohl aber von soziologisch-kritischem. Oder man denke an den Mann, der «Mein Kampf» zitierte. Es ging ihm nicht um die Entlarvung Hitlers als eines katastrophalen Stilisten, sondern eines katastrophalen Politikers.

Zum ersten Thema, dem der Dilettanten und Kitschiers, lese man etwa die in diesem Buch gedruckten «Zitate statt einer Parodie» von dem vor dreißig Jahren höchst berühmten, beliebten, erfolgreichen und heute vergessenen Rudolf Greinz, samt den dort abgedruckten Kritiken – und dann die Zitate von Reinhold Conrad Muschler, wieder mit seinen Kritiken, gipfelnd in dieser letzten: «Die große Kunstform des deutschen Romans ist in diesem Werk und in seinem Schöpfer neu erstanden.» Man wird sehen, daß all das sich auswechseln läßt wie die Bestandteile eines Volkswagens. Es ist die ewige literarische Unterwelt. Mit dieser Konfrontation aber wird die Entlarvung der Mühe wert: entlarvt wird der Betrieb eines großen Teiles unserer Literaturkritik. In vielen unserer Buchhandlungen und Leihbüchereien kommen neun Reihen

Muschler – und die Muschler haben wechselnde Namen, das haben wir ja gesehen – auf höchstens eine Reihe wirklicher Literatur.

Was das andere Thema betrifft, das politische, so wäre eine Serie von Zitaten aus «Mein Kampf» heute weniger wichtig als ehemals. Da ist nichts mehr zu entlarven. Ist der Alptraum also vorüber? Das beantworte man sich selbst, man lese zu diesem Zweck die ebenfalls in diesem Band enthaltenen «Zitate statt einer Parodie» aus «Die letzten Reiter» von E. E. Dwinger, samt den querdurch abgedruckten Kritiken und Ausschickungen des Verlages, endend mit seinem Motto: «Dikreiter deutet die Dinge.»

Daß Dikreiter die Dinge falsch gedeutet haben möge – darum wollen wir beten. Jedenfalls: man sieht hier eklatant die Möglichkeiten des Zitats als Waffe gegen den politischen Nebenzweck.

*

Zum Abschluß: Ein Schriftsteller hat ein tief eingewurzeltes Mißtrauen gegen den Kritiker; auch gegen den Kritiker in sich selbst. So gottähnlich sind wir ja alle doch gar nicht. Auch der Parodist ist ein Kritiker. Wie ist man nun zu diesem Leben gekommen, welche Werkzeuge hat man mitgebracht? Es wäre Pflicht jedes Kritikers, das einmal öffentlich zu bekennen. Die Betroffenen haben ein Recht darauf, das Metermaß zu kennen, nach dem da gemessen wird.

Was mich anlangt, so habe ich den Versuch zur Ablegung eines solchen Bekenntnisses schon gemacht, in einem autobiographischen Buch, das mehr verschweigt, als es aussagt, das weniger heiter ist, als es sich gibt, und das, so Gott will, eines Tages ergänzt sein soll. Immerhin – hier stehe, nach dieser Orgie kritischer Militanz, was dort fürs erste zu lesen ist:

Was meine Anfänge anlangt, so war die Treibkraft offenbar nicht das Für, sondern das Wider, nicht der Drang des «Dichters», sondern die Militanz. Ich schrieb damals, zwischen Mensa Academica und Seziersaal und später auf dem Zickzackweg meiner immer wechselnden Berufe als sehr junger Mann, eine ganze Anzahl von Kurzromanen und Erzählungen, die eines gemein hatten: ihre Impotenz. Das war damals die Zeit des Expressionismus. Ich selbst aber und noch ein paar Anfänger in der Stadt Wien – wir betrachteten uns als die Bewahrer der Flamme der Tradition, im Zeichen der Nachfolge Thomas Manns. Ein deutscher Satz von weniger als zwei Seiten Länge war in unseren Augen kein deutscher Satz. Und diese «Meisterlichkeit», angewandt nicht auf Manns große Themen, sondern, sakral und ohne Manns Ironie, auf unsere Nichtigkeiten, produzierte eine Langeweile und Sterilität, die man gesehen haben mußte, um sie für möglich zu halten. Und da man die modischen Expressionisten ernst nahm, uns aber übersah (und das mit Recht), war unser Hohepriestertum mit Ressentiment durchtränkt. Das war also der Treibstoff der Parodien, die ich damals zu schreiben begann.

Es fiel mir leicht. Ich hatte immer schon die Gabe gehabt, andere Personen zu «impersonieren», eine schauspielerische oder hochstaplerische Begabung im Grunde. Und auch die Steigerung des Charakteristischen ins Absurde, die Zerstörung von innen her, die Fünfte Kolonne der Aggression, hatte nie gefehlt – allerlei Jonglieren mit Transaktionen, die schon nicht mehr einen verwegen-realen Charakter hatten, sondern einen magischen.

Umgesetzt in die Literatur und geladen mit dem Sprengstoff meines Ressentiments, ergab das mein erstes Bündelchen Parodien. Was sie von anderer Leute Parodien unterschied, war ihr Un-Humor, ihre magische Grausamkeit (die Grausamkeit des Märchens), ihre Entschlossenheit, nicht zu verulken, sondern ins Herz zu treffen. Keine «literarische Mission» also und unternommen ohne jeden hehren Beweggrund. Die Säuberungsaktion, die sich daraus ergeben sollte, war eine Nebenfolge, ein Zufallsprodukt – wenn ich dem jungen Mann, der das schrieb, nicht inzwischen zu ferne gerückt bin, um ihn noch zu durchschauen. Eines muß ich für ihn ins Treffen führen: er hat, wenn nicht aus Klarsicht, so doch sicher aus Größenwahn, seine diabolische Fertigkeit niemals sehr ernstgenommen und aus dieser Mißachtung niemals ein Hehl gemacht.

Ich produzierte dann noch ein Bändchen, «Unter falscher Flagge», das vier oder fünf Jahre später kam – Tanz auf dem Vulkan, der Nazi schaute mir schon über die Schulter. Daß sie diese Bücher verbrannt hätten, auch wenn ich nicht ein Jude gewesen wäre, versteht sich von selbst, und es enttäuscht mich von Goebbels, den ich für einen ehrlichen Schurken hielt, in der Biographie seiner Frau Magda zu lesen, daß er – wie heißt es dort?

«Noch während des Krieges las er seiner Familie und seinen Gästen aus Neumanns ‹Mit fremden Federn› vor, die er fast auswendig kannte.» Wirklich schmeichelhaft ist allerdings der nächste Satz: «Neumanns ätzende Schärfe stand Goebbels' eigenem Wesen zweifellos besonders nahe.»

Bleibt die Frage: Warum habe ich erst kürzlich, im weißen Haar, ein Vierteljahrhundert später, doch noch einmal Parodien geschrieben? Immer noch aus Ressentiment? Wer nicht mehr um seinen Erfolg zu kämpfen hat, dem schwimmen die Ressentiments der Jugend davon wie schillernde Fische, hinaus in die blaue See. Vielleicht zur Rettung der zeitgenössischen Literatur, zu schreiben mit einem großen «L»? Ich habe für die jungen Menschen, die heute beginnen, in Gruppen oder auch einzeln, ein Gefühl warmer, lächelnder Sympathie. Ah, der holde Rausch ihrer Illusion, als begänne alles mit ihnen zum ersten Mal! (Ah, der holde Rausch, damals, unseres eigenen Größenwahns!) Nur – Literatur interessiert mich nicht sonderlich. Die einen Mann in meinem Zustand des Lebens allenfalls noch interessierende produziert er für sich selbst. (Man kann Romane nicht mehr lesen – höchstens noch schreiben.) Warum also? Aus Mordlust? Auch das nicht, ich bin auf meine alten Tage ein friedliebender Mann geworden, ich trage es einem Menschen auch nicht eine Minute nach, wenn ich ihn beleidige.

Nochmals also: Warum? Ich habe eine Freundin, sie heißt Stella, sie züchtet Pudel, um sie zu verkaufen. Aber sie ist eine reiche Frau; wann immer die Pudel gezüchtet sind, bricht ihr das Herz, und sie verkauft sie nicht. Infolgedessen wimmelt ihr Landgut drüben in Surrey von Pudelhorden, Urahne, Großvater, Vater und Sohn, über Generationen weg. Unter ihnen befindet sich ein Großonkel mit Namen Mario, ein noch durchaus rüstiger Herr mit einem ergrauenden Stutzbart und einem scheelen Blick. Wenn die junge Generation ihn so elastisch umhopst, blickt er sich vorsichtig um, ob ihn keiner sieht. Dann beißt er die Hopsenden in die Waden und schleicht davon.

Nein, ich schreibe doch lieber keine Parodien mehr.

Nachwort

So viele Frauen, so viele Bücher. So viele Begabungen, so viele Karrieren. Robert Neumann war ein Charmeur und Schürzenjäger, ein Leichtschreiber und Vielleser. Er hat Medizin studiert und als Sportschwimmer geglänzt, er war Devisenhändler und Direktor einer Schokoladenfabrik, er ist als Frachtführer zur See gefahren, er hat schlechte Gedichte, mäßig erfolgreiche Romane geschrieben und schließlich die Parodien, die ihn 1927 mit dreißig Jahren schlagartig berühmt machten.

Seine geistige Beweglichkeit war verblüffend und stand in seltsamem Gegensatz, vielleicht aber auch im Verhältnis von Ursache und Wirkung zu der Seßhaftigkeit seines Lebens. Gemessen an den inneren Umbrüchen, den wechselnden Orientierungen seines Charakters, den Krisen des Jahrhunderts und dem Schicksal der Juden, das er teilte, ist die Zahl seiner Wohnsitze gering geblieben. Wien, London, Kent und Locarno, das war es, von wenigen Intermezzi abgesehen. In Wien wurde er 1897 geboren, in München starb er 1975. In Berlin trieb er sich herum, auf der Suche nach Verlegern und literarischer Protektion, ohne sich je niederzulassen. Nach London emigrierte er 1934, verbrachte die Kriegszeit in Internierungslagern und zog schließlich nach Kent aufs Land, in jenes berühmte «Pesthaus», das er in seinen Autobiographien beschrieben hat und erst 1957 mit dem Tessin vertauschte.

Das Exil war eine bittere Erfahrung, doch ging es ihm nicht schlecht, er fand Aufträge, Verleger, Frauen und entdeckte schließlich die englische Sprache für sich, in der er erfolgreiche Romane, ja sogar wieder Parodien schrieb. Es war ein Versuch, wie Neumann selber urteilte, «der Widerstandslosigkeit, dem ‹Zuvielkönnen›, das die Jugendwerke dieses Autors charakterisierte, dadurch zu entgehen, daß er sich ein härteres Medium suchte, eine zweite sprachliche Virginität». Auch dieser Versuch gelang. Was gelang ihm nicht? «Dem Autor wurde so viel Lob gezollt, daß es für einen weniger durch Größenwahn ohnedies schon Gefestigten verwirrend gewesen wäre.»

Aber der Tausendsassa war nicht glücklich. Allzu vieles fiel ihm allzu leicht, und er hat es im Alter mit Bitterkeit vermerkt. Nicht nur das Schreiben, das Parodieren, die Einfühlung in literarische Möglichkeiten; auch die Einfühlung in menschliche Wirklichkeiten. Er hat im Laufe seines Lebens nahezu zweihundert Parodien geschrieben, sich in nahezu zweihundert Bücher versenkt, zweihundert Autoren, ungezählte Schulen und Stile verarbeitet und sich satirisch anverwandelt. Er hat im Laufe seines Lebens sechs Ehen geschlossen, ungezählte Liebschaften gehabt und Menschen erobert, fremde Seelenlandschaften vermessen und besetzt. Sein amöbenhaft fließender Intellekt inkorporierte literarische Stile wie Lebensgefühle und Denkweisen. Er war der Mann, von dem die Frauen sich «verstanden» fühlten, und es ist nachgerade beängstigend zu sehen, wie er einer jeden sogleich als «der Mann fürs Leben» erschien, während es für ihn die eine Frau fürs Leben nicht geben konnte, weil er schon gar nicht mehr genau wußte, welches sein Leben eigentlich war, das er an der Seite so vieler Frauen und Bücher verbrachte.

Die rasche Auffassung, die Beweglichkeit und hochgezüchtete Wahrnehmung wurden ihm zum Verhängnis. Er, der alles verstand, sich in alles einfühlen und an alles anpassen konnte, kam darüber sich selbst abhanden. Schon bei der Lektüre seiner Romane, seiner Parodien und Erinnerungen tritt offen zutage, was der Freund Hermann Kesten so formulierte: «Für den Parodisten wird die ganze Welt zur Kopie, die ganze Kunst zur Fälschung, alles zum Abbild von Abbildern, zur imitatio imitationum. Es ist ein Schöpfungsrausch aus zweiter Hand, eine ungeheure Spiegelung von lauter Spiegelungen, eine mystische Hochzeit von tausend Individualitäten in einer kollektiven Vermählung, ein schwindliger Taumel lauter schöpferischer Illusionen. Aber wo bleibt am Ende die Realität? Wo bleibt der eigene Stil? Wo wohnt das eigene Ich?»

Bis ins hohe Alter hinein bietet Robert Neumann das Bild eines jungen Malers, der seinen eigenen Stil noch nicht gefunden hat, weil er sich mit allzu großer Leichtigkeit, auch Bravour in die Manier anderer Meister begeben kann. In seinem (übrigens großartigen) Roman «An den Wassern von Babylon» werden zehn verschiedene Schicksale in zehn verschiedenen Schreibstilen geschildert; nicht alle waren seine eigenen. Zwischen Parodie, Pastiche und naiver Nachahmung gibt es einen gleitenden Übergang, der unmerklich ins Epigonentum führen kann.

Selbst seine theoretischen Überlegungen zur «Ästhetik der Parodie» sind ihm passagenweise zu einer Parodie geraten, freiwillig oder unfreiwillig, auf den großen Theaterkritiker Alfred Kerr. Die Gabe zur literarischen Bauchrednerei konnte der Kontrolle ihres Meisters unversehens entgleiten; dann sprach es mit vielerlei Stimmen aus ihm, von denen er selbst nicht immer wußte, wem sie gehörten. Doch jedenfalls in der bewußten Parodie hat er virtuos und kalkuliert «die Nachahmung immer wieder als Mittel zu seinem Zweck» eingesetzt, «als trojanisches Pferd», um sich «in die Welt des literarischen Opfers» einzuschleichen. Oder mit den Worten seiner Platon-Parodie, die denselben Sachverhalt sokratisch untersucht: «Da sie Esel sind, kleide er sich in eine Eselshaut!»

Wie das funktioniert, läßt sich besonders leicht an der Rilke-Parodie zeigen. Ihr Anfang ist bloßes Pastiche, gerade nur so weit überdreht, daß der Leser leichten Argwohn schöpft; «aber erst wenn in weiterer Folge das so gestohlene Idiom dazu verwendet wird, das Opfer zu attackieren, zu entlarven, in die Luft zu sprengen: erst durch diese ungutmütige, un-humorige Aggression wird, was als Nachahmung begann, am Ende zur Parodie». Eine womöglich noch tückischere Variante ist das Einschleichen mit Hilfe wörtlichen Zitats, wie Neumann es in seiner «Ästhetik der Parodie» am Beispiel von Hans Leip gezeigt hat.

Robert Neumann verfügte über ein fein abgestuftes Instrumentarium, das er je nach Schwere des Falls einsetzte. Am untersten Ende der Qualitätsskala griff er zur reinen Zitatmontage, einer

Vivisektion sozusagen, die dem Zuschauer die Schwere der Erkrankung durch bloßen Augenschein offensichtlich macht, ohne daß eine mikroskopische Beschäftigung mit Gewebsproben nötig wäre. Für das obere Ende der Qualitätsskala erklärte er sich seltsamerweise für unzuständig; hielt er wirklich den Form-«Panzer» der großen Meister für «undurchdringlich», nur weil es ihm im Falle einzelner wie Wolfgang Koeppen nicht gelungen war einzudringen und er sich auf die kalauernde Benennung literarischer Vorbilder zurückziehen mußte?

Manches spricht dafür, daß für Robert Neumann gerade seine besten Parodien ein Rätsel geblieben sind; bei aller gelehrten und scharfsinnigen Auseinandersetzung mit der Gattung an sich ist ihm von der Definition nur das Allgemeine gelungen, nicht die besondere Abweichung der eigenen Texte. Er hat sie gespürt, er hat sie benannt, analysieren konnte er sie nicht. Gerade seine besten Parodien gelten den großen Meistern, gerade für sie gelten seine Formeln «Zerstörung von innen her» und «magische Grausamkeit (die Grausamkeit des Märchens)».

Neumann war nicht der «verkappte Oberlehrer», als den ihn der beleidigte Hans Leip in einem Brief bezeichnete. Seine besten Parodien waren für ihn nicht zu analysieren, weil sie selbst schon keiner Analyse entsprangen, sondern einem tranceähnlichen Zustand der Überwachheit, wie ihn Proust für alle schöpferische Tätigkeit reklamierte. Er verhielt sich zu den parodierten Autoren nicht wie ein Kritiker, sondern wie ein Künstler dem

Leben gegenüber. «Wenn er drei oder zehn Seiten gelesen hat, weiß er schon alles besser als ein Heer pedantisch genauer Leser», hat Kesten beobachtet, es war eine geniale Intuition, die Hochrechnung von wenigen Daten aufs Ganze. «Es fiel mir leicht. Fiel es mir nicht leicht, fehlte das Hellseherisch-Magische, das sich aus dem bloßen Wägen eines Buches in der Hand ergab, aus dem ‹Nichtlesen›, wollte das Produkt also Seite um Seite ‹erarbeitet› sein, so waren die Parodien schlecht.»

Aber was ist es, das Magische? Was ist mit jenen «Transaktionen» gemeint, «die schon nicht mehr einen verwegen-realen Charakter hatten, sondern einen magischen»? Tatsächlich geht es in den Parodien der großen Meister nicht um eine «Steigerung des Charakteristischen» ins verborgen Törichte oder Verlogene, sondern ins «Absurde», und das heißt: ins Tragische. Was Neumann in diesen Parodien enttarnt, ist kein Versagen, kein Defizit, sondern ein tieferes Geheimnis der Kunst, ihre immanente Bedrohung und Gefährdung durch sich selbst. Gerade die größte Literatur ist ihrer eigenen Parodie, dem Zerfall in baren Blödsinn oder dem Umkippen der Monomanie in Irrsinn ganz nahe. Es genügen ein, zwei Schritte über den Punkt hinaus, an den Rilke oder Thomas Mann, Döblin oder die Lasker-Schüler sich schon hingeschrieben haben, und der Text stürzt in den Abgrund von Lächerlichkeit oder Umnachtung. Darin liegt die «Grausamkeit des Märchens», die den Helden auf dem Weg des Verderbens weiter voranzwingt, als es der Alltag gemeinhin tut. Darin liegt die Genialität des Parodisten Neumann, jene «magischen

Transaktionen» gefunden zu haben: es sind nichts als ein, zwei kleine Schubse, die er den parodierten Texten versetzt, um in ihrem Sturz den Abgrund sichtbar zu machen und damit ihre Größe erst recht eigentlich zu beweisen.

Vielleicht war es die Enttäuschung über die mangelnde Würdigung seines eigenen literarischen Schaffens, daß er sich über Rang und wahren Charakter dieser Parodien so sehr täuschte, daß er sie als Lob und Würdigung nicht begreifen konnte; vielleicht floh er auch vor dem Verdacht des Oberlehrerhaften, wenn er im Alter beteuerte, aus Vorwitz und Übermut oder gar aus Neid und Ressentiment parodiert zu haben. Vielleicht waren ihm seine eigenen Antriebe dunkel oder unheimlich, oder er wollte sie aufrichtigerweise nicht mit den Absichten in eins setzen, die er gegenüber schlechter und mittelmäßiger Literatur verfolgte und die keineswegs dunkel, sondern sehr eindeutig: nämlich politisch waren.

«Nicht zu kitzeln, sondern tödlich zu treffen, und hieße das Jagdwild, wie es wolle, muß die Sache des Schönen und Guten sein.» Robert Neumann hat die Parodie als Literaturkritik legitimiert und die Literaturkritik als Zeitkritik, jedoch nicht in dem landläufig vagen Sinne, sondern als Ideologiekritik. Literatur mochte so schlecht sein, wie sie wollte; «erfaßt sie die weite Welt, setzt sie falsche Wertskalen, errichtet sie falsche Denkmäler, gebärdet sie sich als eine neue Lebensphilosophie: so ist das zwar immer noch nicht von literarischem Belang, wohl aber von soziologisch-kritischem», und damit Sache Neumanns, des Parodisten.

Der Leichtfertige und Wandelbare war politisch mit Mut und Konsequenz. Soweit es den Lebenszeugnissen zu entnehmen ist, hat er nur zweimal im Leben ernste Unbequemlichkeit auf sich genommen, und das war auf dem Felde der Politik. Gemeint ist nicht seine Emigration, zu der er sich rascher und früher als viele andere, in kalter Einschätzung der Lage und sobald er seine Bücher verbrannt sah, entschloß; das tat er für sich und zeigt nur die eine, freilich stupende Begabung zu emotionsloser Analyse. Sentimental war er nicht. Seine erste Frau ließ er mit Kind in Wien zurück; als sie nachkam, lebte er schon mit seiner zweiten Ehefrau zusammen.

Aber mutig war es und unbequem dazu, daß er noch während des Krieges in London sich für eine Unterscheidung zwischen «guten» und «schlechten» Deutschen einsetzte, den Nationalsozialismus nicht für das Volk nahm und gemeinsam mit seinem englischen Verleger Victor Gollancz, der immerhin Jude war wie er, an Churchill appellierte. Sein Ärger über dessen taktischen Unwillen zur Differenzierung, an dem auch die Kontaktversuche des deutschen Widerstands scheiterten, entlud sich in einer Parodie auf Lord Vansittart, das Haupt der deutschfeindlichen Schule, und seinen sogenannten «Black Record», eine Broschüre, wie Neumann sich erinnerte, «die mit einer bei den ‹Protokollen der Weisen von Zion› gelernten historischen Akribie bewies: jede Untat der Weltgeschichte war ‹made in Germany›, von der Schlacht im Teutoburger Wald bis zur letzten Bombe oder Torpedierung eines schutzlosen Handelsschiffes».

Der Vergleich mit den «Protokollen der Weisen von Zion», dieser schlimmsten aller obskuren antisemitischen Hetzschriften, ist erstaunlich und von einer verstörenden Gerechtigkeit. Daß er Judenhaß und Deutschenhaß auf eine Stufe stellte, ja klüger noch: aufeinander bezog, zeigt die verblüffende Unabhängigkeit und Kälte seines politischen Urteils. Er hat die Parodie erst nach dem Krieg unter dem Titel «Die Protokolle der Weisen von Bonn» veröffentlicht und mit einer Parodie auf Hans Grimm zusammengespannt, der mit seinem südafrikanischen Kolonialopus «Volk ohne Raum» den Nationalsozialisten das imperialistische Stichwort geliefert hatte. Erschreckenderweise schien Neumann der Kampf der rechten Ideologen auch 1955 aktuell; Vansittart blieb Feind der Deutschen und forderte noch 1948 weitere Demontagen, und in der neugegründeten Bundesrepublik sah Neumann die alten Nazis wieder, Hans Globke, den Chefkommentator der Rassengesetze, als Regierungssprecher des Kanzlers in Amt und Würden.

Im tiefsten Kern war Neumann ein Moralist von alttestamentarischer Strenge; und konnte darum vielleicht sein Leben nur mit äußerster Leichtfertigkeit führen. Die beiden Welten, die innere und die äußere, das moralische und das vitale Prinzip waren mit keinem Kompromiß zu versöhnen. Die seltsame und großartige, gnadenferne Objektivität des Alten Testaments steckt am Ende noch hinter der provozierenden Gerechtigkeit seines politischen Urteils. Zur Unzeit, mitten im Rausch des Wiederaufbaus und lange bevor Vergangenheitsbewältigung das geschätzte Schlagwort wurde, veröffentlichte er belastendes Material, eine Rundfunksendung über die «Ausflüchte unseres Gewissens», und mußte noch einmal in Deutschland judenfeindliche Denunziation, anonyme Briefe und Drohungen erdulden, vor denen er doch einst geflohen war. Ein zweites Mal bewies er Mut und Unabhängigkeit und verdarb es sich zugleich mit allen Zeitkritikern und professionellen Wiedergutmachern, die doch seine Verbündeten hätten sein können, indem er vor bequemem Philosemitismus warnte, ihn als bloß gewendeten Handschuh bezeichnete.

Neumann, der Gerechte. Neumann, der Ungerechte, der Launische, Boshafte, Reizbare, der wegen eines Bonmots, auf das er nicht verzichten wollte, wie Quintilian lieber auf einen Freund verzichtete. Die beiden Welten waren nicht zu versöhnen. Die Anpassung und sein Verständnis waren nicht mit seinem Selbst zu versöhnen. Aus dem Innern schrie es leise und beständig nach Widerstand und Aufbegehren. Während in seinem äußeren Leben alles glatt und immer glatter lief, wurde er immer argwöhnischer. Der Hochstapler war seine literarische Lieblingsfigur in vielen Romanen; nicht zufällig hat er den «Felix Krull» mit der Geschichte von dessen Schwester «Olympia» fortgedichtet. Auch das hat Kesten scharfsinnig durchschaut, zugleich allerdings den Stoff als Vorliebe der Epoche, vielleicht als ihr Signum erkannt. Wilhelm II. trug schon Züge des Hochstaplers, und erst recht waren es Hitler und Mussolini, denen Charaktere wie d'Annunzio vorangegangen waren. So schrieb nicht nur Neumann eine «Hochstaplernovelle», sondern Wedekind wie Joseph Roth, Werfel wie Stefan Zweig, Hermann Broch wie Kesten selbst gestalteten den nämlichen Stoff.

Den Scharlatanen und Abenteurern dieser Epoche fühlte sich Neumann gefährlich verwandt, er jonglierte als Devisenmakler mit Finanzen, als ungetreuer Ehemann mit seinen Geliebten. Die Strafe folgte nicht auf dem Fuße. Die Strafe blieb aus. Das war sein Thema. Mein Gott, mein Gott, warum hast du mich nicht verlassen? Alles ging viel zu gut und vollzog sich reibungslos wie der Aufstieg der Faschistenführer.

Früher als andere witterte Neumann, was 1933 begann; seine Parodien von 1927 und 1932 sind von einer erschreckenden Prophetie. Wie er im Biedersinn, im Plüsch die Grausamkeit, wie er in der Vergangenheitsbesessenheit den Untergang des Abendlands, wie er in der Beschwörung der Tradition das Ende aller Traditionen witterte, das war unerhört und überstieg alles, was seinerzeit in den Parodien von Mauthner oder Twardowski geübt wurde, die das ästhetische Argument nicht verließen. Wer hat damals Spengler gelesen wie er? Sein Verleger Adolf Spemann hielt die Aufnahme der Spengler-Parodie für «lediglich durch die snobistische Mode legitimiert».

Wäre es denn eine Mode der Snobs geblieben. Neumann aber durchschaute den Scharlatan und seine Gefährlichkeit, seine schon bald nicht mehr elitäre, sondern höchst populäre Konjunktur. Neumann war ein Experte in Sachen Scharlatanerie; so wie der Mörder und sein Opfer, Henker und Delinquent aufeinander bezogen sind, wie der Detektiv sich im gleichen Metier auskennen muß, in dem der Verbrecher sich bewegt. Was ist der Parodist? Der Parodist ist ein literarischer Detektiv, der die gesammelten Indizien zum Sprechen bringt.

Stets hat Neumann auch die Umstände der Rezeption im Auge, ob er nun die Backfischbegeisterung für Rilkes Cornet festhält («der ganzen staunenden Mädchenschar – ihr girrt noch geblufft über Tag und Jahr der Rilkesche Rhythmus im Blute») oder die Ergebenheit der Thomas-Mann-Exegeten, die der Meister nicht nur erduldete, sondern gleichermaßen provozierte. Boshafter ist der Kunstgriff, mit dem er die Verkaufsstrategien des Verlages in den Textzusammenhang seiner «Berlin Alexanderplatz»-Parodie integrierte. Was hat Döblin mit dem nun einmal notwendigen Marketing von Büchern zu tun? Jeder Autor muß sich mit den Gesetzen des Literaturbetriebs arrangieren.

Doch wird Neumann nicht nur die grausame Lust getrieben haben, an das Buch als Ware zu erinnern. Sein Kunstgriff steckt als Konsequenz auch in dem gefräßigen, alles Material des Alltags verschlingenden Prinzip des Romans, der vor seiner eigenen Umgebung, dem Alltag des Büchermachens und -verkaufens nicht haltmachen dürfte. Was die Parodie demonstriert, ist die Grenze aller dichterischen Fiktion, die sich selbst nicht übersteigen kann. Der Roman kommt der Wirklichkeit nicht näher, selbst wenn er sich noch so viele ihrer Elemente einverleibt. Auch die trügerischste Nachahmung endet mit dem Deckel des Buches.

Neumann wollte die Grenzen von Literatur und Realität nicht verwischt haben; auch dazu taugt die

Parodie, immer wieder und nachdrücklich Literatur als etwas Gemachtes, als etwas so oder so, mit diesen oder jenen Mitteln Hergestelltes zu zeigen. Vor allem auf das Märchenhafte nicht nur der Trivialliteratur hat er hingewiesen, wie es als Realität sich tarnt, um damit dem Leser die Realitätsflucht um so besseren Gewissens zu erlauben. «Der Betrug am Kunden – indem man ihm ‹Märchen› liefert in der Emballage ‹Wirklichkeit› – wird ergänzt und oft erst möglich gemacht durch den Vernebelungsfaktor ‹Plüsch›. ‹Sprach-Plüsch› gibt den argloseren unter den ohnedies schon tag-träumenden Konsumenten die zusätzliche Illusion, als läsen sie nicht, was sie tatsächlich lesen . . .»

Was sie tatsächlich lesen, muß nicht immer dumm, es kann auch gefährlich, versteckte Ideologie oder Propaganda sein. An einem harmloseren Beispiel der ernsteren Literatur hat Neumann die «Emballage» Wirklichkeit in ihrer absurdesten Form gezeigt und seine Remarque-Parodie mit realistisch-medizinischen Details angereichert, deren unsinnige Zusammenhanglosigkeit zugleich die Zusammenhanglosigkeit des realistischen Details mit der unrealistischen Story zeigen. «Die Kugel hatte hinterm Herzen das Kleinhirn durchschlagen, das war wohl der Grund, warum sie keinen Schmerz empfand.» – «Die Leber der einst so Geliebten war gelblich-lila geworden; offenbar hatte ihre Prostata zu funktionieren aufgehört.»

Weniger harmlos ist eine andere Form der «Literatur-Illusion», die mit dem Anschein von Philosophie erzeugt wird, wie es Neumann etwa am Fall Keyserling vorgeführt hat. Das aufschlußreichste Beispiel hat er allerdings nicht mit einer Pseudophilosophie gegeben, sondern an dem Erbe Nietzsches demonstriert. Er war gerecht, er beschuldigte den Philosophen nicht für das, was die Nachlaßverwalter und Interpreten in seinem Namen verkündeten. Vielmehr führte er das Gegenteil, Beliebigkeit und Willkür, vor: daß die Schwester Belege findet für ihre Frömmelei, daß die Deutschtümler ihre Deutschtümelei ebenso im Widerspruch wie in der Nachfolge entwickeln konnten. Er demonstrierte den Mißbrauch im Dienste höchst unphilosophischer Interessen, die er listigerweise als wirtschaftliche noch tarnte. Doch war die Klinge «Dämon» eine deutliche Anspielung auf die politische Fabrik, die er meinte. Nicht von einem Kosmetikartikel, «Von den Messerwetzern» ist die Rede und die Überschrift der Parodie.

Neumann sah die Messerwetzer voraus und richtete sich ein im Exil, er beobachtete und sah wieder voraus, wie der Schrecken für die einen in den Terror für die anderen umschlug. Die ausgebliebene Strafe kam, aber sie kam spät und war die passende Strafe nicht. Die Strafe war ungeheuerlich und überstieg alles Maß. Neumann war zornig und mitleidig zugleich. Über das untergegangene, das besetzte und hungernde Reich hat er ein Buch geschrieben, das als Schrei um die Welt lief, als Schrei gedacht war und Hilfe brachte. «Die Kinder von Wien» waren kein großer Roman, sondern ein Akt der Caritas, der literarisch praktizierten Nächstenliebe. Seinen Feinden hielt er zwar nicht die eigene Wange hin, aber er küßte die ihre. Neumann, der barmherzige Samariter?

Neumann verstand und empörte sich wider sein Verstehen. Den Gerechten der Bibel konnte es in diesen Weltläuften nicht mehr geben. Er begann alle «Gesinnungen» zu verachten, «Gesinnung» wurde ein Schimpfwort für ihn. «Nie wieder Politik» heißt eine Sammlung seiner Parodien, eine andere «Vorsicht Bücher»; nie wieder Politik in Büchern, das war sein Rat, oder jedenfalls: Vorsicht vor Politik in Büchern, Vorsicht vor der aufrechten «Gesinnung», die nichts als die bekannte «Emballage» ist. Denn schließlich «kann der immer gleich bleibende Basis-Kitsch auch zu Literaturähnlichkeit emporgezwirbelt werden mit Hilfe der Verpackung ‹Gesinnung›». Von allen Verpakkungen hat er am Ende die «Gesinnung» am meisten gefürchtet; zumal wenn sie und das zugrunde liegende Märchen sich in ihrer Schlichtheit verbünden und erfolgreich Wirklichkeit durch Legende ersetzen.

Mit Besorgnis sah Neumann die verdeckte Restauration der Vorkriegs-«Gesinnungen», er sah die neuen Politiker in den alten Formeln denken, er sah den blinden Antisemitismus in blinden Antikommunismus, den Rassenwahn in den Wahn des Kalten Krieges umspringen. Daß er diesen Argwohn auch äußerte und den psychologischen Zusammenhang durchsichtig machte, ist ihm nie verziehen worden. Doch wurde der Sozialist der österreichischen Zwischenkriegsrepublik kein Kommunist, das auch nicht. Er verstand seine «Freunde, die Kommunisten», nicht als seine Feinde, selbst wenn sie ihm gegenüber bald, im englischen Exil schon, Feinde wurden. Aber er sah aus den machtpolitischen Verstrickungen, aus dem Erbe Lenins und Stalins keinen historischen, keinen trotzkistischen und keinen revisionistischen Ausweg. Selbst das hat er vorausgeahnt und in dem Roman «The Inquest» (auf deutsch «Treibgut») beschrieben, lange bevor er die grausige Wirklichkeit in den sozialistischen Ländern kannte und kritisierte.

Robert Neumann verstand und empörte sich und verstand wieder. Nach dem Ende des Zweiten Weltkrieges saß er endgültig zwischen allen Stühlen, über deren Lehnen er in glücklicher Jugend als Hochstapler und Artist balanciert war. Er hatte den Anschluß verpaßt, den politischen wie den literarischen. Schreiben wie er, der Expressionismus und Neue Sachlichkeit beerbte, wollte man nicht mehr, und denken wie er konnte man nicht. Doch blieb Neumann nicht zwischen den Stühlen auf dem Boden sitzen, wie er es über den grausam parodierten, den naiven deutschnationalen Juden Ernst Lissauer bemerkt hatte. Vielmehr erhob er sich, und wenn er die Stühle auch nicht verrücken konnte, so verdrehte er doch den Sitzenden den Kopf, mit Charme und List und nimmermüdem Verhandlungsgeschick. Hermann Kesten «sah ihn auf vielen PEN-Kongressen, er ist der Ehrenpräsident des österreichischen PEN-Clubs, halb Würdenträger, halb Parodist, er ist einer der sieben (oder neun) internationalen Vizepräsidenten des internationalen PEN-Clubs. Wo er auftaucht, schlichtet er Intrigen (oder macht er sie auch zuweilen, aus lauter epischem Spaß an Intrigen?); wo er eingreift, erschallt Gelächter.»

Aus dem geschäftigen Literaten Neumann, der nimmermüde in eigener Sache unterwegs war, mit der schriftstellerischen Kollektion in einer Mustermappe, wie ihn Erich Kästner im Rückblick auf die zwanziger Jahre porträtiert hatte, war der geschäftige Literaturfunktionär Neumann geworden, der nimmermüde in der Sache anderer Leute unterwegs war. «Er ist immer bereit, dich zu fördern, oder mindestens war er immer bereit, eines seiner jungen Protektionsmädchen durch mich fördern zu lassen» – wir sehen, Kesten war nicht nur der bezauberte, er war auch der gekränkte, der ausgenützte Freund; Neumann «förderte durch all die Jahre junge Dichterinnen, meist kamen sie aus Wien, manche hatten ein entschiedenes Talent». Ein entschiedenes Talent, ob auch ein literarisches, sagt Kesten nicht. In der Kunst der nicht gesagten, der nur insinuierten Bosheit war er seinem Freunde mindestens ebenbürtig. Neumann hat seine Rolle als Förderer, als Schlichter und Retter anders gesehen, natürlich, und hatte ebenso recht damit. Manchem hat er geholfen, vor allem in dem Gerangel zwischen Ost und West, ohne damit auf dem Parkett der literarischen Öffentlichkeit glänzen zu wollen.

Doch womit half, womit tröstete sich Neumann selbst? Er tröstete sich mit Frauen und kleinen Bosheiten, die das Unheile der Welt, freilich oft am unrechten Ort, zeigten und zugleich verbergen sollten. Vielleicht konnte er sich nur im Haß der Verletzten und in der Liebe der Geliebten seiner selbst vergewissern. Von dem Furioso der Wiener Jahre war Neumanns Frauenkonsum zu einem ruhig fortschreitenden Andante übergegangen; doch der bissige Witz blieb prestissimo, im steten Auf und Ab von Crescendo und Decrescendo, von Angriff und Beschwichtigung, von Schlag und Schmeichelei, einer halben Zurücknahme, die alles nur noch schlimmer machte.

Sehr belustigte er sich über Stefan Zweig, der überall auf der Welt und noch in der kleinsten Kleinstadt Beziehungen und Leute hatte, die ihm nützen oder wenigstens seine Lesungen besuchen konnten; «und daß sie nicht, wie sie wähnten, *der* liebe Freund waren, sondern *ein* lieber Freund unter tausend lieben Freunden, das führte mitunter zu kleinen Tragikomödien der Eifersucht: unjunge Gymnasialprofessoren benahmen sich da wie konkurrierende Backfische. Ich sage das mit aufrichtiger Bewunderung für diesen warmherzigen, weltoffenen und brillanten Freund: Er war, ins Geistige übertragen, die Musterorganisation eines Versandgeschäftes.»

So ging das hin und her. Auch Kasimir Edschmid hätte Neumann, «den ich in meinen Parodien so ungerecht und lieblos behandelte, gerne wirklich gelobt; etwa für die Kelterung seines frühen Snobismus – er bewegte sich damals kosmopolitischst nur in feinsten Milieus – zu dem klaren Wein seiner Reifezeit, dessen neues Bouquet das vornehm-zarteste Destillat jener früheren – aber halt! ich fange schon wieder an!» Wie viele mögliche und tatsächliche Freunde hat sich Neumann so verscherzt? Da war oft nichts mehr gutzumachen. Der betriebsame wurde ein einsamer Mann, der gesellige ein gemiedener, der witzige ein trauriger.

Hier müssen wir ein einziges Mal Zweifel an Kestens glänzendem Porträt äußern; «der alte Schmerz des Humoristen», das ist zu wenig, das ist nicht Psychologie, sondern Klischee. Es muß alles viel schlimmer gewesen sein, es kam von weiter her. Es war die alte Unversöhnbarkeit von moralischem und vitalem Prinzip, doch war die Welt, auf deren Ungleichung Neumann stets bestanden und aufmerksam gemacht hatte, auf eine ganz neue Weise disparat geworden. Neue Ungleichungen tauchten auf, oder es waren die alten, doch in einem neuen Gewand, das er nicht mehr durchschauen konnte. Die Literatur, die er stets als Symptom durchleuchtet hat auf «Gesinnungen», auf «Plüsch», auf alles, was falsche Harmonisierung des Disparaten, kurz: Ideologie war, die Literatur, die nun einmal sein Forschungsgegenstand und Weltexempel war, hatte andere Masken gefunden, rauheren Plüsch und verstecktere, vielleicht heuchlerischere Gesinnungen. Den Existentialismus bekam er nicht mehr richtig in den Griff. Neumann parodierte weiter, aber Beckett, Sartre oder Camus faßte er nur an der Oberfläche, und er hat es gewußt.

Brillant sind seine Parodien noch; das Handwerkliche, die Masche durchschaute er sofort, aber die tieferen Idiosynkrasien auf die Spitze treiben, den verborgenen Wahn ans Licht zerren, die geistige Form von innen her zu sprengen gelang ihm nicht mehr. Das Magische fehlte. In den Parodien von 1955, «Mit fremden Federn II», finden sich noch geniale Stücke, vor allem dort, wo es sich um Autoren handelt, die Vorkriegstraditionen fortführten, bei Hemingway, Thomas Mann, Jünger oder Heidegger und ganz sicher bei Brecht. Die Parodie auf dessen «Verurteilung des Lukullus» hielt er durchaus zu Unrecht für mißglückt; doch zeigt das Selbsturteil die Verunsicherung. Die wenigen neuen Parodien, die er in die zweite Gesamtausgabe von 1969 aufnahm, sind wie Versuche mit altmeisterlichem Schusterwerkzeug an Kunstleder, mit Diamantschneider an Plexiglas.

Die systematisch-kulturkritische Gliederung und Kommentierung, die er in den drei Bänden dieser Ausgabe versuchte, sind ein trauriges Schauspiel, und das weniger, weil er als Parodist nur demonstrieren, nicht begrifflich zergliedern könnte, sondern weil er es schon gar nicht mit rechter Überzeugung versuchte. Er wollte sich retten, wovor man sich nicht retten kann: vor Unterschätzung und Vergessenwerden, und er wußte es. Er wollte sagen: Schaut her, meine Parodien sind kein Studentenulk. Literatur ist kein Spaß, weil sie die Verwirrung der Gesellschaft zeigt und schlechte Literatur die Verwirrung noch befördert. Parodien sind das Gegenmittel; ein Indikator für Ideologie und zugleich ein Impfstoff zur Immunisierung. Das wollte er sagen. Aber er wußte, niemand schaut genau hin, jeder hält seine Parodien für Ulk und läßt sich von schlechter Literatur nur allzu gern verwirren. So erstirbt seine Stimme zwischen den Seiten, murmelt undeutlich und verstummt schließlich.

Das ist nicht die berufsmäßige Trauer des Humoristen, das ist die Resignation des Moralisten, des Pädagogen, der Neumann letzten Endes doch war. Er hat vorausgeahnt, er hat vorausparodiert, was nach 1933 gleichwohl schreckliche Wirklichkeit wurde. Er hat nach 1945 wieder vorausparodiert, was uns heute im atomaren Patt, in der Philosophie der Abschreckung gefangenhält. Aufgehalten hat er nichts. Aber, wer weiß, vielleicht haben dem einen oder anderen seine Parodien doch als Warnung gedient, als Lackmus, dessen Farbumschlag in gefährlichen Säurebereich ihn alarmierte. Vielleicht, wer weiß, können seine Parodien das heute noch leisten, die Wahrnehmung schärfen für das versteckte Ideologische, das falsche Bewußtsein.

Aber selbst wenn man all dies, alle außerästhetischen Qualitäten der Literaturparodie bezweifelte, so blieben noch immer zwei außerordentliche Verdienste Neumanns. Er hat für seine Gattung, die Gattung der Parodie, geleistet, was auch in anderen literarischen Gattungen immer selten geblieben ist: die Versöhnung von pädagogischer Absicht und Artistik auf höchstem Niveau. Bruchlos wächst jenes aus diesem hervor, die ästhetische, künstlerische Qualität schlägt in die moralische wie von selbst um. Es ist dieser unmerkliche Übergang von dem Zitat oder der Nachahmung in die Überspitzung, die Entlarvung oder den offenbaren Wahnwitz, auf den Neumann zu Recht so stolz war.

Seine Parodien wären nicht die Form der Literaturkritik, für die er sie reklamiert hat, wenn sie nicht ebenso das Schlechteste wie das Beste demonstrieren könnten, im Schlechten das Verlogene und die falsche Sicherheit, im Besten die Gefährdung und den lauernden Wahn. Darin liegt das zweite, tatsächlich geniale Verdienst Neumanns, der Gattung jene höhere Objektivität erobert und die magischen Transaktionen gefunden zu haben, mit deren Hilfe sich auch die größten Werke zu Parodien verdichten ließen, so daß in ihnen, wie Arnold Zweig gesagt hat, «heute alle charakteristischen Pflanzen der damaligen Literatur in gepreßtem Zustand, als Herbarium gleichsam», zur Erkenntnis offenliegen.

Jens Jessen

Anhang

Der Text dieser Auswahl folgt überwiegend der ersten Gesamtausgabe: *Robert Neumann: Die Parodien. Wien, München, Basel 1962* (GA), die gegenüber anderen Sammel- und Auswahlbänden einige Abweichungen aufweist, sich jedoch weitgehend an die Erstdrucke hält.

Die Erstdrucke sind: *Mit fremden Federn. Parodien von Robert Neumann. Stuttgart 1927* (MfF); *Robert Neumann: Unter falscher Flagge. Ein Lesebuch der deutschen Sprache für Fortgeschrittene. Berlin, Wien, Leipzig 1932* (UfF); *Robert Neumann: Mit fremden Federn. Der Parodien zweiter Band. Wien, München, Basel 1955* (MfF II). Gleichzeitig mit letzterem sind die Parodien von 1927 (MfF) noch einmal in veränderter Fassung neu herausgegeben worden: *Robert Neumann: Mit fremden Federn. Der Parodien erster Band. Wien, München, Basel 1955* (MfF 1955).

Der Autor hat seine Parodien stets in kleinen Zyklen organisiert, in denen er verwandte Autoren, etwa nach Stil («Halloh, hier Kosmos!»), nach Publikum («Fürs deutsche Heim») oder ideologischer Ausrichtung («Dialektisch völlig verfahren»), zusammenfaßte oder umgekehrt ein Thema in der Manier unterschiedlicher Autoren durchführte («Der neue Hamlet»), ein Stück Rezeptionsgeschichte nachzeichnete («Nietzsche und die Folgen»), bisweilen auch einen fingierten Briefwechsel arrangierte («Goethe hat ihn gelobt»).

Weniger in der Textgestalt als in der Zuordnung zu solchen Zyklen unterscheiden sich die einzelnen Ausgaben; Parodien kamen hinzu, wurden fortgelassen, wieder aufgenommen oder wechselten ihre Überschriften. In dieser Weise etwa differieren die Bände «Mit fremden Federn» von 1927 (MfF) und 1955 (MfF 1955). Am weitesten von den Erstveröffentlichungen weicht die zweite (aber weniger vollständige) Gesamtausgabe von 1969 ab, die eine systematische und kommentierte Anordnung in drei Einzelbänden versucht: *Robert Neumann: Dämon Weib oder Die Selbstverzauberung durch Literatur, samt technischen Hinweisen, wie man dorthin gelangt. – Vorsicht Bücher. Parodien samt einem Lese-Leitfaden für Fortgeschrittene. – Nie wieder Politik oder Von der Idiotie der Schriftsteller. Eine Krankengeschichte mit vielen grausigen Beispielen samt einem unpolitischen Anhang: Konfrontationen. – Drei Bände. München, Wien, Basel 1969.*

Die vorliegende Auswahl orientiert sich in erster Linie an Bekanntheit und Bedeutung der parodierten Autoren; doch sind auch einige weniger bekannte aufgenommen worden, um die Einheit der Zyklen, in denen sie mit berühmten Größen zusammenstehen, möglichst wenig zu beschädigen und die systematische Absicht Robert Neumanns deutlich zu machen. Darüber hinaus sind nur wenige ganz der Trivialliteratur gewidmete Zyklen ausgewählt («Fürs deutsche Heim», «Sag, was er sagt»), um Neumanns kritisches Verfahren an diesem ursprünglich größeren Raum einnehmenden Bereich zu demonstrieren.

In den Anmerkungen (S. 423 ff.) ist stets vermerkt, welche Ausgabe dem Text zugrunde liegt (meistens GA), welches der Erstdruck ist (wobei hierunter stets die erste Buchveröffentlichung zu verstehen ist), welche Eingriffe der Herausgeber für die vorliegende Auswahl vorgenommen hat und welche Unterschiede es in der Zuordnung zu den einzelnen Zyklen gibt. Ferner sind einige, vielleicht jüngeren Lesern weniger bekannte der parodierten Autoren kurz mit Lebensdaten und den wichtigsten Werken vorgestellt. Auf die zahllosen versteckten und offenbaren Anspielungen in den Parodien konnte leider nicht eingegangen werden.

Die Zitate von Robert Neumann, soweit sie nicht dem vorliegenden Band entstammen, sind aus seiner Autobiographie *(Ein leichtes Leben. Bericht über mich selbst und Zeitgenossen. Wien, München, Basel 1963)* und der dreibändigen Gesamtausgabe von 1969 (*Dämon Weib; Vorsicht Bücher; Nie wieder Politik;* vgl. die editorische Notiz S. 420) entnommen. Die Zitate von Hermann Kesten und Arnold Zweig finden sich in der Festschrift zu Robert Neumanns sechzigstem Geburtstag *(Robert Neumann. Stimmen der Freunde. Der Romancier und sein Werk. Wien, München, Basel 1957).* Die Bemerkung des Verlegers Adolf Spemann ist dem unveröffentlichten Briefwechsel mit dem Engelhorn Verlag, Stuttgart, entnommen.

Seite

5 Statt eines Vorwortes: Text GA, Erstdruck UfF.

13 Man kann auch anders: Text GA, Erstdruck MfF.

15 *Nataly von Eschstruth:* Mädchenname von N. v. Knobelsdorff-Brenkenhoff (1860–1939), die vielgelesene Unterhaltungsromane aus der Welt des Adels schrieb («Polnisch Blut», 1887; «Hofluft», 1889; «Von Gottes Gnaden», 1894; «Jung gefreit», 1897; «Der verlorene Sohn», 1902).

18 *Georg Hermann:* Pseudonym von Georg Borchardt (1871–1943), der vor allem durch seine Romane aus dem Berliner Judentum der Biedermeierzeit bekannt wurde («Jettchen Gebert», 1906; «Henriette Jacoby», 1908; «Kubinke», 1910).

22 *Ernst Lissauer:* Lyriker und Dramatiker (1882–1937), der mit historisch-patriotischen Stoffen begann («Haßgesang gegen England», 1914, von dem er sich später distanzierte), nach dem Ersten Weltkrieg aber vor allem expressionistische, pantheistisch inspirierte Gedichte und religiöse Dramen schrieb («Das Weib des Jephta», 1928; «Luther und Thomas Münzer», 1929; «Der Weg des Gewaltigen», 1931).

25 Die Wunderstunde: Text GA, Erstdruck MfF.

30 *Rabindranath Tagore:* indischer Dichter, Philosoph und Komponist (1861–1941), dessen meist von ihm selbst ins Englische übersetzte Lyrik in Europa begeistert aufgenommen wurde. Seinen Ruhm begründete vor allem die auf altindische Muster zurückgehende Sammlung mystischer Gedichte

«Gitanjali», für die er 1913 mit dem Nobelpreis ausgezeichnet wurde.

31 Halloh, hier Kosmos: Text GA, Erstdruck MfF; dort noch Jakob Haringer, Victor Wittner.

39 *Arnolt Bronnen:* eigentlich Arnold Bronner (1895 bis 1959), expressionistischer Dramatiker, der neben Brecht und Bruckner zu den Experimentatoren der zwanziger Jahre gehörte und mit grellen Effekten und krasser Erotik Bühnenskandale auslöste («Vatermord», 1920; «Die Geburt der Jugend», 1922; «Die Exzesse», 1923; «Anarchie in Sillian», 1924).

43 *Alexander Lernet-Holenia:* österreichischer Schriftsteller (1897–1976), dessen Lyrik Einflüsse von Hölderlin und Rilke verarbeitet, während seine Dramen und Romane eine verspielte Melange aus altösterreichischer Nostalgie, Reise- und Kriegserlebnissen, phantastischen und trivialen Literaturmustern darstellen («Österreichische Komödie», 1927; «Die Abenteuer eines jungen Herrn in Polen», 1931; «Die Standarte», 1934).

45 Der Parnaß: Text GA, Erstdruck MfF; dort noch Wilhelm von Scholz, Ernst Lissauer.

47 *Theodor Däubler:* Lyriker und Theoretiker (1876–1934) des Expressionismus, der große Gedichtzyklen mit hymnischem Pathos, insbesondere das kosmologisch-mythologische Riesenepos «Das Nordlicht» (1910), und Essays («Der neue Standpunkt», 1916; «Im Kampf um die moderne Kunst», 1919) verfaßte.

49 *Börries von Münchhausen:* Lyriker (1874–1945), der vor allem historisierende Balladen in neuromantischer Tradition schrieb («Ritterliches Liederbuch», 1903; «Das Balladenbuch», 1924).

52 *Anton Wildgans:* Lyriker und Dramatiker (1881 bis 1932), dessen Gedichte von Rilke und Hofmannsthal beeinflußt sind («Herbstfrühling», 1909; «Die Sonette an Ead», 1913), während seine Theaterstücke vom Naturalismus zum Expressionismus führten («Armut», 1914; «Kain», 1920).

53 Cerebrallerlei: Text GA, Erstdruck MfF.

55 *Josef Ponten:* Erzähler (1883–1940), dessen Werk unsicher zwischen Katholizismus, Heimatkunst und Expressionismus schwankt («Der babylonische Turm», 1918; «Die Insel», 1918; «Bockreiter», 1919) und mit dem sechsbändigen Romanzyklus über die Wolgadeutschen («Volk auf dem Wege», 1933–42) eine Wendung zum Nationalistischen nahm.

60 *Jakob Wassermann:* Erzähler (1873–1934) mit bevorzugt psychologischen, oft sensationellen Stoffen, einer der großen Erfolgsschriftsteller der zwanziger Jahre, dessen Engagement gegen Gleichgültigkeit und «Trägheit des Herzens» von den Nationalsozialisten als «jüdisch» denunziert wurde («Caspar Hauser oder Die Trägheit des Herzens», 1908; «Das Gänsemännchen», 1915; «Christian Wahnschaffe», 1919; «Der Fall Maurizius», 1928).

62 *Kasimir Edschmid:* Pseudonym von Eduard Schmid (1890–1966), Dichter und Theoretiker des Expressionismus mit Novellen («Die sechs Mündungen», 1915; «Das rasende Leben», 1916) und Essays («Über den Expressionismus in der Literatur und die neue Dichtung», 1919), Weltreisender, der seine Erlebnisse meist in Romanen verarbeitete («Sport um Gagaly», 1928; «Glanz und Elend Südamerikas», 1931).

65 Lyrische Variationen über ein bekanntes Thema:

Text GA, Erstdruck MfF; nur MfF noch Hans Bethge.

67 *«Sturm»:* von Herwarth Walden 1910–32 herausgegebene Kulturzeitschrift, um die sich der sogenannte «Sturmkreis» der führenden Expressionisten sammelte.

73 Die Weisen aus dem Abendland: Text GA, Erstdruck MfF; beide ohne Martin Heidegger.

77 *Graf Hermann Keyserling:* Philosoph (1880–1946), der in Darmstadt 1920 die sogenannte «Schule der Weisen» gründete, eine eklektizistische Philosophie des «Sinns», die aus allen Kulturen und Religionen sammelte, was als «Synthese aus Geist und Seele» der Erneuerung des modernen Lebens dienen sollte («Das Reisetagebuch eines Philosophen», 1919; «Wiedergeburt», 1927; «Südamerikanische Meditationen», 1932).

79 Was ist existentionell: Text und Erstdruck MfF II, aber hier wie GA ohne Hervorhebungen durch Sperrung; bei GA leicht abgewandelt im Zyklus «Theatralisches Panoptikum 4».

81 Einiges über Charleston: Text GA, Erstdruck MfF.

89 Nietzsche und die Folgen: Text GA, Erstdruck UfF.

91 Ein Briefwechsel: Überschrift hier eingefügt; nicht GA, UfF.

91 *Elisabeth Förster-Nietzsche:* Schwester von Friedrich Nietzsche (1846–1935), die in Weimar das Nietzsche-Archiv gründete und den Nachlaß ihres Bruders herausgab, dabei aber vor Manipulationen, Fälschungen und Unterschlagungen nicht zurückschreckte (besonders fragwürdig ihre Ausgabe von «Der Wille zur Macht» und die Vernichtung von Briefen), um ihre Nietzsche-Legende zu stützen

(«Das Leben Friedrich Nietzsches», 1895–1904; «Wagner und Nietzsche zur Zeit ihrer Freundschaft», 1915; «Nietzsche und die Frauen seiner Zeit», 1935).

100 *Eduard Engel:* Literarhistoriker und Sprachkritiker (1851–1938), zunächst Stenograph im Deutschen Reichstag, der für die Reinhaltung der deutschen Sprache eintrat («Geschichte der deutschen Literatur», 1906; «Deutsche Stilkunst», 1911; «Sprich Deutsch», 1917; «Entwelschung», 1918).

103 *Walter von Molo:* Schriftsteller (1880–1958), Präsident der Preußischen Dichterakademie 1928–30, schrieb vor allem historische und biographische Romane (Schiller-Roman, 1912–16; «Fridericus», erster Teil der Trilogie «Ein Volk wacht auf», 1918–21).

107 Der Lenz: Text GA, Erstdruck UfF.

112 *Theodor Kramer:* Lyriker (1897–1958), schrieb von Brecht und Trakl beeinflußte sozialkritische Gedichte, Balladen und Moritaten aus dem Milieu der Vagabunden, Arbeitslosen, Gauner («Die Gaunerzinke», 1929; «Mit der Ziehharmonika», 1936).

117 Hekuba: Text GA, Erstdruck UfF; bei UfF noch Knut Hamsun, Anita Loos, die hier wie bei GA im Zyklus «Ein Gespenst geht vorüber» folgen.

119 *Alfred Neumann:* Schriftsteller (1895–1952), der neben Gedichten und Dramen vor allem historische Romane in der realistischen Tradition des 19. Jahrhunderts über das Problem der Macht schrieb («Der Patriot», 1925; «Der Teufel», 1926; «Rebellen», 1929; «Narrenspiegel», 1932).

127 *Gustav Meyrink:* phantastischer Schriftsteller (1868 bis 1932), der in erfolgreichen Romanen vor allem

mystisch-religiöse und sagenhafte Stoffe aus der Tradition des Judentums verarbeitete («Der Golem», 1915; «Das grüne Gesicht», 1916), aber auch als «Simplicissimus»-Mitarbeiter Satiren schrieb («Des deutschen Spießers Wunderhorn», 1913).

131 Die Asphaltwalze: Text GA, Erstdruck UfF.

133 *Walter Mehring:* expressionistischer Lyriker (1896 bis 1981), später Dadaist und vor allem berühmt geworden als Kabarettist und Verfasser sozialkritischer Chansons und antifaschistischer Lieder («Bänkelsänger von Berlin» genannt, Anreger von Brechts «Dreigroschenoper»), dessen Drama «Der Kaufmann von Berlin» (1929) einen Skandal durch die SA provozierte.

143 Die Affäre: Text GA, Erstdruck MfF.

148 *Maximilian Harden:* bis 1876 Felix Ernst Witkowski (1861–1927), Publizist, der vor allem mit seiner Wochenzeitung «Die Zukunft» außerordentlichen Einfluß gewann, das persönliche Regiment Wilhelms II. bekämpfte und unter anderem in einem umstrittenen Prozeß dessen Berater Fürst Eulenburg stürzte.

151 Fürs deutsche Heim: Text GA, Erstdruck MfF; dort noch Werner Jansen, Rudolf Herzog, Walter Bloem; nur MfF noch «eine anonyme Mitarbeiterin der ‹Gartenlaube›».

153 *Hedwig Courths-Mahler:* Erfolgsschriftstellerin (1867 bis 1950) mit trivialen Unterhaltungsromanen über den sozialen Aufstieg aus Elend zu Reichtum und Glück («Ich will», 1916; «Meine Käte», 1917; «Eine ungeliebte Frau», 1918; «Der Scheingemahl», 1919).

154 *E. Marlitt:* Pseudonym von E(ugenie) John (1825

bis 1887), schrieb erfolgreiche, auch gesellschaftskritische Unterhaltungsromane für die «Gartenlaube» («Goldelse», 1867; «Das Geheimnis der alten Mamsell», 1868; «Das Heideprinzeßchen», 1872; «Im Hause des Kommerzienrates», 1877).

156 Godekes Knecht: Text GA, Erstdruck MfF im Zyklus «Die Leihbibliothek».

156 *Hans Leip:* Schriftsteller (1893–1983), der Romane vor allem aus der Welt der Seefahrt schrieb («Godekes Knecht», 1925), formal virtuose Lyrik («Kadenzen», 1942; «Pentamen», 1963) wie auch populäre Chansons, Shanties und Balladen (weltberühmt «Lili Marleen»).

157 Volk ohne Raum: Text GA, Erstdruck UfF im Zyklus «Auf den deutschen Weihnachtstisch zu legen».

157 *Hans Grimm:* Schriftsteller (1875–1959) der deutschen Kolonialwelt («Südafrikanische Novellen», 1913), dessen nationalistisch-tendenziöser Roman über das Schicksal eines deutschen Kolonisten («Volk ohne Raum», 1926) das bekannte Schlagwort der Nationalsozialisten lieferte.

159 «Sag, was er sagt» / Zitate statt Parodien: Text GA, Erstdruck MfF II; ohne Rudolf Greinz.

161 Dämon Weib: Text GA, Erstdruck UfF im Zyklus «Auf den deutschen Weihnachtstisch zu legen».

161 *Rudolf Greinz:* Tiroler Heimatschriftsteller (1866 bis 1942) und Mundartdichter («Das Haus Michael Senn», 1909; «Die Stadt am Inn», 1917; «Der Garten Gottes», 1919; «Das fröhliche Dorf», 1932).

164 *Reinhold Conrad Muschler:* Botaniker und Schriftsteller (1882–1957), der überaus erfolgreiche und sentimentale Romane schrieb («Bianca Maria», 1924; «Der Geiger», 1935; «Diana Beata», 1938).

167 *Edwin Erich Dwinger:* Erzähler (1898–1981) seiner eigenen Erlebnisse im Ersten Weltkrieg, in russischer Gefangenschaft und von der russischen Revolution («Die deutsche Passion», Trilogie 1929–32; «Die letzten Reiter», 1935), später vom Zweiten Weltkrieg und dem deutschen Zusammenbruch 1945 («Wenn die Dämme brechen», 1950; «Die verlorenen Söhne», 1956).

171 Die Edeltannen: Text GA, Erstdruck MfF II; dort noch Vercors, Victor Gollancz. – Hermann Broch bei GA und UfF im Zyklus «Wie bist du, Mensch?».

183 Vier Variationen und kein Thema: Text GA, Erstdruck MfF II.

193 Ein Gespenst geht vorüber / Schon wieder der neue Hamlet: Text GA; Erstdruck Theodor Plievier, Norman Mailer MfF II, dort noch Heinrich Mann, Carl Sternheim (aus MfF, Zyklus «Der neue Hamlet»); Erstdruck Knut Hamsun, Anita Loos UfF im Zyklus «Hekuba».

197 *Anita Loos:* amerikanische Schriftstellerin (1893 bis 1981) und Drehbuchautorin, deren größter Erfolg der Roman «Gentleman Prefer Blondes» («Blondinen bevorzugt», 1925) wurde, als Broadway-Stück und vor allem als Film mit Marilyn Monroe und Jane Russell unter der Regie von Howard Hawks.

199 *Theodor Plievier:* Erzähler (1892–1955) sozialkritischer Tatsachenromane, führender Vertreter der sozialistischen «Neuen Sachlichkeit» in Darstellungen des Seekrieges 1914–18 («Zwölf Mann und ein Kapitän», 1929) und in der Romantrilogie über Hitlers Rußlandfeldzug («Stalingrad», 1945; «Moskau», 1952; «Berlin», 1954).

205 Warme Semmeln: Text GA, dort noch Friedrich Schnack; Erstdruck MfF II, ohne Max Frisch, John Knittel.

210 *J. B. Priestley:* John Boynton P. (1894–1984), englischer Erzähler und Dramatiker, dessen Romane mit humorvoller Sozialkritik in der Tradition von Charles Dickens stehen («The Good Companions», 1929), während er in den moderneren Bühnenstükken konventionelle Kausalitäts- und Zeitvorstellungen auflöste, ohne auf Unterhaltung zu verzichten («Dangerous Corner», 1932; «Time and the Conways», 1937; «An Inspector Calls», 1946).

221 *Hans Hellmut Kirst:* Unterhaltungsschriftsteller (geb. 1914) vor allem von Zeitromanen, bekannt die verfilmte Romantrilogie mit dem sprichwörtlich gewordenen Titel «Null-acht fünfzehn» (nach dem gebräuchlichsten Gewehrtyp des Zweiten Weltkriegs; für Durchschnittliches gebraucht; 1954/55).

226 Frener: Erstdruck GA.

232 Mia Vala: Erstdruck MfF II im Zyklus «Die Hochtouristen».

232 *John Knittel:* eigentlich Hermann K. (1891–1970), schweizerischer Unterhaltungsschriftsteller von oft verfilmten Erfolgsromanen («Therese Etienne», 1927; «Via Mala», 1934; «El Hakim», 1936).

235 Hot Cakes: Text GA, Erstdruck GA; dort noch Stuart Cloete, Baroness Orczy.

242 *Richard Llewellyn:* eigentlich Richard Dafydd Vivian Llewellyn Lloyd (1907–1983), englischer Schriftsteller, Drehbuchautor und Filmproduzent, schrieb Unterhaltungsromane vor allem aus der Bergarbeiterwelt von Wales und dem Gangstermilieu von London und Los Angeles («How Green Was My

Valley», 1939; dt. «So grün war mein Tal»; verfilmt 1941).

247 Bekenne dich selbst: Text GA, Erstdruck UfF; dort noch Axel Munthe. – Henry James, Victor Gollancz, Franz Kafka / Max Brod, Erich Ebermeyer, Ferdinand Sauerbruch entstammen dem Zyklus «Ei Veilchen, liebes Veilchen», Text GA, Erstdruck MfF II.

256 *Victor Gollancz:* englischer Verleger und Schriftsteller (1893–1967), sozialistisch engagiert mit seinem «Left Book Club» (gegr. 1936), trat nach 1945 trotz seiner jüdischen Herkunft für die Verständigung mit Deutschland ein (Autobiographie: «My Dear Timothy», 1952).

257 *Max Brod:* Prager Schriftsteller (1884–1968), Kritiker, Essayist, Freund Franz Kafkas, dessen Werk er aus dem Nachlaß herausgab.

264 *Emil Ludwig:* Schriftsteller und Publizist (1881 bis 1948), schrieb vor allem Romanbiographien in einer Montagetechnik von Quellenzitaten und psychologischer Analyse («Bismarck», 1912; «Wagner oder Die Entzauberten», 1913; «Goethe», 1920; «Michelangelo», 1930; «Napoleon», 1939; «Beethoven», 1943).

267 *Erich Ebermayer:* Schriftsteller und Jurist (1900 bis 1970), schrieb Unterhaltungsromane, historische Romane und Dramen, unter anderem auch die Biographie «Gefährtin des Teufels. Leben und Tod der Magda Goebbels» (1952).

271 *Ferdinand Sauerbruch:* Chirurg (1875–1951) vor allem in München und Berlin, Arzt vieler berühmter Persönlichkeiten, der zahlreiche Neuerungen einführte («Sauerbruch-Hand»), im Dritten Reich eine etwas unsichere Position zwischen Widerstand und Re-

gime bezog, die er in seiner Autobiographie («Das war mein Leben», 1951) harmonisierte.

273 «Goethe hat ihn gelobt»: Text GA, Erstdruck MfF II.

275 *Jonas Lesser:* Essayist (1895–1968) und Thomas-Mann-Kenner («Von deutscher Jugend», 1932; «Thomas Mann in der Epoche seiner Vollendung», 1953).

277 *Paul Fechter:* Berliner Journalist (1880–1958) unter anderem der «Vossischen Zeitung» und des «Berliner Tageblatts», Literarhistoriker («Der Expressionismus», 1914; «Geschichte der deutschen Literatur», 1952) und Verfasser humorvoller Berlin- und Ostpreußenromane.

283 Dialektisch völlig verfahren: Text GA, ohne Friedrich Wolf; Erstdruck MfF II.

286 Friedrich Wolf: Text MfF II; abweichende Fassung bei GA im Zyklus «Theatralisches Panoptikum 4». – *Friedrich Wolf:* Arzt und kommunistischer Schriftsteller (1888–1953), vor allem sozialkritischer Dramen («Der arme Konrad», 1924; «Cyankali», gegen den Abtreibungsparagraphen, 1929), von Agitpropstücken («Bauer Baetz», 1932) und des ersten antifaschistischen Exildramas über die Judenverfolgung («Professor Mamlock», 1935); nach Kriegsende hochgeehrter Kulturfunktionär der DDR mit Stükken über den sozialistischen Aufbau.

295 Die alten Kämpfer: Text GA, Erstdruck MfF II.

297 *Lord Vansittart:* Robert Gilbert Lord V. (1881–1957), englischer Diplomat und Verfechter einer rigoros antideutschen Politik («Vansittartismus»), deshalb unter Chamberlain suspendiert, Verfasser deutschfeindlicher Schriften («Lessons of My Life», 1943; «Bones of Contention», 1945), insbesondere der so-

genannten «Schwarzen Chronik» («Black Record», 1941).

304 *Ilja Ehrenburg:* russischer Schriftsteller (1891–1967), Auslandskorrespondent und Kriegsberichterstatter im Spanischen Bürgerkrieg und Zweiten Weltkrieg, loyaler, doch offener Kritiker des sowjetischen Regimes, sein Roman «Tauwetter» (1952) wurde zum Schlagwort der Entstalinisierung (ferner: «Lasik Roitschwantz», 1928; «Der Fall von Paris», 1941; «Sturm», 1947; «Menschen, Jahre, Leben», 1962).

307 *Curt Riess:* Schriftsteller und Journalist (geb. 1902), schrieb über das Dritte Reich im New Yorker Exil, heitere Romane und Anekdotensammlungen, unter anderem ein erfolgreiches Stadtporträt «Berlin – Berlin 1945–1953» (New York 1953).

309 *Ernst von Salomon:* deutschnationaler Schriftsteller (1902–1972), der am Kapp-Putsch beteiligt war und wegen versuchter Beihilfe an der Ermordung Rathenaus verurteilt wurde, sich jedoch von den Nationalsozialisten distanzierte; er schrieb autobiographische und historische Romane («Die Geächteten», 1931; «Die Stadt», 1932; «Die Kadetten», 1933), nach Kriegsende unter anderem den satirischen Entnazifizierungsroman «Der Fragebogen» (1951).

312 *Arthur Koestler:* englischer Schriftsteller (1905 bis 1983), in Wien und Budapest aufgewachsen, Korrespondent deutscher Zeitungen, Zionist, später Kommunist, nach Ende des Spanischen Bürgerkriegs und den Moskauer Prozessen überzeugter Antikommunist (darüber seine Erinnerungen «Ein spanisches Testament», 1937; «The Invisible Writing», 1954); in der Londoner Emigration Erfolgsschriftsteller mit politisch-kulturkritischen Roma-

nen («Darkness at Noon», 1940; dt. «Sonnenfinsternis»).

321 Theatralisches Panoptikum 1: Text GA, aber hier ohne die Anweisungen zum kabarettistischen Vortrag. – Erstdruck Karl Schönherr, Dylan Thomas GA; Erstdruck Noël Coward, Eugene O'Neill MfF II im Zyklus «Hast du zur Nacht gebetet, Desdemona?», dort noch Maurice Dekobra, Charles Morgan.

323 *Noël Coward:* englischer Dramatiker (1899–1973) mit unterhaltenden, satirisch-sozialkritischen Gesellschaftsstücken («Hay Fever», 1925; «Design for Living», 1933; «Blythe Spirit», 1941).

327 *Karl Schönherr:* Tiroler Heimatdichter (1867–1943), weniger bedeutend durch seine Mundartgedichte und Kalendergeschichten als seine naturalistischen, oft sozialkritischen, aber völkisch romantisierenden Dramen («Glaube und Heimat», 1910; «Der Weibsteufel», 1914; «Der Judas von Tirol», 1927).

337 Theatralisches Panoptikum 2: Text GA, aber hier ohne die einleitende, eingestreute und verbindende Conférence zum kabarettistischen Vortrag; Erstdruck Samuel Beckett, John Osborne GA; Erstdruck Hermann Sudermann MfF im Zyklus «Kulissen-Kolosse».

345 *Hermann Sudermann:* naturalistischer Dramatiker (1857–1928) und Erzähler («Frau Sorge», 1887), dessen erfolgreiche Bühnenstücke sentimentale Sozialkritik mit effektvoller Dramaturgie in der Tradition des französischen Konversationsstücks verbinden («Die Ehre», 1890; «Sodom's Ende», 1891; «Heimat», 1893).

349 *John Osborne:* englischer Dramtiker (geb. 1929), der

vor allem mit seinem berühmten Stück «Look Back in Anger» («Blick zurück im Zorn», 1956) zum führenden Sprecher der sogenannten «angry young men» («zornigen jungen Männer», wie Wesker, Pinter, Arden) und ihrer schonungslosen Gesellschaftskritik wurde.

355 Theatralisches Panoptikum 3: Text GA; Carl Zuckmayer im Zyklus «Kulissen-Kolosse», Erstdruck MfF; Günter Eich, Bertolt Brecht, Albert Camus im Zyklus «Rampenfieber», Erstdruck MfF II; Jean Paul Sartre im Zyklus «Theatralisches Panoptikum 4», Erstdruck MfF II im Zyklus «Rampenfieber».

371 Bumerang: Text GA, Erstdruck UfF.

377 Zur Ästhetik der Parodie: Text GA, Erstdruck GA.

INHALT

Halloh, hier Kosmos!

Der Parnaß

Hekuba

Die Asphaltwalze

Die Affäre